Rosa Luxemburgo

FUNDAÇÃO EDITORA DA UNESP

Presidente do Conselho Curador
Mário Sérgio Vasconcelos

Diretor-Presidente
Jézio Hernani Bomfim Gutierre

Superintendente Administrativo e Financeiro
William de Souza Agostinho

Conselho Editorial Acadêmico
Danilo Rothberg
João Luís Cardoso Tápias Ceccantini
Luiz Fernando Ayerbe
Marcelo Takeshi Yamashita
Maria Cristina Pereira Lima
Milton Terumitsu Sogabe
Newton La Scala Júnior
Pedro Angelo Pagni
Renata Junqueira de Souza
Rosa Maria Feiteiro Cavalari

Editores-Adjuntos
Anderson Nobara
Leandro Rodrigues

ISABEL LOUREIRO

Rosa Luxemburgo

Os dilemas da ação revolucionária

3ª edição revista

editora
unesp

© 2019 Editora Unesp

Direitos de publicação reservados à:
Fundação Editora da Unesp (FEU)
Praça da Sé, 108
01001-900 – São Paulo – SP
Tel.: (0xx11) 3242-7171
Fax: (0xx11) 3242-7172
www.editoraunesp.com.br
www.livrariaunesp.com.br
feu@editora.unesp.br

Dados Internacionais de Catalogação na Publicação (CIP) de acordo com ISBD
Elaborado por Odilio Hilario Moreira Junior – CRB-8/9949

L892r

    Loureiro, Isabel
        Rosa Luxemburgo: os dilemas da ação revolucionária / Isabel Loureiro. – 3.ed. – São Paulo: Editora Unesp, 2019.

        Inclui bibliografia.
        ISBN: 978-85-393-0782-1

        1. Marxismo. 2. Luxemburgo, Rosa. 3. Ação revolucionária. I. Título.

2019-180   CDD: 320.5322
                                                                                 CDU: 330.85

Esta publicação foi realizada com o apoio da Fundação Rosa Luxemburgo com fundos do Ministério Federal para a Cooperação Econômica e de Desenvolvimento da Alemanha (BMZ).

Editora afiliada:

Se o homem pudesse enfim aprender a não pensar de maneira tão dogmática, a não julgar de maneira tão definitiva e a não responder sempre às perguntas feitas apenas para permanecerem eternamente perguntas! Se ele pudesse enfim compreender que todo pensamento é, ao mesmo tempo, verdadeiro e falso!

Tolstoi

Como resolver a contradição, evidente ao primeiro passo prático do revolucionário, entre, por um lado, a força do entusiasmo, a coerência radical dos princípios, e, por outro, o intelecto calculador, a necessária unilateralidade de toda política?

Franz Mehring

Sumário

Agradecimentos   IX
Apresentação à terceira edição   1
Prefácio à segunda edição   19
Apresentação à segunda edição   35
Apresentação à primeira edição   49

1 História e revolução   59
2 Socialismo democrático:
   as polêmicas   149
3 A integração do proletariado e a crise da
   social-democracia   177
4 A revolução alemã   231

Epílogo   303
Referências bibliográficas   309

Agradecimentos

Agradeço a Gerhard Dilger, ex-diretor do escritório da Fundação Rosa Luxemburgo (FRL) em São Paulo, pelo estímulo para continuar o trabalho de divulgação do pensamento de Rosa Luxemburgo e o apoio a esta terceira edição; à equipe da FRL, que me ajudou a dar novo sentido a esta pesquisa; a Holger Politt e Jörn Schütrumpf, meus interlocutores do outro lado do Atlântico, sempre dispostos a esclarecer dúvidas sobre a obra da nossa revolucionária.

Apresentação à terceira edição

A interpretação das ideias de Rosa Luxemburgo apresentada neste livro foi sendo tecida num diálogo implícito com o PT das origens, dividido entre os princípios socialistas e a *Realpolitik*. Na época em que a face mais visível da ditadura começava a desintegrar-se, permitindo o retorno de uma vida política mais livre, renascia também o interesse pelas ideias socialistas. Foi então que me voltei para Rosa Luxemburgo, instigada pela leitura de *Vanguarda Socialista*, semanário editado por Mário Pedrosa no Rio de Janeiro, logo depois do fim da Segunda Guerra Mundial. Contra a petrificação autoritária do stalinismo, Pedrosa divulgava a concepção socialista democrática da revolucionária polonesa, ideário que, embora marginal na esquerda brasileira, acabou por encontrar acolhida no PT que nascia abrigando esperanças de refundação da esquerda. Mas com o passar do tempo, e sobretudo no papel de coadjuvante dos governos Lula/Dilma (2003-2015), o PT se transformou num partido da ordem, para o qual a perspectiva socialista-democrática-revolucionária de Rosa Luxemburgo não faz mais sentido, como eu já apontava na apresentação de 2004 à segunda edição do livro.

O que mudou desde então? Primeiro, assistimos a treze anos de conciliação lulista com o arcaísmo brasileiro. O lulismo acreditou na mágica de dar aos pobres sem tirar dos ricos, apostando no modelo desenvolvimentista, ancorado na exportação de produtos primários, processo facilitado pelo aumento do preço das *commodities*. Com isso, submeteu-se à divisão internacional do trabalho, que impõe a expropriação dos bens comuns: terra, biodiversidade, florestas, água; não fez reforma agrária nem reforma urbana, não enfrentando assim a concentração fundiária; procurou integrar as classes populares pelo consumo, não pela cidadania, o que pouco afetou a desigualdade obscena que nos caracteriza. Em suma, foram governos que se abstiveram de enfrentar o capitalismo brasileiro, umbilicalmente ligado ao atraso. Desse modo, em termos econômicos e produtivos, deixaram a indústria nacional mais debilitada, a economia mais extrativista e mais subordinada à globalização.

Mas, apesar disso, os pequenos avanços em favor das camadas sociais desfavorecidas, numa tentativa de amenizar o império total do mercado e conter a completa decomposição da sociedade, agora pálida lembrança, geraram forte ressentimento de classe. Esse elemento, aliado a outros fatores, entre eles a adesão desses governos à corrupção civil-estatal, produziu uma conjuntura que levou ao impeachment de Dilma Rousseff em 2016, num processo duvidoso, travestido de legalidade parlamentar e jurídica.

Desde 2016, os interesses do capital, agora sem máscara, fizeram o país regredir a estágios anteriores ao lulismo, a falta de reformas estruturais permitindo o rápido desmanche de uma aparência civilizatória. Essa regressão arcaica do capitalismo à brasileira exige liquidar direitos dos trabalhadores, dos camponeses, dos povos tradicionais em nome da "modernidade", deixando para as calendas a construção de um país socialmente integrado. A prisão de Lula em abril de 2018, atropelando a Constituição pelo temor de o ver vencer a eleição presidencial — processo que culminou na vitória de um obscuro deputado de extrema-direita —, configurou mais uma vitória das forças do atraso contra aquele que,

Apresentação à terceira edição

apesar das contradições, foi símbolo de um país menos injusto. Pode-se concluir deste rápido esboço que a contrarrevolução sem revolução de 1964 engessou de tal modo o país na camisa de força da modernização conservadora, amarrada à globalização neoliberal, que, sem ruptura estrutural desse padrão, dificilmente o Brasil puxará o freio do trem em direção ao abismo.

A impressão dolorosa de eterno retorno do mesmo nos remete ao começo dos anos 1990, quando este livro foi terminado e a esquerda também amargava uma derrota profunda, decorrente do fim do comunismo e do ajuste neoliberal. A conjuntura daquela época me levou a querer entender outro fracasso, o da revolução de novembro de 1918 na Alemanha, que se encontra na origem de uma das maiores tragédias políticas e sociais do século passado, o nazifascismo. Sabemos que a história não se repete, nem mesmo como farsa. Mas não deixa de ser inquietante o retorno mundo afora de uma onda conservadora, de traços fascistas, ameaçando conquistas civilizatórias aparentemente inabaláveis. Num contexto de retrocessos cotidianos, sem qualquer expectativa de futuro a curto e médio prazo, será que um estudo sobre o pensamento e a prática política de Rosa Luxemburgo ainda faz sentido? A dúvida tem fundamento, pois a esquerda, posta para escanteio no Brasil e no mundo, tem mais uma vez diante de si o desafio de se reinventar, caso queira voltar a ter voz no capítulo. Será que as ideias de Rosa Luxemburgo ainda podem contribuir para essa reinvenção?

Nos últimos quinze anos, graças ao trabalho da Fundação Rosa Luxemburgo (FRL) – uma de suas funções consiste em divulgar o pensamento da revolucionária polonesa ao redor do mundo –, cresceu o número de comentários sobre ela.[1] Meu estudo, iniciado

---

[1] Entre as publicações recentes no Brasil, ver as organizadas por Schütrumpf (2015) e Loureiro (2011/2017). Mencione-se, além delas, a

solitariamente na virada dos anos 1980, se beneficiou das novas publicações, embora neste livro a bibliografia utilizada ainda seja em grande parte francesa. A rebelião de maio de 1968, reatualizando a ideia de auto-organização das massas, deu fôlego novo aos estudos sobre Luxemburgo e à publicação de parte de sua obra na França, incluindo a correspondência. Franceses e alemães ocidentais foram pioneiros na divulgação de uma Rosa revolucionária, adepta das liberdades democráticas, que, em contraposição à leitura vigente na antiga República Democrática Alemã (RDA), era vista como alternativa de esquerda ao vanguardismo e ao autoritarismo bolcheviques.

Essa tendência é seguida atualmente pela grande maioria dos comentadores de Luxemburgo na antiga Alemanha oriental. Com a queda do Muro de Berlim, eles reconheceram o equívoco de sua leitura anterior, sintetizado nas palavras de uma das organizadoras das *Gesammelte Werke (GW)* [Obras coligidas]:

> Alguns [...] como Günter Radczun e eu [...] se enredaram em contradições porque o pensamento e a ação de Rosa Luxemburgo foram medidos sobretudo em comparação com Lenin e não foi oferecida resistência suficiente ao culto formal dos heróis. (Laschitza, 2002, p.10-1)

Porém, apesar das vicissitudes na publicação das *GW*, é imprescindível reconhecer o esforço da equipe envolvida nesse trabalho que, ao longo dos anos, enfrentando obstáculos sem conta, tornou conhecida a obra de Rosa Luxemburgo.[2] Sem as *GW*, nada de sério se pode fazer nesse terreno.

ótima biografia em quadrinhos de Kate Evans (2017) para o público não especializado. Ver também Frölich (2019).

2 Sobre as peripécias no tocante à publicação das *GW* na RDA, ver Reuter (2012) e Laschitza (2014). Os volumes 6 (2014), 7/1 e 7/2

Apresentação à terceira edição

Mas, além das *GW*, é preciso mencionar os novos estudos sobre a participação dos spartakistas na Revolução Alemã, com base em descobertas de arquivos.[3] Essas publicações me permitiram corrigir imprecisões provenientes da bibliografia francesa mais antiga e acrescentar detalhes importantes para dirimir dúvidas a respeito do comportamento de Luxemburgo nesses dias tumultuados. Por exemplo: a insurreição de janeiro de 1919 em Berlim foi muito mais responsabilidade da ala berlinense do Partido Social-Democrata Independente (USPD) e dos delegados revolucionários que do Partido Comunista Alemão (KPD)/Liga Spartakus, como explico no capítulo 4. Este foi depois o bode expiatório, em grande parte por causa de sua inabilidade política, que o levou ao isolamento. Se os estudiosos revelam tanto empenho em operar distinções, é para deixar claro que a Alemanha não estava às portas do bolchevismo, antiga acusação da direita, que criou assim terreno fértil para o nazismo. As lideranças da Liga Spartakus – Rosa Luxemburgo, Leo Jogiches e Paul Levi – eram socialistas *e* democráticas, ou seja, favoráveis à ideia de um caminho ocidental para o socialismo, diferente do bolchevique. Essa sempre foi minha leitura, assentada na historiografia alemã ocidental dos anos 1960/1970, a que os estudos recentes acrescentaram alguns detalhes.

Uma última observação sobre a recepção de Luxemburgo. Só recentemente vem sendo preenchida a grande lacuna no tocante aos escritos poloneses – um terço de sua obra –, quase ignorados por completo na antiga RDA.[4] Esses escritos vêm sendo traduzi-

---

(2017) das *GW*, com textos abrangendo o período de 1893 a 1918, são muito ricos em descobertas de arquivos, mas não alteram a interpretação do pensamento de Luxemburgo feita neste livro.
3 Cf. Luban (2008a) e Schütrumpf (2018).
4 Esses escritos, incluindo o mais alentado sobre "A questão das nacionalidades e a autonomia" (1908-1909), não foram incluídos nas *GW*

dos para o alemão por Holger Politt e em breve serão publicados nas *GW*. Até agora tivemos acesso a traduções suas de alguns textos, além de dois volumes (2012 e 2015) com acuradas introduções e aparato crítico,[5] que contribuem para aprofundar a compreensão que se tinha da obra de Luxemburgo.

Um aspecto importante dessa obra, de que não tratei no livro em virtude de sua complexidade, refere-se à questão nacional. Para entender a posição de Luxemburgo seria necessário um estudo alentado que não posso fazer aqui. Quero apenas registrar algumas linhas básicas de sua abordagem, a fim de indicar que o modo como trata a questão nacional confirma a interpretação que faço de seu pensamento político.[6]

Para tanto voltemos às origens da militância de nossa autora no movimento socialista polonês. A social-democracia do Reino da Polônia, fundada em Zurique em 1893 por Rosa Luxemburgo, Leo Jogiches (1867-1919), Adolf Warski (1868-1937) e Julian Marchlewski (1866-1925), resultou de uma cisão no Partido Socialista Polonês (PPS), criado um ano antes nos arredores de Paris, que defendia o socialismo aliado à restauração da Polônia, dividida entre Rússia, Prússia e Áustria-Hungria. Com a adesão dos

---

porque a posição de Rosa, discordante do lema bolchevique de autodeterminação das nações, era considerada um equívoco.

5 Na introdução ao primeiro livro, Holger Politt faz um histórico do movimento socialista na Polônia, analisando a posição de Luxemburgo e suas divergências com Lenin no tocante à questão nacional, enquanto no segundo esclarece as intrincadas relações de Luxemburgo e seus amigos com o socialismo polonês e russo durante a Revolução Russa de 1905-1907.

6 Para o breve resumo a seguir me apoio em Tych (1976), além dos estudos de Politt mencionados acima. Uma primeira versão destas considerações foi apresentada no seminário internacional "1917: o ano que abalou o mundo", promovido pelo SESC/Boitempo, em setembro de 2017.

socialistas da Lituânia em 1899, liderados por Feliks Dzierzynsky (futuro criador e chefe da Tcheka), o pequeno partido adotou o nome de Social-Democracia do Reino da Polônia e Lituânia (SDK-PiL). Contra o que consideravam o programa "social-patriota" do PPS, Rosa e seus amigos, internacionalistas convictos, filhos da Ilustração europeia, abraçavam a ideia de uma República democrática para todo o império russo, a partir de uma aliança entre trabalhadores poloneses e russos, em luta contra a autocracia tzarista. Só depois viria o combate pelo socialismo e, por fim, a solução da questão polonesa: a Polônia deveria ter autonomia territorial e cultural, mas não seria independente do Estado russo.

Opondo-se a Marx e Engels, que defendiam a independência da Polônia como uma barreira contra o tzarismo, símbolo da reação na Europa, Rosa Luxemburgo considerava que a situação se transformara desde a época de Marx. Ela fundamentava teoricamente sua posição na análise feita em sua tese de doutorado, intitulada *O desenvolvimento industrial da Polônia* (1898), na qual mostrava que a integração econômica da Polônia ao mercado russo, principal comprador da produção polonesa, era total e irreversível. De acordo com esse raciocínio, não havia base social para um programa nacionalista, pois nem a burguesia nem o proletariado tinham interesse em apoiar um Estado polonês independente. Só alguns proprietários agrícolas, a pequena-burguesia e os intelectuais continuavam nacionalistas, mas não passavam de forças sociais pouco importantes. Em suma, a independência da Polônia era uma palavra de ordem retrógrada que em nada contribuía para o movimento socialista. Como escreve Luxemburgo: "Patriotismo e socialismo são duas ideias que não combinam" (*GW* 1/2, p. 313).

Contudo, sua posição não era unívoca. Tratava-se de analisar cada caso concreto. Por exemplo, ela defendia a independência dos povos submetidos à Turquia (gregos, sérvios, búlgaros, armênios).⁷ O que há de comum em todas as análises de Rosa Luxemburgo é o peso concedido ao *interesse de classe* prevalecendo sobre os sentimentos patrióticos. Nesse sentido, a análise materialista da situação polonesa mostrava que o desenvolvimento do capitalismo tinha vinculado a Polônia à Rússia e criado uma classe operária polonesa-russa cujo interesse era, em última instância, a revolução socialista (depois da derrubada do tzarismo). Já o caso da Turquia era diferente, pois as estruturas feudais do império turco constituíam um freio ao desenvolvimento capitalista. Logo, tratava-se de abater o feudalismo turco para permitir a passagem às relações capitalistas. Tudo o que atrasava o curso objetivo do desenvolvimento econômico e social do capitalismo retardava o advento do socialismo.

É claro que Rosa, seguindo a cartilha social-democrata, defendia os povos oprimidos contra os opressores. Não era isso que estava em questão. Mas a defesa dos movimentos de independência nacional dependia da análise de cada situação, e o que importava, acima de tudo, era saber se esses movimentos contribuíam ou não para a revolução socialista. Nisso ela concordava com Lenin.

As divergências estão em outro ponto: será que os movimentos de libertação nacional podiam (e em que medida) tornar-se aliados da revolução proletária? Para Luxemburgo, não só isso não era possível, como ela temia que esses movimentos levassem à instauração de novos Estados capitalistas, afastando o movimento operário da revolução e quebrando a unidade internacional dos trabalhadores nos Estados plurinacionais. É preciso reconhecer que, depois de um século de lutas de libertação nacional, ela acabou tendo razão.

---

7 Também aqui adotava posição contrária à de Marx e Engels, que eram a favor da Turquia, vista como obstáculo ao império tzarista nos Balcãs. Na guerra da Crimeia (1853-56), eles tomaram partido a favor da Turquia.

Apresentação à terceira edição

As lutas pela independência nacional não levaram à constituição de governos socialistas, nem sequer progressistas, e sim ao monopólio do poder por novas elites, adeptas de políticas autoritárias.

No entanto, por mais que tenhamos simpatia pelas posições políticas de Luxemburgo, é difícil discordar do historiador polonês Feliks Tych (1976, p.240), segundo o qual Rosa assume uma posição mecânica a respeito da questão nacional, na medida em que insiste em "demonstrar de modo simplista que a superestrutura depende diretamente dos processos econômicos". No entanto, em outros domínios de suas análises políticas, ao enfatizar o papel criador das massas na história, Rosa se afasta de uma concepção mecanicista de sociedade. Tal ambiguidade, de acordo com Tych, revelaria uma antinomia em seu pensamento. Dessa perspectiva, o tratamento que Rosa Luxemburgo dá à questão nacional reforça a análise que faço neste livro, mostrando que sua obra é atravessada por uma tensão entre um polo determinista e outro libertário, traço ignorado pela maioria dos comentadores e que, a meu ver, fornece a explicação mais convincente para certas inconsistências de nossa autora.

O restante dos escritos poloneses publicados até agora consiste numa crônica da Revolução Russa de 1905, de que Rosa participou ativamente como jornalista, primeiro em Berlim, mais tarde em Varsóvia. As principais ideias desses artigos, veiculados na imprensa da SDKPiL no decorrer de 1904-1906, acabaram condensadas em "Greve de massas, partido e sindicatos" (1906), texto escrito para o SPD, que marca o início de sua ruptura com o *mainstream* da social-democracia alemã. É importante assinalar que, com a Revolução Russa de 1905, o grupo de Luxemburgo viu a confirmação de seu programa antinacionalista, o que se traduziu no crescimento do pequeno partido. Na época, este passou a contar com cerca de 30 mil a 40 mil membros, mas, com a derrota da revolução, retornou à sua irrelevância inicial.

Tema central desses artigos, de candente atualidade – e que atravessa toda a obra de Luxemburgo –, é o do valor das liberdades democráticas para a formação política das massas populares. Estas aprendem e se formam sobretudo no decorrer da luta, mas também durante os debates travados nos jornais e nas reuniões de que participam. Liberdade de expressão, discussão e crítica é um bem precioso a ser cultivado no interior do próprio movimento operário:

> Liberdade de opinião e de imprensa é a primeira condição para o proletariado adquirir consciência, mas outra condição é que o próprio proletariado não ponha em si nenhum grilhão, que não diga que isto ou aquilo não deve ser discutido. É o que sabem os trabalhadores esclarecidos do mundo inteiro, que sempre se esforçaram por conceder, mesmo a seus piores adversários, o direito de expor livremente suas concepções. (Luxemburgo, 2015, p.152)

O PPS não pensa assim:

> Centenas de correspondências provenientes de círculos operários relatam que quando os militantes do PPS são maioria nas reuniões, os membros de outros partidos são impedidos de modo implacável de expressar sua opinião, e, quando são minoria, procuram impedir a discussão com gritos e algazarra! (ibid.)

Os membros do PPS, de acordo com Rosa, não podem ler publicações de outros partidos, são obrigados a acreditar no que diz o PPS, "assim como os católicos fiéis devem acreditar no que ensina a Igreja". O pessoal do PPS quer impedir que seus militantes escutem os argumentos dos adversários e "denuncia qualquer opinião diferente dentro de suas próprias fileiras como desorganização e amotinação, para criar assim uma Igreja de crentes, não quadros de trabalhadores reflexivos, conscientes e críticos" (ibid., p.153).

Os escritos poloneses trazem água ao moinho dos que, com razão, enfatizam o viés democrático e libertário das ideias de nossa autora, deixado na sombra pela recepção comunista na antiga RDA, em que um Lenin canonizado e abstrato servia de medida para as ideias "erradas" que ela inoculara no movimento operário alemão. Com o fim da "linha justa" imposta pela burocracia soviética, acabou a interferência do Estado e do Partido Comunista da RDA (SED) na pesquisa historiográfica alemã.

Hoje vivemos uma crise de credibilidade da esquerda e do socialismo no mundo inteiro. Enquanto na Rússia e nos antigos países do Leste europeu, ela é em parte fruto da falta de liberdade e da ineficiência econômica típicas da burocracia comunista, no Ocidente a responsabilidade cabe aos governos social-democratas e "progressistas" que, tendo adotado o programa do adversário, assumiram o papel de gestores do capitalismo e da funcionalização da pobreza. Onde há gestão não há política, e sim a paz dos cemitérios, agora rompida com o retorno da extrema-direita ao palco.

Num cenário tão desolador, precisamos urgentemente de espaços de discussão que contribuam para a reinvenção da esquerda. O que me traz à lembrança o exemplo de Mário Pedrosa logo depois do fim da Segunda Guerra Mundial, quando se inspirava nas ideias socialistas libertárias de Rosa Luxemburgo no fito de criar uma nova esquerda, independente dos grupos políticos então dominantes, stalinistas e social-democratas. Nessa perspectiva, ele combatia a favor da formação de um partido socialista de massas, democrático e anticapitalista.

Mas, hoje, quando a ideia de partido político é profundamente questionada e parte relevante do campo antissistêmico aderiu às lutas identitárias – fundamentais, é preciso reconhecer – com suas miríades de grupos isolados, cada um apegado à sua causa, o que falta, para superar essa fragmentação que nos enfraquece, é retomar a construção de um projeto coletivo anticapitalista, por mais arriscada que seja a proposta no momento quase indecifrável em que vivemos. Esse projeto alternativo poderia ser organizado ao redor de três eixos principais: democracia radical; desmercantilização de todas as dimensões da vida; centralidade da questão socioambiental. Aqui Rosa Luxemburgo tem voz no capítulo.

No tocante ao primeiro ponto, Rosa é uma referência no campo da esquerda por sua conhecida defesa do socialismo democrático. Democracia e socialismo se condicionam reciprocamente; socialismo autoritário não passa de um círculo quadrado. Para Rosa, tanto o período de transição ao socialismo quanto a própria construção de uma sociedade socialista requerem não só os direitos políticos que as revoluções burguesas inventaram, como sua complementação pelos direitos de igualdade social. Ou seja, pluralidade política e igualdade social. Daí sua aposta nos conselhos de trabalhadores como nova forma de soberania popular. Esse beabá do socialismo foi suprimido nos países comunistas e o resultado foi o que sabemos.

Um aspecto interessante e atual dessa defesa da liberdade é que, no seu entender, não existe sociedade livre sem indivíduos conscientes, que não se deixam manipular. Daí seu entusiasmo pela liberdade de imprensa, pelo direito de associação e reunião, pelo debate de ideias em todos os níveis e em todos os lugares – também, e com mais razão ainda, nos partidos de trabalhadores. Entendendo que é proibido proibir, ela pensa que o partido é um espaço de debate intelectual e político, de esclarecimento, de convencimento por meio da argumentação, de criação de indivíduos autônomos – uma escola de socialismo –, muito mais que um instrumento de luta pelo poder. Sem trabalhadores intelectualmente autônomos, reflexivos e críticos, não é possível a construção de um projeto anticapitalista.

Apresentação à terceira edição

Mas sua grande sacada é que a formação da consciência dos de baixo se dá na luta prática, na ação – em grande parte espontânea – contra as instituições vigentes, bem mais que pela leitura de livros, panfletos, ou pela frequência às aulas nas escolas de formação de quadros. Isso significa que a consciência não é levada de fora por uma vanguarda esclarecida de revolucionários profissionais, substituta das massas. Nesse sentido, há que rejeitar a separação entre bases e lideranças. O papel do líder é deixar de liderar, e transformar a massa em líder de si mesma, o que não só lembra o "mandar obedecendo" dos zapatistas, como exclui qualquer projeto caudilhista em que um grupo de líderes "infalíveis" domina o aparelho partidário e impõe suas resoluções às bases infantilizadas. Dessa perspectiva "autonomista", não é possível falar em revolução socialista em nome do proletariado, e tanto isso é verdade que Rosa se opõe às revoluções "fabricadas" por grupos armados em nome do povo.[8] Em suma, o lema da autoemancipação das massas populares, como catalisadora de mudanças estruturais na sociedade, é o fio vermelho que atravessa toda a obra de Rosa Luxemburgo, ainda não desmentido pela história. E serve até hoje de inspiração às feministas: tal como as massas, se as mulheres não agirem por si mesmas, outros sempre atuarão sobre elas, ou em seu nome. A emancipação dos oprimidos só pode resultar da ação dos próprios afetados. Liberdade outorgada não é verdadeiramente liberdade.

O segundo ponto refere-se à crítica do capitalismo, base das análises políticas de Luxemburgo. Em sua obra magna de economia política (*A acumulação do capital*, 1913), ela mostra que, para além da apropriação de mais-valia, a acumulação do capital como processo histórico real só foi e é possível no intercâmbio entre economias capitalistas e não capitalistas. Desde os primórdios,

---

8 Ver "Credo" (Luxemburgo, 2017, p.431-2, v.I).

o capitalismo precisou de mercados externos para se reproduzir, entre outras coisas transformando economias simples em economias de mercado. A violência e o saque contra as camadas sociais não capitalistas, que Marx restringia ao período da chamada "acumulação primitiva", ela considera uma característica intrínseca do capitalismo até sua plena maturidade, num processo que David Harvey (2004), recuperando a tese de Luxemburgo, chamou de "acumulação por expropriação". Hoje continuamos a assistir à transformação de tudo em mercadoria: serviços públicos, saúde, educação, cultura, ciência, conhecimento, direitos autorais, recursos ambientais etc. A lista é longa. As feministas alemãs dos anos 1970-1980, inspiradas em Rosa, incluíram nesse âmbito o trabalho doméstico não remunerado das mulheres, indicando que os espaços de acumulação do capital não são apenas geográficos, mas também sociais, e vão muito bem, obrigado.

Essa ideia de "acumulação primitiva permanente" foi retomada por Silvia Federici em seu instigante livro, *Calibã e a bruxa* (2017). Criticando Marx (sem mencionar Rosa Luxemburgo), que pensava que a violência dos primeiros estágios de acumulação retrocederia com o desenvolvimento do capitalismo, na medida em que a exploração e o disciplinamento do trabalho seriam alcançados basicamente por meio do funcionamento das leis econômicas, Federici escreve:

> Nisso, estava profundamente equivocado. Cada fase da globalização capitalista, incluindo a atual, vem acompanhada de um retorno aos aspectos mais violentos da acumulação primitiva, o que mostra que a contínua expulsão dos camponeses da terra, a guerra e o saque em escala global e a degradação das mulheres são condições necessárias para a existência do capitalismo em qualquer época. (Federici, 2017, p.27)

Apresentação à terceira edição

Assim como Luxemburgo reconhecia que o desenvolvimento capitalista não é apenas o "domínio da 'concorrência pacífica', das maravilhas técnicas e do puro comércio de mercadorias", mas também "o terreno da violência ruidosa do capital", o mesmo fazem hoje os movimentos socioambientais na América Latina, denunciando a simbiose entre Estado e grandes empresas como responsável por extorquir os meios de vida dos povos tradicionais, indígenas, trabalhadores sem terra etc.

E com isso chegamos ao nosso terceiro ponto, que toca na questão socioambiental. Numa época em que o capitalismo, para sobreviver, precisa mais do que nunca extrair valor do meio-ambiente, o socialismo só pode ser entendido como ecossocialismo, numa rejeição ao desenvolvimentismo "fóssil" tal como posto em prática pelos governos "progressistas" na América Latina (e continuado pelos governos conservadores), apoiados na exportação de *commodities*, agronegócio, mineração, numa palavra, no extrativismo predador. O planeta precisa urgentemente de uma alternativa civilizatória antagônica ao desenvolvimento entendido como puro crescimento econômico, para o qual não importa que o preço a pagar seja a destruição do meio ambiente, como em Belo Monte, ou as cidades entupidas de automóveis, para mencionarmos apenas o Brasil.

Rosa Luxemburgo, ao enfatizar em suas obras de economia política a violência com que as culturas primitivas são aniquiladas pelo colonizador europeu e substituídas pela economia de mercado, apresenta uma crítica da modernização capitalista, mais atual hoje que na sua época. Diferente de uma concepção iluminista do progresso, segundo a qual a violência capitalista é admitida como mal "necessário" no caminho para o socialismo, Rosa acredita que os povos originários podem ensinar aos "civilizados" formas de sociabilidade mais igualitárias e não predadoras, determinadas pelos interesses da coletividade. A polonesa

Rosa Luxemburgo — periférica na Europa do começo do século XX — tem *insights* que apontam para uma concepção de história distinta daquela do marxismo ortodoxo de seu tempo, caracterizado por uma fé ingênua no desenvolvimento das forças produtivas. A esquerda socialista na América Latina, em busca de um modo de vida crítico ao modelo de civilização oriundo da revolução industrial, o qual leva necessariamente à dicotomia entre pobres e ricos e à destruição da natureza, pode ter nela uma fonte de inspiração.

Rosa Luxemburgo tinha uma ligação visceral com a natureza, manifesta na sua inclinação pelo estudo das ciências naturais, no herbário que foi fazendo ao longo dos anos[9] e nas cartas da prisão aos amigos. Em vez de subestimarmos esse traço de personalidade como mero detalhe biográfico, trata-se de perceber que as cartas revelam uma personagem preocupada com o destino de todas as formas de vida, elemento central de uma concepção de socialismo para além do humanismo, absolutamente necessária numa era de desarranjo ecológico talvez sem retorno. Uma carta de 2 de maio de 1917 a Sonia Liebknecht contém elementos que corroboram essa interpretação:

> O que estou lendo? Principalmente livros sobre ciências naturais: geografia das plantas e dos animais. Ontem eu estava justamente lendo sobre as causas do desaparecimento das aves canoras na Alemanha: é o crescente cultivo racional dos bosques, dos jardins e da lavoura que lhes destrói pouco a pouco as condições naturais de nidificação e alimentação: árvores ocas, florestas virgens, matagais, folhas murchas no chão dos jardins. Doeu-me tanto ler isso. Não pelo que o canto significa para as pessoas, foi a imagem da silenciosa,

---

9 Duas belíssimas edições fac-símile do herbário (dezoito cadernos, de maio de 1913 a outubro de 1918), que se encontra atualmente no arquivo Akt Nowych de Varsóvia, dão uma ideia da paixão de Rosa por seu *hobby* (2009; 2016).

incontida decadência dessas pequenas criaturas indefesas que me provocou tanta dor ao ponto de me fazer chorar. E me fez lembrar de um livro russo do professor Siber sobre a decadência dos peles-vermelhas na América do Norte, que li ainda em Zurique: exatamente da mesma maneira foram eles expulsos pouco a pouco de sua terra pelos homens civilizados e entregues a uma decadência muda, cruel. Mas é claro que devo estar doente para que tudo me abale tão profundamente. Ou, então, sabe de uma coisa? Tenho às vezes a sensação de não ser verdadeiramente um ser humano, e sim algum pássaro ou outro animal em forma humana malograda; no fundo eu me sinto muito mais em casa num pedacinho de jardim como aqui ou no campo entre as vespas e a relva do que num congresso do partido. Para você posso dizer tudo isso sem preocupação: você não vai farejar logo uma traição ao socialismo. Você sabe que eu, apesar de tudo, espero morrer a postos: numa batalha urbana ou na penitenciária. Mas o meu eu mais profundo pertence antes aos chapins-reais que aos "camaradas". (Luxemburgo, 2017, p.272, v.III)

Isabel Loureiro
São Paulo, janeiro de 2019

Prefácio à segunda edição

Desde os anos 1920, existe uma ideia fixa sobre o pensamento de Rosa Luxemburgo aparentemente difícil de abandonar — a de que a defesa da teoria do colapso do capitalismo a levaria para o reduto do marxismo dogmático e, portanto, ultrapassado. Opondo-se a essa interpretação, Isabel Loureiro mostra neste livro de maneira minuciosa e competente como o pensamento político de Rosa Luxemburgo é atravessado por uma tensão não resolvida entre essa defesa ortodoxa da teoria marxista e uma visão aberta, inacabada, interrogativa da política, sempre em mudança. Quando vemos Rosa Luxemburgo como essa personalidade em busca de novas respostas aos desafios postos pelo desenvolvimento capitalista às organizações de esquerda nas primeiras décadas do século XX, fica aberta a possibilidade de uma leitura emancipadora de sua obra que ajuda a pensar as lutas do presente.
A partir de contextos políticos e sociais diversos, Brasil e Alemanha, o leitor poderá verificar que Isabel Loureiro e eu temos pontos em comum no tocante à interpretação do pensamento de nossa autora, e, mais que isso, que voltamos a esse pensamento em constante transformação à procura do que ele tem de atual e criador, com o objetivo de encontrar elementos para uma política

de esquerda que seja, ao mesmo tempo, revolucionária e ancorada nos problemas reais da sociedade.

Dificilmente se poderia discordar de que Rosa Luxemburgo é uma marxista clássica. Mas, no meu entender, ela não é clássica em relação à teoria, e sim no que se refere à criação de ideias inovadoras visando à teoria e à práxis de uma *Realpolitik* revolucionária, que foi violentamente interrompida por seu assassinato em janeiro de 1919. Nessa perspectiva, gostaria de expor aqui rapidamente uma ideia com a qual Isabel Loureiro não deixaria de concordar, mas que não explora no seu livro – a de que Rosa Luxemburgo nos dá um ponto de partida que permite detectar a criação de germes de socialismo no interior da sociedade contemporânea.

Em 1899, Rosa Luxemburgo publicou *Reforma social ou revolução?*, escrito que a tornou célebre no movimento operário alemão e internacional, levando-as, aos 28 anos, a entrar para os anais da social-democracia internacional. Contra o revisionismo de Eduard Bernstein, um dos discípulos diretos de Marx e Engels, Rosa defendia o que acreditava serem as concepções fundamentais do marxismo. Criticava Bernstein por "desistir do objetivo final da social-democracia, ou seja, a transformação social, ao fazer da reforma social o *fim* – da luta de classes em vez de ser simplesmente *um meio*" (Reforma social ou revolução?, *RL*, p.2, v.I).[1] Já no prefácio dizia claramente:

> Para a social-democracia, a luta prática cotidiana por reformas sociais, pela melhoria da condição do povo trabalhador dentro da ordem social existente, em favor das instituições democráticas,

---

[1] Todas as citações foram extraídas da obra *Rosa Luxemburgo, Textos escolhidos* (2.ed., 3.v. São Paulo, Editora Unesp; Fundação Rosa Luxemburgo, 2017). Quando não houver tradução, trata-se da tradução do original *Gesammelte Werke* (GW) (Berlim: Dietz, 1979-1987). (N. E.)

constitui, pelo contrário, o único caminho capaz de guiar a luta de classes proletária e de trabalhar rumo ao objetivo final, à tomada do poder político e à superação do trabalho assalariado. Para a social--democracia, há um nexo inseparável entre a reforma social e a revolução social, na medida em que a luta pela reforma social é *um meio*, enquanto a transformação social é *um fim*. (ibid., p.1-2)

O vigor da posição de Rosa Luxemburgo está em querer, a qualquer preço, atribuir à social-democracia e ao movimento operário o papel de oposição ao sistema e de força anticapitalista. Contra a subordinação desse movimento aos fins das classes dominantes na Alemanha – burguesia e *junkers* – por meio da conquista de concessões parciais, ela queria construir um bastião impenetrável, para o que conseguiu o amplo apoio da direção social-democrata alemã da época, apoio que foi diminuindo depois da Revolução Russa de 1905, substituído mais tarde por uma política de isolamento e marginalização. Em 1913, Rosa Luxemburgo perdeu a última influência digna de nota sobre a imprensa partidária social-democrata.

Outra razão para esse isolamento decorre de uma fraqueza particular da concepção de Rosa Luxemburgo: ela parecia defender uma posição que reduzia a luta pelos interesses sociais, culturais e políticos dos trabalhadores e de outras camadas do povo a simples meio visando à preparação da luta revolucionária. O trabalho parlamentar e extraparlamentar em seu conjunto deveria – tal era o consenso na Segunda Internacional até a primeira década do século XX – ser subordinado ao objetivo da construção de um contrapoder intelectual e organizativo que, no momento oportuno, de maneira pacífica, ou, se fosse inevitável, de maneira violenta, assumiria a dominação política e econômica. Essa teoria não concedia nenhum valor intrínseco às reformas imediatas, alcançadas pelas lutas sociais e políticas. Tratava-se, acima de tudo, de fortalecer e manter unido o "grupo de revoltosos".[2]

A partir dessa posição, Rosa Luxemburgo recusava de modo definitivo qualquer participação de partidos social-democratas nos governos. As mesmas reformas, que do ponto de vista de um partido de oposição socialista eram exigidas como necessárias, não deveriam ser implementadas no capitalismo por uma política governamental social-democrata porque isso significaria apoiar o Estado burguês "como um todo" (Eine taktische Frage, *GW* I/1, p.485).

A *Realpolitik* revolucionária só era possível por três caminhos:

> fazendo, com as mais amplas reivindicações, uma concorrência perigosa com os partidos burgueses e forçando-os a avançar pela pressão da massa dos eleitores; comprometendo o governo perante o país e influenciando-o pela opinião pública; e, por fim, pela crítica no Parlamento e fora dele, agrupando cada vez mais em torno de si as massas populares, transformando-se assim num poder respeitável que o governo e a burguesia precisam levar em conta. (Die sozialistische Krise in Frankreich, *GW* I/2, p.33)

No capitalismo não podia existir política governamental socialista: "À unidade capitalista da economia [...] corresponde a unidade burguesa da política governamental" (ibid., p.59).

---

2 A expressão vem do prefácio de Engels (1975, p.524), escrito em 1895, para *As lutas de classe na França*, de Marx: "Mas, aconteça o que acontecer em outros países, a social-democracia alemã tem uma situação particular e, portanto, ao menos por enquanto, também uma tarefa especial. Os 2 milhões de eleitores que envia às urnas, compreendidos os jovens e as mulheres que estão por trás deles na qualidade de não eleitores, constituem a massa mais numerosa, mais compacta, o 'grupo de revoltosos' ('*Gewalthaufen*') decisivo do exército proletário internacional".

Prefácio à segunda edição

A posição de Rosa Luxemburgo e da ortodoxia marxista da Segunda Internacional baseava-se na suposição de que existia uma tendência inevitável, que se impunha historicamente, ao acirramento da contradição entre o caráter social das forças produtivas e as relações capitalistas de propriedade e poder, tal como Friedrich Engels (1974, p.228) havia formulado. Não havia, por princípio, nenhuma possibilidade, como Rosa Luxemburgo ironicamente escreve contra Bernstein, "de transformar o mar da amargura capitalista em um mar de doçura socialista, por meio da adição de garrafas de limonada social-reformista" (RL, p.37, v.I). Apesar do desenvolvimento das reformas sociais e da democracia, o muro entre a sociedade capitalista e a socialista seria sempre maior e mais largo. Ele só poderia ser derrubado pela "martelada da revolução, isto é, pela conquista do poder político pelo proletariado" (ibid.). E mais adiante escreve:

> o socialismo não é realmente uma tendência inerente à luta cotidiana da classe trabalhadora; ele apenas é inerente às contradições objetivas, cada vez mais acirradas, da economia capitalista, e ao conhecimento subjetivo da classe trabalhadora acerca da inevitabilidade de sua superação por meio de uma transformação social. (ibid., p.41)

Tal concepção de política socialista tinha um efeito colateral inesperado. Ela deveria garantir o caráter revolucionário do movimento operário, deixando para os chamados oportunistas e reformistas todo o campo da luta cotidiana enquanto este desembocava em aquisições democráticas, culturais e sociais que melhoravam realmente a situação da classe trabalhadora. Assim, *nolens volens*, primeiro, introduzia-se uma cunha entre aqueles que insistiam nos fins socialistas e aqueles que se dedicavam à luta por melhores salários, por melhores condições de trabalho etc. Segundo, essa luta cotidiana perdia ao mesmo tempo sua dimensão para além do capitalismo, uma vez que, na melhor das hipóteses, era enobrecida como educação intelectual-revolucionária do proletariado. Numa formulação incisiva: a apresentação dos fins revolucionários perdia seu apoio nos interesses reais das vastas classes e camadas de trabalhadoras e trabalhadores. E a luta pelos interesses reais deixava de ser conduzida num espírito anticapitalista, anti-imperialista e antimilitarista. Fascinados pelo conceito de Engels de uma preparação que evoluía para o dia decisivo e da antinomia entre revolução e reforma, os revolucionários no movimento operário alemão abandonaram a direção real dos trabalhadores aos oportunistas que, no momento decisivo, em agosto de 1914, entregaram sem resistência esses trabalhadores à guerra mundial imperialista.[3]

Rosa Luxemburgo estava muito longe de ser sectária. Mergulhada na Revolução Russa em 1905, escrevia:

> Para um verdadeiro partido dos trabalhadores como a social-democracia, segundo a qual os trabalhadores não são um meio para fins políticos, mas uma classe cuja elevação e libertação são o objetivo final, para um partido desses o menor melhoramento do destino

---

3 Ainda hoje é angustiante ler como a imprensa partidária do SPD mudou de um dia para o outro. No dia 25 de julho de 1914, o *Vorwärts*, órgão central do SPD, escrevia: "Não queremos guerra! Viva a confraternização universal". Em 28 de julho, a manchete: "O czarismo não é o maior perigo de guerra, e sim a mal aconselhada Áustria!". Em 30 de julho: "O proletariado socialista recusa qualquer responsabilidade pelos acontecimentos provocados por uma classe dominante cega até a loucura". Mas em 31 de julho a guinada tinha-se realizado. A nova palavra de ordem dizia: "Quando bater a hora fatídica, cumpriremos nosso dever e não nos deixaremos sobrepujar de maneira alguma pelos patriotas". Em 4 de agosto, os créditos de guerra foram aprovados unanimemente pelo SPD. Os críticos foram contidos pela pressão contra a bancada (cf. Nielsen, 1991, p.21 et seq.).

Prefácio à segunda edição

cotidiano do proletariado não pode ser indiferente. (In: revolutionärer Stunde: Was weiter?, *GW* I/2, p.558)

De modo mais radical que muitos outros, Rosa lutava pelas reformas sociais e pela democracia. Ela se atinha continuamente à defesa consequente da jornada de oito horas, punha na ordem do dia a questão da República, enquanto a direção da social-democracia preferiu que a Monarquia continuasse até o outono de 1918, visando a manter o mais alto possível o bastião contra o domínio do povo. Ela exigia energicamente a implantação do sufrágio universal na Prússia, onde, diferentemente do restante do Reich, imperou o voto censitário das três classes até 1919. E analisou brilhantemente quão insatisfatórias eram as reformas sociais em que ministros socialistas faziam parte do governo (Die sozialistische Krise in Frankreich, *GW* I/2, p.5-73). Porém, por muito tempo, defendeu a ideia de "que a introdução do socialismo só podia começar a seguir ao colapso da ordem capitalista" (Eine taktische Frage, *GW* I/1, p.484).

Rosa Luxemburgo não desenvolveu nenhum conceito teórico que permitisse superar de modo emancipador a contradição entre revolução e reforma. Como para ela as reformas não permitiam nunca introduzir elementos de uma nova ordem, mas, pelo contrário, só faziam aumentar ainda mais o muro entre capitalismo e socialismo, sua reivindicação – devem-se exigir reformas radicais embora não se possa esperar de sua implementação nenhum progresso real em direção ao socialismo – permanecia politicamente infrutífera.

A experiência das revoluções de 1917 e 1918, contudo, levou Rosa Luxemburgo a superar a oposição entre revolução e reforma. Diante das fraquezas da esquerda, procurou caminhos alternativos para a socialização aproveitando a ideia dos conselhos. Também no momento da derrota da revolução, ela não queria renunciar a esse novo caminho de auto-organização e de autogestão, o qual, assim esperava, poderia se desenvolver para além da velha aliança entre social-democracia e sindicatos:

> Hoje precisamos nos concentrar no sistema dos conselhos de trabalhadores, e não associar as organizações por meio de combinações das velhas formas, sindicato e partido, mas erigi-las sobre uma base totalmente nova. Conselhos de fábrica, conselhos de trabalhadores, e, numa ascensão contínua, uma estrutura totalmente nova que nada tem em comum com as tradições antigas e ultrapassadas. (*RL*, p.342, v.II)

Em vez de um ataque geral, ela propõe uma nova estratégia com o objetivo de criar elementos da nova sociedade no interior da velha:

> precisamos pôr assim a questão da tomada do poder: o que faz, o que pode fazer, o que deve fazer cada conselho de trabalhadores e soldados em toda a Alemanha? (*"Bravo!"*) É aí que reside o poder; devemos solapar o Estado burguês a partir da base, não separando mais por todo lado os poderes públicos, a legislação e a administração, mas unindo-as, pondo-as nas mãos dos conselhos de trabalhadores e soldados. (ibid., p.368)

Desse modo, a questão da reforma e da revolução pode ser posta de uma nova maneira: a transformação socialista deixa de ser pensada exclusivamente como o "dia decisivo", e passa a ser pensada como processo que *pode* começar, aqui e agora, pela mudança da correlação de forças, das estruturas de poder e de propriedade, da inovação institucional. Nem toda reforma social ou democrática rejeita o capitalismo, mas há reformas que têm por natureza um potencial "transformador", revolucionário.

Com essa formulação, Rosa Luxemburgo supera a antiga separação entre caminho e fim, reforma e revolução, e começa a desenvolver posições em que o caminho para um progresso real se constrói como fim durante o caminhar (não mais apenas no sentido do acirramento das contradições e do fortalecimento da consciência revolucionária), e o fim se liga tão diretamente à luta cotidiana e à defesa dos interesses concretos que progressos reais podem ser alcançados como fim verdadeiro. Essa posição – como superação da antiga oposição entre reforma e revolução – poderia ser designada *política de transformação socialista*, uma política que procura mudar as relações reais, as relações de propriedade e de poder de tal maneira que o capitalismo é contido e nascem germes de relações não capitalistas.

Essa concepção de política de transformação socialista baseia-se em uma série de suposições teóricas fundamentais que precisam ser discutidas de maneira mais precisa.[4] Antes de mais nada, requer que se rompa com a ideia de que pode haver uma sociedade capitalista que não seja marcada por fortes esferas não capitalistas. Mas, para isso, é necessário compreender o capitalismo não como forma totalitariamente fechada de valorização do capital, que consegue submeter tudo de maneira completa e absoluta. Rosa Luxemburgo esbarrou nesse problema no contexto da análise da acumulação do capital, tendo sido provocada pelas investigações do economista britânico John Hobson em sua obra *Imperialism: A Study*. Este via no subconsumo dos trabalhadores a razão para que os Estados capitalistas concorressem por mercados externos usando meios bélicos e caíssem numa competição imperialista entre si. Rosa Luxemburgo acreditava ter descoberto que a demanda solvente ampliada não podia, por princípio, provir

---

4 Cf. uma abordagem mais sistemática em Brie (2002, p.7-65); ver também a formulação sistemática em Hall et al. (1996).

do processo da própria acumulação do capital, e concluía, em *A acumulação do capital*,

> que *pelo menos* a mais-valia a capitalizar e a respectiva parte que lhe corresponde na massa de produtos de cunho capitalista não podem ser realizadas no âmbito capitalista, tendo forçosamente de buscar seus compradores fora dessa área, em camadas sociais e formas de sociedade que produzam utilizando métodos não capitalistas. (Luxemburgo, 1985, p.246)

Rosa Luxemburgo afirmava existir uma coerção econômica da valorização do capital que precisava explorar continuamente novos compradores não capitalistas de mercadorias produzidas de modo capitalista, quase sempre com a mais brutal violência. A partir dessa tese, ela podia, pelo menos a seus próprios olhos, realizar algo de que Marx não dera conta e que para ela representava a condição fundamental do socialismo científico – a fundamentação econômica rigorosa do colapso inevitável do capitalismo:

> O capitalismo é a primeira forma econômica capaz de propagar-se vigorosamente: é uma forma que tende a estender-se por todo o globo terrestre e a eliminar todas as demais formas econômicas, não tolerando nenhuma outra a seu lado. Mas é também a primeira que não pode existir só, sem outras formas econômicas de que alimentar-se; que, tendendo a impor-se como forma universal, sucumbe por sua própria incapacidade intrínseca de existir como forma de produção universal. (ibid., p.320)

Em todo caso, independentemente da resposta teórica encontrada para o problema mostrado por Rosa Luxemburgo, deve-se observar que ela descobriu um fato básico fundamental das sociedades modernas – elas não são viáveis como sociedades exclusivamente capitalistas.[5] Também a análise feminista posterior esbarra nesse fato e chama a atenção para o vasto campo do trabalho social não pago, sobretudo o trabalho feminino (Von Werlhof, 1982, 1991). As novas tendências de capitalização total (*Durchkapitalisierung*) do conhecimento e de prestação de serviços (Rifkin, 2000; Gorz, 1989), por sua vez, testemunham o surgimento contínuo de novos domínios que, pelo menos por enquanto, estão fora da valorização do capital. As lutas históricas do passado mostram igualmente que é possível retirar da valorização do capital determinados domínios em determinadas circunstâncias.

A partir dessas experiências, pode-se afirmar que duas tendências são inerentes às sociedades modernas – a capitalização total sempre mais abrangente de todos os domínios da vida, bem como a luta e a afirmação de domínios da produção e da vida que funcionam segundo lógicas não capitalistas. A relação entre esses dois domínios é determinada, por um lado, pelas exigências concretas da socialização correspondentes ao estágio de desenvolvimento das forças produtivas, das necessidades e da cultura e, por outro, pela correlação de forças existente na sociedade.

Mas também nos domínios abarcados pela valorização direta do capital opõem-se, numa relação contraditória com os interesses da valorização do capital, os interesses daqueles que dependem de salário, os interesses sociais na manutenção do meio ambiente, no desenvolvimento municipal etc. A concepção marxista ortodoxa de uma subordinação sempre mais estrita do trabalho ao capital, de uma redução do trabalho a simples dispêndio de força natural humana adestrada, teve tão pouca confirmação quanto o empobrecimento inevitável. Tanto quanto essas tendências

---

[5] Ver a convincente exposição de Polanyi (1978), no que se refere aos fatores trabalho e dinheiro.

existem e são totalmente dominantes em não poucos países e setores da economia, como também existem continuamente novas contratendências que provêm tanto das necessidades do desenvolvimento das forças produtivas quanto das lutas sociais.

Rosa Luxemburgo descreve a sociedade capitalista em sua forma pura, tal como ela se apresentava na Primeira Guerra Mundial, como barbárie que destruía a si mesma e a toda a humanidade:

> Coberta de ignomínia, chafurdando em sangue, pingando imundície – assim se apresenta a sociedade burguesa, assim ela é. Ela se mostra na sua forma nua e crua, não quando impecável e honesta, arremeda a cultura, a filosofia e a ética, a ordem, a paz e o Estado de direito – mas como besta selvagem, anarquia caótica, sopro pestilento sobre civilização e a humanidade. (RL, p.17-8, v.II)

Isso parece repetir-se hoje como resultado de uma globalização capitalista desenfreada, em que a dominação autoritária da reação econômica e política está ligada ao "horror da economia" nu e cru, à dominância do fator bélico, ao alargamento do Estado policial.[6] Contra isso, formou-se uma ampla resistência, que exige outras formas de globalização e regionalização. Tal como anteriormente na luta contra o capitalismo manchesteriano, o imperialismo e o colonialismo, o fascismo e o nazismo, veremos se é possível conseguir mobilizar forças suficientemente poderosas para contrapor à barbárie o poder da humanidade, da liberdade e da igualdade.

A partir do que foi dito, propomos a seguinte definição: capitalistas são todas as sociedades em que a valorização do capital domina a economia e em que essa economia domina o conjunto da sociedade. Em resumo, podem ser designadas como capitalistas

---

6 Cenários alternativos são descritos em Klein (2003, p.69 et seq.), Fliessbach e Ziegler (2003) e Amin (2001, p.78 et seq.).

todas as sociedades em que existe a predominância do lucro. Essa definição tem a vantagem de deixar espaço para que se possam também reconhecer tendências não capitalistas ou até mesmo anticapitalistas, e justificar a pluralidade e heterogeneidade das sociedades reais, sem que com isso seja preciso ignorar o caráter capitalista do desenvolvimento da sociedade em seu conjunto.[7] Essa definição permite reconstruir as sociedades atuais como espaço social, onde as tendências capitalistas se impõem (ainda) como tendências determinantes, mas onde as forças sociais também põem em ação contratendências e até criam espaços próprios, ou melhor, ocupam outros espaços e lutam por seu lado por uma mudança de direção.

Se essa definição for correta, a política de transformação socialista deixa de ser entendida como preparação para a "martelada da revolução", passando a ser vista como luta pela mudança da correlação de forças no interior da sociedade atual, como construção de espaços e fortalecimento de tendências não impregnadas pela lógica do capital, e sim por uma *lógica social* emancipadora e solidária. Implementar o perdão da dívida, o controle sobre o capital financeiro e as empresas transnacionais, direitos sociais mínimos, proteção básica orientada para as necessidades, construção de uma economia solidária, proteção dos direitos da esfera pública em relação ao livre acesso ao conhecimento e à cultura, soberania alimentar, democracia participativa e resolução pacífica dos conflitos, além de todas as demais reivindicações dos movimentos reunidos no Fórum Social Mundial (cf. Fischer; Ponniah, 2003) – eis o processo real que refreia os elementos capitalistas, imperialistas, patriarcais, racistas das sociedades contemporâneas e vence a predominância do lucro. Em suma, esse é o processo que supera a sociedade atual.

---

[7] Para uma comparação com o socialismo de Estado, cf. Brie (1993).

Uma tal política de transformação radical da correlação de forças, das estruturas de poder e de propriedade, dos modos de socialização, partindo dos interesses daqueles que estão particularmente expostos à opressão, à exploração e à marginalização, numa aliança estreita com todos os que veem ferida e ameaçada a reivindicação de uma vida autodeterminada e solidária é totalmente diferente "da adição de garrafas de limonada social-reformista" ao "mar da amargura capitalista" (Luxemburgo). Pelo contrário, ela nada mais é que a luta longa, difícil, extraordinariamente dura, mas também bela e humana por um outro mundo. A participação nessa luta constitui o núcleo da *Realpolitik* socialista. Diferentemente da política oportunista, ela está submetida a critérios claros; diferentemente do revolucionarismo abstrato, ela é prática. Aqui e agora defende tendências solidárias e emancipadoras e se desenvolve contra a lógica da valorização do capital. Na medida em que transforma a realidade dominada pelo capitalismo, aponta para além do capitalismo. Os próprios meios utilizados por ela já representam progresso na emancipação e na solidariedade.

Michael Brie
Rosa Luxemburg Stiftung
Berlim, fevereiro de 2004

Referências bibliográficas

AMIN, S. *Für ein nicht-amerikanisches 21. Jahrhundert. Der in die Jahre gekommene Kapitalismus.* Hamburg: VSA, 2001.

BRIE, M. Von den Schwierigkeit, über die DDR zu sprechen. In: BRIE, M.; KLEIN, D. (orgs.) *Der Engel der Geschichte.* Berlim: Dietz, 1993.

_____. Freiheit und Sozialismus. Die Programmatik der PDS in der Diskussion. In: BRIE, M. et al. *Sozialismus als Tagesaufgabe.* Berlim: Dietz, 2002.

ENGELS, F. Die Entwicklung des Sozialismus von der Utopie zur Wissenschaft. *MEW* (Berlim), v.19, 1974.

_____. Einleitung zu Marx Klassenkämpfe in Frankreich. *MEW* (Berlim), v.22, 1975.

FISCHER, W. S., PONNIAH, T. (Eds.). *Another World is Possible*. Popular Alternatives to Globalization at the World Social Forum. Londres, Nova York: Zed Books, 2003.

FLIESSBACH, H., ZIEGLER, J. *Die neuen Herrscher der Welt und ihre globalen Widersacher*. Munique: Bertelsmann, 2003.

GORZ, A. *Kritik der ökonomischen Vernunft*. Berlim: Rotbuch Verlag, 1989.

HALL, S. et al. (Eds.). *Modernity. An Introduction to Modern Societies*. Cambridge: Blackwell, 1996.

HOSSFELD, R. *Rosa Luxemburg oder Die Kühnheit des eigenen Urteils*. Aachen: Karin Fischer, 1993.

KLEIN, D. (Org.) *Leben statt gelebt zu werden*. Selbstbestimmung und soziale Sicherheit. Zukunftsbericht der Rosa-Luxemburg-Stiftung. Berlim: Dietz, 2003.

LUXEMBURG, R. *Gesammelte Werke*. Berlim: Dietz, 1979-1987. 5v.

_____. *A acumulação do capital*. São Paulo: Nova Cultural, 1985.

NIELSEN, F. W. *Rosa Luxemburg. Ein Leben für die Freiheit*. Freiburgo: Freiburger Echo, 1991.

POLANYI, K. *The Great Transformation*. Politische und ökonomische Ursprünge von Gesellschaften und Wirtschaftssystemen. Frankfurt a. M.: Suhrkamp Taschenbuch Wissenschaft, 1978.

RIFKIN, J. *Acess. Das Verschwinden des Eigentums*. Frankfurt a. M., Nova York: Campus Verlag, 2000.

VON WERLHOF, C. Hausfrauisierung der Arbeit. *Courage*, n.3, 1982.

_____. *Was haben die Hühner mit dem Dollar zu tun?* Frauen und Ökonomie. Munique, 1991.

Apresentação à segunda edição

Este livro, publicado em 1995 pela Editora Unesp, resultou de uma tese de doutorado defendida em 1992 no Departamento de Filosofia da USP, sob orientação da professora Marilena Chauí, na época secretária de Cultura da prefeita de São Paulo Luiza Erundina.

Durante o período de elaboração da tese, ocorreram alguns fatos significativos que, embora não mencionados no texto, figuram como pano de fundo destas reflexões: a campanha de 1989 para as primeiras eleições presidenciais diretas depois de 29 anos com o embate Lula/Collor e o início do desmoronamento dos regimes do socialismo real no Leste Europeu estão no horizonte. De modo muito particular e não explícito, o PT da época era o interlocutor oculto.

É sabido que as ideias políticas de Rosa Luxemburgo – sobretudo a defesa da organização de massas e de socialismo democrático, contra uma concepção vanguardista de partido – foram significativas para a formação de parte da esquerda brasileira. Basta lembrarmos os nomes de Mário Pedrosa e Paul Singer, ambos fundadores do PT. Em tempos de pragmatismo político vulgar, eles permanecem um exemplo de dignidade socialista, em contraposição a uma esquerda governamental que se desembaraçou com alarmante sem-cerimônia de um programa antes ardorosamente defendido.

No início dos anos 90, os dilemas de Rosa Luxemburgo estudados neste livro pareciam-me ser os de uma esquerda democrática e socialista que, almejando o poder de Estado, vivia na tensão originada pelo desejo de manter os fundamentos ideológicos de esquerda e as necessidades impostas pela política prática. Essa tensão, a meu ver, não podia (nem pode) ser resolvida, já que é constituinte de qualquer política emancipadora realizada nos quadros da sociedade capitalista.

Desde então, mais de dez anos se passaram. No que respeita a esse ponto específico, o livro se tornou inatual: ao que parece, os dilemas foram resolvidos a favor da contemporização. A esquerda no poder, limitando-se a aplicar automaticamente o programa do capital, aderiu ao mais puro pragmatismo, tal como nos anos 1920 a ala majoritária do Partido Social-Democrata Alemão. Esta, como mostram os estudiosos da República de Weimar, ficou aquém de si mesma, na medida em que não realizou, com os meios de que dispunha, nem sequer seu próprio programa, que estava longe de ser revolucionário. Lembrar princípios a quem não se propõe defendê-los deixa de fazer sentido — entramos aqui numa outra lógica, a dos interesses do poder, distante da que percorre este livro, que ainda se preocupa em pesquisar os fundamentos teóricos de uma "política moral". Mas, ao mesmo tempo, talvez o livro tenha se tornado mais atual que nos anos 1990, pois, ao que tudo indica, a ideia de uma vida desmercantilizada (que antigamente se chamava socialismo) voltou à ordem do dia, tendo-se tornado o fio condutor dos movimentos de protesto contra a reorganização do mundo a favor do capital.

Apresentação à segunda edição

A questão que a esquerda enfrenta hoje no Brasil e no mundo, reconhece Francisco de Oliveira (2002), é como criar uma cultura socialista sem saber quais são suas formas. A única coisa que sabemos é que não estamos mais em 1917. Mas será que ainda estamos em 1968? A pergunta faz sentido. As grandes manifestações que ocorreram no mundo inteiro desde dezembro de 1999 em Seattle, com ampla participação de jovens, trouxeram à lembrança aquele momento de revoltas contra a ordem estabelecida em que ressurge o próprio termo "movimento social".[1]

Os movimentos sociais de 1968, como lembram os da minha geração, tinham como alvo todo tipo de autoridade: a autoridade do Estado (o Estado de bem-estar social implementado pelos partidos social-democratas na Europa, o Estado burocrático dos países comunistas, as ditaduras do Terceiro Mundo), a que existe na esfera da vida privada (da família, das instituições penais, psiquiátricas, escolares etc.), e também a autoridade política que se traduzia nos partidos de massa centralizados (social-democratas ou comunistas).

O início dos anos 1970 foi marcado por esses movimentos, e a "ação direta" dos sujeitos envolvidos nessas lutas levou a uma conquista decisiva: o fim da crença numa teoria otimista da história, linear e progressiva. A ideia era que se os homens e as mulheres não se mobilizarem para defender e ampliar a esfera dos direitos a história por si só não o fará. O paraíso não está garantido à nossa frente, aliás nem sequer sabemos se existe. Mas se não agirmos para realizar o sonho de uma vida para além dos limites da forma mercadoria, nunca saberemos se ele é factível. Num mundo de incertezas, é fundamental apostar.

---

[1] Para a caracterização dos movimentos sociais hoje, retomo Michael Denning (2002).

As grandes mobilizações de 1968 deram ao mundo uma cara de esquerda, contestadora, generosa e libertária. Tudo levava a crer que uma nova época estava começando. Mas, em fins da década de 1970 e início da de 1980, começam a ser postas em prática as políticas neoliberais – a reação conservadora contra os direitos sociais e trabalhistas conquistados pelos trabalhadores nos anos posteriores à Segunda Guerra Mundial.

Os anos 1980 representaram o auge da vitória do neoliberalismo (Reagan/Thatcher) e o declínio estrutural do movimento operário: nos países mais desenvolvidos, os sindicatos perderam quase metade de seus membros. "A crise das organizações do movimento operário, da esquerda em geral, foi também [...] uma crise ideológica, uma crise de perspectiva. As três grandes respostas ideológicas do pós-guerra entraram em crise no mesmo período" (Aguitton, 2002, p.16). O Estado do bem-estar social e o reformismo social-democrata dos países centrais, as economias planejadas do Leste Europeu e o comunismo burocrático, o modelo desenvolvimentista dos países da periferia e os movimentos de libertação nacional foram simultaneamente atingidos.

Essa crise chegou ao auge no início dos anos 1990, com o fim da URSS e dos regimes comunistas do bloco do Leste. Da queda do Muro de Berlim, em 1989, ao fim da URSS e à Guerra do Golfo, em 1991, o mundo se reorganizou de maneira profunda a favor do capital. Essa tendência se traduz no chamado Consenso de Washington (1989) – as medidas postas em prática pelas instituições financeiras internacionais e pelos países da metrópole do capitalismo, tendo como palavra de ordem básica os "planos de ajuste estrutural" dos países endividados.

Essa passagem de época histórica no começo da década de 1990 caracteriza-se sobretudo por uma nova vaga de mundialização do capital (o que ficou ideologicamente conhecido como globalização). Depois de quase um século de protecionismo, de economias com dinâmicas fundamentalmente nacionais, voltamos a ver um novo período de predomínio do capital financeiro internacionalizado, semelhante ao que existia sob a hegemonia inglesa no século XIX. A globalização de hoje, assim como nessa época, representa o esforço de um poder central, agora os Estados Unidos, de retomar sua hegemonia e está associada à montagem de um novo "sistema imperial" (Fiori) (Corrêa Leite, 2003, p.17).

Como disse Bill Clinton ao pedir autorização ao Congresso norte-americano para negociar a Área de Livre-Comércio das Américas (Alca) por meio do *fast track* (via rápida, procedimento que permite ao presidente norte-americano agir sem a interferência do Poder Legislativo para esse tipo de negociação): "Nós temos 4% da população do mundo e controlamos 22% da riqueza do mundo. Se quisermos manter essa fatia de riqueza, precisamos vender para os outros 96% da população". Na frase de Clinton, está resumido de modo cínico o ideário norte-americano em relação ao resto do mundo: consumimos uma parte da riqueza mundial muito superior à nossa população; para manter esse privilégio, precisamos exportar o *american way of life* para o mundo inteiro, ou por bem, pela indústria cultural (que leva as populações de todo o planeta, ou quase, a desejarem ardentemente consumir bens materiais e culturais propagandeados por essa indústria), ou por mal, pela guerra (quando as populações recalcitrantes se opõem a esse modo de vida). Em outros termos, a globalização é uma das faces da continuidade do colonialismo.

De um lado, portanto, rápida circulação do capital pelo mundo. De outro, mudanças nos métodos de gestão. A produção "enxuta" apoia-se tanto nos círculos de controle de qualidade e no trabalho em equipe quanto na flexibilização, precarização, intensificação dos ritmos de trabalho, terceirização, reengenharia – todas medidas destinadas a aumentar a taxa média de exploração (ibidem, p.20).

A instabilidade e a imprevisibilidade do novo modelo de acumulação começa a aparecer de modo mais tangível a partir do segundo semestre de 1997 com a crise financeira na Ásia, que em 1998 atinge a Rússia e o Brasil. A irracionalidade desse modelo, com suas consequências arrasadoras para os países periféricos, evidencia-se mais do que nunca no momento da explosão da crise argentina em fins de 2001. Dois meses antes, o ataque ao World Trade Center havia mostrado de forma contundente, embora contraditória, a vulnerabilidade de um sistema que se impõe com violência em benefício de uma minoria. Num esboço rápido, eis o quadro que enfrentamos hoje.

É claro que as novas formas do capitalismo implantadas nos últimos vinte anos, com suas extremas contradições, têm forte impacto sobre as lutas sociais. Como o capital se tornou dotado de extrema mobilidade, os movimentos sociais, em resposta, também se tornaram móveis, diversificados, flexíveis, descentralizado, fluidos – difíceis de apreender conceitualmente e difíceis de reprimir. Tal "homologia dá a estes movimentos muito móveis a oportunidade de reencontrar apoios onde, precisamente, as organizações tradicionais perdiam pé. Mas significa também que devem compor com o gênero de tensões que habitam as formas emergentes do capitalismo" (Boltanski; Chiapello, 1999, apud Aguitton, 2002, p.81).

Isso posto, passemos aos novos movimentos sociais. Embora sejam herdeiros de 1968,[2] há um traço fundamental que os distingue: enquanto os movimentos sociais da década de 1960 e início dos 1970 eram basicamente antiautoritários, os atuais movimentos, em

---

2 Os traços comuns são: a crítica aos partidos políticos burocratizados e hierárquicos, a participação maciça de jovens e o fato de não terem a conquista do poder de Estado como meta das lutas.

consequência das mudanças do capitalismo desde os anos 1980, lutam basicamente contra a privatização dos bens públicos.

Num rápido histórico dos movimentos contra a globalização na década de 1990,[3] é fácil detectar essa característica básica. Desde a revolta zapatista em Chiapas, em 1º de janeiro de 1994, quando os acordos do Tratado de Livre-Comércio da América do Norte (Nafta) entraram em vigor, até os Fóruns Sociais Mundiais (em janeiro de 2001, 2002, 2003, em Porto Alegre, e 2004, em Mumbai, na Índia), passando pelas greves do serviço público francês em 1995, pela denúncia do Acordo Multilateral de Investimentos (AMI) em 1998 e a criação do Attac,[4] pelas manifestações de Seattle no fim de 1999, considerado o acontecimento fundador dessa nova era de rebeliões anticapitalistas, o alvo das lutas é a mercantilização da esfera pública.

Se tomarmos como exemplo o movimento zapatista, chama a atenção o fato de não ter sido uma revolta urbana contra o aumento de preços, mas uma "revolta rural contra o cercamento das terras comunitárias" (Denning, 2002, p.75). A partir do "encontro

---

3 Para um histórico detalhado dos movimentos antiglobalização, ver o excelente livro de José Corrêa Leite, *Fórum Social Mundial* (2003).

4 Como se trata de fato pouco conhecido, cabe lembrar que no início de 1998 tornou-se pública a proposta do AMI, que seria inicialmente assinado pelos países ricos para depois ser imposto aos outros países. O AMI era um acordo extremamente prejudicial para os países pobres (caso houvesse, por razões políticas, problemas com os investimentos das empresas transnacionais, os Estados seriam responsabilizados), discutido em segredo na Organização de Cooperação e de Desenvolvimento Econômico (OCDE). A denúncia do acordo, feita pelo movimento *Public Citizen*, foi amplamente divulgada pelo jornal francês *Le Monde Diplomatique*, que em 3 de julho cria o movimento Attac (Associação pela Tributação das Transações financeiras em Apoio aos Cidadãos). Em outubro, graças aos protestos contra o AMI em diversos países, a OCDE suspendeu as negociações sobre o acordo.

intergalático" contra o neoliberalismo que ocorreu no verão de 1996, na selva Lacandona, a primeira reunião de militantes de todo o mundo contra a globalização, ficou claro para a esquerda que uma grande mudança tática e estratégica estava em curso.

Uma década de lutas ligadas ao "politicamente correto", à diversidade cultural, política, sexual, racial, social – a chamada "política de identidades" (que, como mostra Naomi Klein (2003) em *Sem logo*, foi facilmente cooptada pelo capitalismo, servindo de alimento para as corporações que transformaram as identidades em estilo de vida a ser consumido como uma marca) – foi sendo substituída por uma aliança de forças, que congrega desde movimentos ecológicos a sindicalistas em luta contra as péssimas condições de trabalho e contra a privatização dos serviços públicos, passando pelo engajamento dos estudantes universitários norte-americanos no Movimento por Justiça Global, cujo foco mais visível era a campanha *Clean Clothes*, que combatia as *sweat shops* (fábricas de roupas de grife em que trabalhadores muitas vezes ilegais atuam em condições precárias), por um amplo movimento de trabalhadores rurais (ao qual está ligado o Movimento dos Trabalhadores Sem Terra – MST, por exemplo), Marcha Mundial das Mulheres, movimentos urbanos contra o desemprego e a exclusão social, movimentos por moradia e saúde, pela anulação da dívida do Terceiro Mundo, contra a degradação do meio ambiente, contra os transgênicos, contra a guerra, contra o patenteamento de formas de vida, contra a propriedade intelectual etc.

À primeira vista, essa miríade de lutas dispersas por todo o planeta não pode ser unificada. Cada grupo tem reivindicações próprias, particulares, o que impediria, em princípio, a formação de um movimento poderoso e eficaz contra os interesses do capital. Mas, se olharmos mais de perto, parece possível detectar duas características comuns a todos eles que até agora permitiram a ação conjunta e indicam a possibilidade de um salto para o futuro:

Apresentação à segunda edição

1. De modo muito diferente da esquerda tradicional do século XIX e parte do século XX, cuja estratégia se dividia em duas etapas – primeiro, conquistava-se o poder de Estado, depois transformava-se o mundo, o que não ocorreu da maneira esperada na maior parte dos países em que essa esquerda chegou ao poder –, os novos movimentos sociais não ficam à espera da revolução, mas, como diz Naomi Klein (2001, p.86), "eles estão agindo agora, no lugar onde moram, onde estudam, onde trabalham, onde cultivam a terra". Eles agem movidos pela convicção de que contra o poder nivelador do capital é preciso proteger a diversidade cultural, ecológica, agrícola e política: há muitas maneiras de se fazer política visando a uma sociedade autodeterminada, entre elas as manifestações de rua, as campanhas contra os organismos multilaterais, as ocupações de terras e prédios, as reuniões dos Fóruns Sociais, tanto mundiais quanto nacionais ou regionais etc.

Ou seja, a primeira coisa que de algum modo constitui a unidade na diferença é uma prática que podemos chamar de "ação direta", a ideia de que não vamos ficar à espera de que nossas reivindicações sejam defendidas por representantes eleitos, mesmo porque estes fazem parte de uma estrutura de poder cooptada pelo capital. A política parlamentar, se tanto, só preserva os interesses populares desde que seja forçada por uma ação política coletiva. Quando, contra o vírus do parlamentarismo que se propagava na social-democracia alemã, Rosa Luxemburgo adotava o verso do Fausto, "no princípio era a ação", isso revelava um profundo e acertado ceticismo em relação à possibilidade de os mecanismos parlamentares por si sós conquistarem e preservarem direitos de quem não possui capital. Nessa perspectiva, penso que não é descabido mostrar a proximidade que existe entre suas ideias e as dos ativistas antiglobalização.

Na sua polêmica com os bolcheviques, quando da dissolução da Assembleia Constituinte, Rosa Luxemburgo defende incisivamente a ideia de que a tomada do poder não é uma etapa prévia à realização da democracia, e sim que tomar o poder e realizar a democracia são duas faces da mesma moeda:

> A democracia socialista não começa somente na Terra prometida, quando tiver sido criada a infraestrutura da economia socialista, como um presente de Natal, já pronto, para o bom povo que, entretanto, apoiou fielmente o punhado de ditadores socialistas. (Luxemburgo, 2017, p.210, v.II)

Liberdades democráticas, direito de associação e de reunião, imprensa livre, são pré-requisitos indispensáveis para uma ampla circulação de ideias entre as massas populares, permitindo que saiam da menoridade em que foram postas por elas mesmas, mas sobretudo pela dominação absolutista (no caso da Rússia anterior à revolução) e capitalista.

Em outras palavras, Rosa não acredita que a conquista do poder de Estado baste para transformar a sociedade, e por isso pensa que tomar o poder e mudar o mundo (que no texto em pauta se traduz pela defesa da democracia já) são dois momentos inseparáveis de um só processo.[5] Para ela, o que importa, como veremos no decorrer deste livro, é a transformação econômica, política e cultural da sociedade *levada a cabo pela ação* (organizada e consciente, mas também

---

[5] Apesar dessas nuanças, Rosa Luxemburgo está distante de John Holloway que, no seu instigante ensaio *Mudar o mundo sem tomar o poder* (2003), diz que um dos grandes equívocos da esquerda no século XX foi acreditar que podia mudar o mundo por meio do Estado. É verdade que, embora para ela, mudar o mundo *não se resuma* à conquista do poder de Estado, Rosa pensa que uma administração revolucionária da coisa pública, em tese, contribui para acelerar o processo lento de transformação das consciências. Nesse sentido, considera indispensável a tomada do poder.

Apresentação à segunda edição

espontânea, inconsciente) *das massas populares*. Essa ideia, ainda que modificada, está na base dos movimentos sociais contemporâneos que veem, por exemplo, nos Fóruns Sociais a oportunidade de construir o que poderíamos chamar de um *espaço público popular*,[6] uma forma nova de articular o indivíduo e a coletividade, muito diferente do funcionamento regular das instituições nas democracias burguesas em que os indivíduos nada mais são que um aglomerado de mônadas se relacionando por meio do mercado. A construção desse espaço público popular nos quadros da sociedade existente é demorada, problemática, contraditória. Mas, sem ele, pensa Rosa (os fracassos do socialismo real lhe deram razão), não é possível criar uma sociedade democrática que transcenda a dominação do capital.

Rosa Luxemburgo teve em seu tempo *insights* preciosos que continuam atuais. Um deles, que se liga ao que acabei de mencionar, é a crítica à concepção de partido hierarquizado, centralizado. Ela concordaria com Wallerstein (2002, p.31), para quem "os componentes sociais que potencialmente constituem a esquerda são muito diversos, enfrentam muitos problemas diferentes imediatos, originam-se em lugares culturais muito diversos para que funcione um sistema de centralismo democrático, mesmo que seja genuinamente democrático". É porque as forças antissistêmicas são multifacetadas que faz sentido a defesa de um espaço público popular formado por múltiplas formas de associação, organização, movimentos, lutas, em que os de baixo põem em prática as mais variadas experiências. Para Rosa, essas experiências podem encarnar-se no partido, nos sindicatos, nos conselhos, na

---

6 E não "espaço público proletário", denominação que empreguei no livro (inspirada em Oskar Negt) referindo-me à época de Rosa Luxemburgo, quando a caracterização das classes sociais não suscitava polêmicas estéreis.

rebeldia espontânea, hoje nos movimentos sociais: não há uma única forma de organização das massas populares, pois o processo de transformação recíproca da luta de classes e do capitalismo leva a contínuas modificações das formas organizativas.

Para Rosa Luxemburgo, assim como para os movimentos sociais de nossa época, é da participação dos de baixo que vem a esperança de mudar o mundo. Não apenas aos políticos profissionais – mesmo os de partidos de esquerda – está reservada a grande missão transformadora. Muito pelo contrário, deles pouco ou nada se pode esperar – essa foi a amarga experiência que fizemos no Brasil durante o ano de 2003. Subverter a base do edifício requer superar a separação entre política e vida social, ir além da política vista como atividade especializada de profissionais. Nessa perspectiva, não há separação (ou não deve haver) entre os que sabem e os que não sabem, os organizados e os sem-organização. Sem a espontaneidade dos homens e das mulheres comuns que resistem individual e coletivamente das mais diferentes maneiras, ainda que contraditórias, à sujeição ao capital, é impensável uma política emancipadora.

2. O segundo denominador comum à diversidade dos movimentos sociais se traduz no lema "O mundo não é uma mercadoria". Repito que essas lutas têm como alvo a retomada dos bens públicos, ou seja, voltam-se contra a mercantilização e a privatização que atingiram uma escala sem precedentes nos últimos vinte anos: educação, saúde, cultura, natureza, terra, água, formas de vida (patentes de seres vivos e sementes). Se em 1968 o alvo era a autoridade em todos os planos, hoje é a transformação do mundo e da vida em mercadoria. Mesmo que muitas dessas lutas não se apresentem assim, elas questionam o capitalismo em seu núcleo e apontam, ainda que remotamente, para uma alternativa socialista. "O socialismo deve ser um programa para a desmercantilização de tudo", para a "eliminação do lucro como categoria" (Wallerstein,

2002, p.36) Esse objetivo a longo prazo – utópico? – não pode ser perdido de vista: é ele que ilumina as lutas por objetivos a curto e médio prazos, tanto locais/nacionais quanto globais. Entretanto – e este é, a meu ver, o problema crucial que a esquerda enfrenta –, é preciso transformar a força pulverizada nessa miríade de manifestações antissistêmicas em algo que se traduza num programa alternativo pós-capitalista que tenha força bastante para se fazer ouvir.

Na atual situação brasileira, em que a firma mudou mas a loja continua a mesma, falar em alternativa pós-capitalista parece pura retórica. Por enquanto, ao que tudo indica, o único caminho que restou à esquerda socialista é investir nas lutas sociais para criar espaços que superem os limites do possível. A experiência histórica comprova que as lutas sociais foram e são um fator de desbarbarização da sociedade, ainda mais de sociedades profundamente desiguais como a nossa. Todos os avanços em termos de democracia política e de democracia social foram conquistados desde o século XIX graças à luta obstinada das forças populares reivindicando seus direitos. Não devemos esperar nada de homens providenciais. Qualquer mudança radical, no sentido de um projeto emancipador, só pode resultar da pressão social de baixo para cima.

Uma última observação. Contra interpretações unilaterais do pensamento político de Rosa Luxemburgo como determinista,[7] foi minha intenção mostrar ao longo deste livro que seu "dogmatismo" teórico é matizado por uma defesa apaixonada da ação espontânea das massas populares, a única que pode construir coletivamente um espaço de não sujeição ao capital. Porém, é forçoso

---

7 John Holloway, no livro mencionado, analisa o pensamento de Rosa Luxemburgo em *Reforma social ou revolução?* apresentando-o como determinista e economicista. Neste livro, procurei mostrar que essa é somente *uma* faceta de nossa autora.

reconhecer que Rosa foi dogmática num ponto – na crença de que a superação do capitalismo (que ela identificava com socialismo) representava a única alternativa à queda da humanidade na barbárie. Essa ideia ela nunca abandonou.

Isabel Loureiro
São Paulo, fevereiro de 2004

Apresentação à primeira edição

Não é aqui meu objetivo escrever a biografia política de Rosa Luxemburgo. Muitos autores já o fizeram,[1] analisando sua obra numa perspectiva cronológica, mostrando seu desenvolvimento, os pontos de inflexão, as lutas de tendências no interior da social-democracia alemã, em paralelo com sua vida privada. Todos esses trabalhos contribuíram de várias maneiras para esta reflexão e considero-os pressupostos.

De fato, não é pequena a dificuldade de se lidar com as ideias dessa revolucionária: vida pessoal, atuação política e conjuntura estão de tal forma entrelaçadas que uma não pode ser compreendida sem as outras. Tanto é verdade que *todos* os trabalhos de fôlego sobre ela são biografias políticas. Por exemplo, J. P. Nettl, seu mais importante estudioso, recusa-se explicitamente a uma abordagem filosófica do pensamento de Rosa, não em virtude de

---

[1] Roland Holst-van der Schalk (1937); Frölich (1939); Nettl (1966); Badia (1975a); Ettinger (1989); Gallo (1992). Há também uma biografia marxista-leninista, de Laschitza e Radczun (1971). Depois da queda do Muro de Berlim, Laschitza publicou nova biografia (1996) livre da censura de Moscou.

qualquer debilidade teórica de sua parte, mas porque o assunto repele tal tipo de aproximação.

Por uma série de razões, entretanto, não queria fazer outra biografia política de Luxemburgo, mas sim entender parte da trajetória do marxismo em seu país de origem antes da República de Weimar. Se, por um lado, o destino dos revolucionários alemães deixou marcas profundas na esquerda do século XX, por outro, sempre me chamou a atenção o apreço de certos filósofos pelo projeto político de Luxemburgo, lembrada sobretudo como defensora da autoemancipação dos trabalhadores contra a concepção leninista do partido-vanguarda.[2]

Herbert Marcuse, em entrevista a Habermas, chega a explicar sua adesão nos anos 1920 à filosofia heideggeriana como resultado da derrota da revolução alemã e do assassinato de Karl Liebknecht e Rosa Luxemburgo. A morte dos líderes spartakistas representava o fim do caminho para o socialismo revolucionário, fora do controle bolchevique. Após essa tragédia, "parecia que não havia nada com que nos pudéssemos identificar [...] Que acontece depois do fracasso da revolução? Uma pergunta que para nós era absolutamente decisiva" (cf. Habermas, 1986, p.239). O antigo membro do conselho de soldados do bairro de Reinickendorf, na Berlim revolucionária de 1918, mergulha em 1927 na leitura de *Ser e tempo*. Ao filósofo impedido de fazer a história restava o consolo de pensar a historicidade.

Mas por que fracassou a revolução alemã? Por que Karl e Rosa foram assassinados, deixando acéfala toda uma geração de intelectuais revolucionários? Entender o fracasso da revolução alemã parecia-me pré-requisito para compreender o "marxismo ocidental", nascido justamente sob o signo da derrota. E no interior dessa

---

2 Marcuse (1978, p.290; 1981, p.45-6); Habermas (1987, p.372).

derrota, Rosa Luxemburgo constituía, sem dúvida, a figura símbolo, trajetória exemplar do marxismo revolucionário.

Vi-me assim enredada em questões ao mesmo tempo políticas, históricas, biográficas, filosóficas. Como fazer uma exposição coerente dessa trajetória, separando o pessoal do político, mostrando o atual no passado, apresentando aquela época em toda a sua riqueza e exuberância, uma época que sob certos aspectos ainda nos concerne? Como unir Rosa Luxemburgo e seu tempo? Eram essas as questões que me apaixonavam e que, de alguma forma, gostaria de ter resolvido. Objetivo que torna indispensável em vários momentos passar pela biografia política.

Na verdade, é meu intuito neste estudo compreender a derrota por meio da análise da obra política de Luxemburgo, tendo como fio condutor um tema preciso: a relação entre teoria e prática, o que, por vezes, levou-me a recorrer aos escritos de economia política e às cartas. Os marcos iniciais desta reflexão foram postos quando redigia o último capítulo, na realidade o primeiro a ser elaborado.

Um problema sempre me chamou a atenção: como explicar que Rosa, tão coerente nas suas atitudes políticas, no momento da revolução alemã – quando foram tomadas decisões fundamentais para o destino da esquerda no século XX – age ambiguamente, por um lado, de acordo com seu histórico socialista-democrático, por outro, validando as atitudes aventureiras dos militantes da Liga Spartakus? Haveria na sua teoria política algum fundamento para essas ambiguidades táticas, ou as necessidades próprias à ação, determinadas pela conjuntura imediata, pela luta de classes naquele momento preciso bastariam como explicação?

Para responder a essas perguntas, foi necessário examinar com certa minúcia o dia a dia dos acontecimentos de novembro de 1918 a janeiro de 1919, o que me levou à historiografia alemã dos anos 1960 e 1970 sobre os conselhos. Esses trabalhos mudaram fundamentalmente a interpretação corriqueira posterior a 1945 sobre a revolução, segundo a qual a Alemanha em 1918 encontrava-se perante a seguinte alternativa: democracia parlamentar ou bolchevismo. Pesquisas baseadas em fontes até então inexploradas vieram introduzir uma nova perspectiva, concluindo que, por um lado, os conselhos visavam tão-somente à democracia parlamentar e, por outro, a extrema-esquerda, adepta de uma República conselhista, não tinha força suficiente para impor seu programa. Com base nesses estudos, vi-me obrigada a reformular minha antiga leitura, tendendo claramente para a defesa engajada, acrítica e ingênua dos revolucionários alemães derrotados.

Eis as questões, para muitos já inteiramente ociosas, que no início estavam em meu horizonte: por que fracassaram aqueles revolucionários "sem medo e sem mácula"? De derrota em derrota chega-se um belo dia à vitória, conforme eles acreditavam? As massas, heroínas dessa gólgota interminável, aprendem *realmente* com suas próprias experiências e se emancipam?

À primeira pergunta, a resposta era clara: foram traídos pela social-democracia majoritária. E às outras duas, respondia afirmativamente. A crítica ao stalinismo, fortemente influenciada por Mário Pedrosa, determinava minha leitura anterior. Rosa aparecia inquestionavelmente como uma alternativa revolucionária e democrática à tradição centralista do bolchevismo. Porém, com base no estudo da prática política dos spartakistas na revolução alemã, houve uma mudança de perspectiva que me obrigou a nuançar ideias assentadas, levando a mais um cansativo e doloroso ajuste de contas. Na verdade, este livro é sobretudo uma reflexão sobre a derrota (e seus pressupostos) daquela que se esperava ser a mais importante experiência revolucionária a seguir à Primeira Guerra Mundial e, sobretudo, sobre o papel nela desempenhado por uma intelectual revolucionária independente do bolchevismo.

A atitude de Rosa Luxemburgo na revolução alemã, para além das razões conjunturais, tem fundamento em sua teoria política

– uma teoria da ação revolucionária.[3] Contrapondo-se ao imobilismo reformista da social-democracia alemã, ela entende o marxismo como visão de mundo em que teoria e prática não se separam, sempre salientando, entretanto, o segundo polo, o que permite dizer que para ela a teoria está a serviço da prática.

Com isso quis mostrar, contra a tradição interpretativa stalinista das ideias de Luxemburgo, mas não só, que seu "determinismo", "fatalismo", ou qualquer outro nome que se lhe queira dar, constitui na realidade uma leitura unilateral. É necessário pôr-se no coração da obra para compreender que uma teoria apostando tudo na ação revolucionária está longe de fazer da política mera emanação das "leis férreas do desenvolvimento econômico".

O primeiro capítulo deste estudo consiste numa análise do pensamento político de Luxemburgo – passando aqui e ali pela economia política, naquilo em que pode contribuir para iluminar a tese principal – com base nesse ponto de vista. Cheguei assim à conclusão de que uma teoria a compreender o real como totalidade não pode ser determinista. Porém, o caminho é sinuoso, cheio de idas e vindas, hesitações, pontos de interrogação. Outras leituras ajudaram a compor a minha, mas nem por isso o resultado é pacífico. Cabe ao leitor julgar.

Além disso, interpretar a obra política de Luxemburgo exigia trazer à luz as polêmicas: com a social-democracia, que reduz o socialismo democrático de Rosa ao liberalismo, e com os comunistas, a confundi-la com os bolcheviques. Nem uma coisa nem outra; é o que mostro no segundo capítulo.

De qualquer maneira, no interior da selva conjuntural em que Rosa se move, encontrei um "fio de Ariadne", o dela na sua prática

---

3 Teoria não significa aqui um conjunto coerente e metodicamente articulado de conceitos e teses, mas um ideário, menos sistematizado, construído na luta política.

política e o meu na interpretação: a importância atribuída à ação criadora das massas na transformação radical da sociedade capitalista. Procuro, assim, examinar de que modo a noção de massa foi se constituindo no interior da obra, em que 1914 representa um ponto de inflexão. Não ruptura, mas viragem.

Esse é o tema do terceiro capítulo, no qual procuro examinar quais as mudanças operadas no pensamento de Luxemburgo, chocada com a "servidão voluntária" das massas, e como se constituiu o pequeno grupo de revolucionários radicais – a Liga Spartakus –, cuja atuação analiso de perto no final do livro. O quarto capítulo, sobre a revolução alemã, pretende fechar o círculo, mostrando que o precário equilíbrio entre teoria e prática no pensamento de Rosa explica em parte suas perplexidades táticas no decorrer da revolução.

Em parte, não totalmente. Seu comportamento político ambíguo só pode ser compreendido à luz dos eventos daquela época. Assim, optei por expor, ainda que sumariamente, os acontecimentos mais importantes do primeiro período da revolução e que têm relevância para o tema, pois era necessário iluminar os dilemas em que ela se debateu naqueles dois meses cruciais da sua e da nossa história – tempo breve, condensado, em que as decisões dos atores sociais, cheias de consequências, adquirem uma gravidade quase insuportável. Que alternativas havia naquele momento? Qual o peso da Liga Spartakus e das ideias de Luxemburgo nesses eventos? Por que uma intelectual marxista que na juventude acreditava firmemente ser o marxismo uma teoria a preservar os revolucionários de todas as surpresas e ilusões, no momento de agir fica parcialmente desarmada, oscilante entre uma tática moderada e outra radical?

O exemplo de outro revolucionário, em outro contexto, me perseguia. Trotsky não queria liquidar Kronstadt, "orgulho e glória da revolução", mas, premido pelas circunstâncias, viu-se, como quer Mário Pedrosa (1946b), na "necessidade dolorosa" de fazê-lo, sendo julgado por sua tática realista – necessidade de preservar o poder bolchevique –, e não por suas intenções. Rosa, em janeiro de 1919, apoia publicamente uma insurreição que sabe condenada ao fracasso, e sua tática é considerada por muitos voluntarista, sinônimo de aventureira. Ela, diferentemente de Trotsky, é julgada por seu apego romântico aos princípios – uma "política moral" em que não há escolha possível entre cometer uma baixeza ou morrer de dor[4] –, em detrimento da situação objetiva. Situações diferentes, conclusão semelhante: ambos são julgados por seus atos, não por suas intenções.

Se foi possível ver no período pós-revolucionário na Rússia o momento trágico do bolchevismo, dilacerado pela contradição entre seguir os princípios revolucionários e adaptar-se a uma situação objetiva sufocando a revolução tanto nacional quanto internacionalmente (Lefort, 1979), na Alemanha a tragédia dá-se de outra forma: uma minoria heroica procura, contra ventos e marés, conduzir o proletariado alemão cansado da guerra pela via revolucionária, apostando tudo, ou quase tudo, no poder persuasivo da palavra – que poria no caminho da razão as massas temporariamente iludidas – e na intransigência dos princípios. Numa conjuntura movediça, em mudança vertiginosa, acredita-se na possibilidade da "reconciliação do divino com o mundo" e que vale a pena arriscar. Garantias inexistem. Em qualquer dos casos, para o revolucionário marxista, no momento da ação "Não há teoria [...] que [...] libere dos riscos do engajamento e das consequências não desejadas" (Habermas, 1975, p.64).

Se minha leitura procede, no exemplo particular de Luxemburgo, a relação entre teoria e prática (dialética, no entender de muitos intérpretes, ambígua, segundo outros) apresentaria, mais

---

4 Carta a Hans Diefenbach de 7 de janeiro de 1917 (*RL*, p.216, v.III).

do que ambiguidade, uma tensão a que uma teoria da ação revolucionária de cunho marxista dificilmente poderia fugir. Não há *Aufhebung* nem "dialética histórica" capaz de resolvê-la.

Disse antes que Mário Pedrosa contribuiu e muito para levar-me a ver nas ideias políticas de Rosa Luxemburgo uma alternativa ao bolchevismo, cujas soluções democráticas supostamente resolveriam os eternos problemas da esquerda. Numa época em que o stalinismo dominava os arraiais comunistas, essa era com certeza uma visão crítica. Mas hoje, mesmo reconhecendo que a inteligência, a coragem e a determinação de Luxemburgo lhe garantiram para sempre o lugar na trajetória revolucionária do século XX, é preciso admitir que nossa época está a exigir da esquerda respostas bem mais complexas do que as que ela deu ou poderia ter dado.

Digamos que, ao criticar o bolchevismo, Rosa teve uma intuição certeira. Mas forçoso é reconhecer o *reproche* bem marginal considerando-se a obra no seu todo. Evitemos cair nas armadilhas social-democráticas e liberais que acabaram por transformá-la numa autora antibolchevique, e até mesmo não marxista (Arendt, 1987). Aliás, uma vertente interpretativa que fez fortuna no Ocidente aponta quase exclusivamente o viés "democrático", vendo aí sua contribuição ao "legado marxista" (Howard, 1994).

Esse aspecto salientado pela social-democracia não pode fazer-nos perder de vista que Rosa, assim como os bolcheviques, seguiu sempre sem vacilar o mesmo fio condutor: a revolução proletária. Mas nem por isso se pode considerá-la uma ponta de lança do bolchevismo na Alemanha, como a direita e os comunistas, por razões contrárias, sempre afirmaram. São bem conhecidas suas críticas a Lenin e, na hora da revolução alemã, ao defender incisivamente os conselhos como órgãos do novo poder proletário, nem por isso passou a ser favorável à liberdade "dos que pensam da mesma maneira". Os comentadores não comunistas são unânimes ao reconhecer que Luxemburgo, por sua independência e firmeza diante dos bolcheviques, teria sido a única liderança na Alemanha capaz de opor-se ao atrelamento do KPD a Moscou.

Talvez tenha razão o autor que a considera uma "socialista entre o Oriente e o Ocidente" (Schmidt, 1988), amálgama da paixão revolucionária dos russos e do respeito à democracia dos social-democratas alemães. A verdade é que as ideias dos bolcheviques, vitoriosas em 1917, encontram-se por enquanto marginalizadas. As de Rosa Luxemburgo, derrotadas na prática em 1919, foram recuperadas em vários momentos pela esquerda antiburocrática, em resposta a necessidades políticas presentes, caso do movimento estudantil de 1968, ou quando a oposição de esquerda na antiga RDA erguia contra a Rosa mumificada dos Honecker e comparsas a bandeira da *"Freiheit der Andersdenken-den"* [liberdade de quem pensa de maneira diferente]. Embora o mundo socialista generoso e romântico de Luxemburgo tenha perecido com a Primeira Guerra Mundial e muitas de suas respostas pertençam tão-somente à história, o *élan* antiburocrático e libertário de seus textos explica a atração que ela continua a exercer sobre os espíritos insubmissos. Nesse sentido, *e só nesse*, valeriam aqui as palavras de Karl Liebknecht em seu último artigo: *"há derrotas que são vitórias e há vitórias mais fatais que derrotas"*.

São Paulo, janeiro de 1995

1
História e revolução[1]

A história é a coisa mais interessante que existe.

Rosa Luxemburgo

A história das revoluções é a coisa mais interessante que existe nessa ciência.

Rosa Luxemburgo

O historiador alemão Eberhard Kolb (1962), ao examinar a atuação dos spartakistas na revolução alemã de 1918-1919,

---

[1] Todas as citações originais de Rosa Luxemburgo, quando possível, foram extraídas da segunda edição da tradução brasileira intitulada *Rosa Luxemburgo: textos escolhidos* (3v. São Paulo: Editora Unesp, 2017). Para abreviar a notação, a referência trará apenas *RL*, seguida da página e do volume. Quando o texto foi traduzido diretamente do alemão, a referência será *Gesammelte Werke* (obras coligidas) e a notação apresentará *GW*, ano e página. Quando se trata de uma correspondência de Rosa Luxemburgo, a notação virá em nota de rodapé, contendo destinatário e data da correspondência. Se foi traduzida do alemão, entre parênteses será acrescida a notação *GB* (*Gesammelte Briefe* [cartas coligidas] e número do volume. As referências completas se encontram no fim desta obra.

pretende que o fundamento teórico dos impasses a que se viram arrastados encontra-se na concepção determinista do desenvolvimento histórico de Rosa Luxemburgo. Kolb, não querendo transformar os spartakistas em mártires de uma revolução derrotada e muito menos em arautos de uma possível terceira via para o socialismo, expõe as ambiguidades do comportamento político de Luxemburgo e de Liebknecht nesse momento, que Arthur Rosenberg (1983), por exemplo, deixa na sombra.

Segundo Kolb (1962, p.152), a ambivalência de Rosa – defendendo simultaneamente uma tática moderada e outra radical – possui como fundamento

> a crença nas "leis do desenvolvimento histórico, que nunca falham"[2] e que têm seu próprio automatismo. Por isso, Rosa Luxemburgo podia, em seu discurso no congresso de fundação do partido, dizer "que a revolução atual está submetida à lei todo-poderosa da necessidade histórica, o que nos garante que alcançaremos nosso objetivo passo a passo, apesar de todas as dificuldades, contradições e fraquezas" [...] Luxemburgo sempre retorna da esfera das ideias voluntaristas a esse fatalismo histórico que, para ela, era determinismo econômico; ela estava profundamente convencida de que os efeitos do processo de desenvolvimento capitalista não podiam deixar de ter influência sobre a consciência dos trabalhadores.

De sua crença nas "molas propulsoras da história, elementares, e profundamente escondidas",[3] decorre a fé mística nas massas revolucionárias, levando-a a superestimá-las diante do poder constituído, que Kolb considera característica da extrema-esquerda e, em

---

2 Carta a M. Rosenbaum, de 8 de fevereiro de 1917, apud Kolb (1962, p.152).
3 Carta a M. Rosenbaum, de 8 de fevereiro de 1917 (GB 5).

particular, da Liga Spartakus. Tendo, no caso da revolução alemã, levado à derrota dos spartakistas.

Também Heinz Abosch (1970, p.1115) tributa ao determinismo de Rosa sua tática equivocada na revolução alemã:

> A crença nas "leis de bronze" do progresso histórico, apoiando-se numa terminologia científica, aparenta-se a uma mística escatológica: através do mal a humanidade aproxima-se de sua salvação. [E] com "a fatalidade de uma lei natural" (palavras de RL em seu último artigo) o combate continuará, "passo a passo, sem parar, até a vitória final".

Ambas as leituras tocam no xis da questão: o determinismo teórico de Rosa Luxemburgo conduz ao voluntarismo político. Sem dúvida, este é um problema que chama a atenção em sua obra: como é possível combinar uma teoria do colapso do capitalismo com a defesa da ação espontânea das massas? "Lidamos com uma teoria completamente determinista ou completamente voluntarista?" (Arato, 1973-1974, p.15). Ou como entender a "contradição aparente" entre uma teoria da espontaneidade e um "forte elemento voluntarista e ativista"? (Nettl, 1972, p.479). Uma autora chegou mesmo a dizer que o

> *antiautoritarismo político* de Rosa Luxemburgo repousa numa forma profunda de *autoritarismo teórico*, isto é, na sua confiança numa racionalidade dada de uma vez por todas, e para sempre, pela dinâmica histórica. Resta *traduzir* essa dinâmica na ação política. (Bonacchi, 1986, p.104)

Esses autores, ainda que tenham razão, não podem esquivar-se à seguinte pergunta: no que Luxemburgo se distinguiria do restante da social-democracia, que também é determinista, porém distante do ativismo revolucionário? Por que seu determinismo teórico, se existe, a teria levado precisamente a uma prática política radical, e não ao imobilismo característico da social-democracia alemã? Em suma, como interpretar a relação entre teoria e prática no pensamento e na ação de Luxemburgo, que, nas palavras de Mehring (apud Basso, 1976, p.10), era "o cérebro mais genial entre os herdeiros científicos de Marx e Engels" ou, nas de Lukács (1975c, p.XLIV), "a única discípula de Marx que desenvolveu posteriormente a obra de sua vida, tanto no sentido econômico-material quanto no econômico-metodológico, e desse ponto de vista ligou-se concretamente ao presente estágio da evolução social"? Haveria realmente "ambiguidade", "contradições evidentes" (Howard, 1974, p.102,114) ou "é característico da unidade entre teoria e prática na obra de Rosa Luxemburgo o fato de que essa unidade de vitória e derrota, destino individual e processo total constitua o fio condutor de sua teoria e de sua conduta"? (Lukács, 1975a, p.47)

    Rosa Luxemburgo não tem uma teoria política sistemática. Suas ideias, esparsas em artigos de jornal, brochuras, discursos, cartas, forjadas no embate político na social-democracia polonesa, russa e alemã, em geral polemizando com as correntes adversárias, são muito mais respostas imediatas à conjuntura que uma teoria lógica e internamente coerente. Seus dois únicos escritos sistemáticos, *A acumulação do capital* e a *Anticrítica*, são dedicados à economia política. Porém, há ideias que se repetem com o passar do tempo, com nuanças diferentes, independentemente do momento político. Meu objetivo é ver o que em sua obra vai além do momento particular e conserva valor geral, sem desconsiderar, entretanto, o emaranhado conjuntural em que essas ideias foram sendo elaboradas, mostrando de que modo, ao longo dos anos, Rosa construiu uma teoria da ação revolucionária inspirada no marxismo, apropriando-se ao mesmo tempo de forma original das ideias de Marx.

Como a obra de Luxemburgo é forjada na polêmica – não por acaso Gilbert Badia (1975a) intitulou sua biografia *Rosa Luxemburg, journaliste, polémiste, révolutionnaire* –, ela visa, acima de tudo, a persuadir, a alcançar a adesão pela palavra escrita e falada, o que não só dá um tom peculiar a seus textos, como também os deixa excessivamente presos a questões do momento, que hoje perderam relevância. No entanto, por mais situados conjunturalmente, seus escritos continuam a atrair-nos. Por que será? É o que veremos neste estudo.

Na sua obra destaca-se com muita nitidez um fio condutor – a ação revolucionária – em torno do qual surge uma trama de noções, entre elas as de massas, partido e consciência de classe. Vou tentar aqui puxar o fio dessa meada, mostrando de que modo foi sendo urdido desde o fim do século XIX – passando por momentos de grande efervescência como 1905 e 1914 –, para então fazer parte da complexa trama da revolução de 1918-1919.

Mas para podermos expor o desdobramento do conceito de ação revolucionária é necessário, inicialmente, ver como Rosa Luxemburgo interpreta o marxismo. É daqui que ela tira sua concepção de história, solo onde se assenta o referido conceito.

Marxismo e história

No começo do século XX, Mehring publica os escritos do jovem Marx, que Luxemburgo resenha para o *Vorwärts*. Não se pode dizer que a leitura do jovem Marx tenha modificado substancialmente sua visão anterior do marxismo, tal como aparece em *Reforma social ou revolução?*, série de artigos polêmicos contra o revisionismo, escritos em 1898-1899. Mas com certeza reforçou a tendência "ativista" que nela já existia em germe.

Vejamos como Rosa expõe o percurso intelectual do jovem Marx e as conclusões a que chega. O primeiro período da obra de Marx analisado por Mehring, culminando na publicação dos *Anais franco-alemães* em 1844 e no encontro com Engels, mostra-nos ao mesmo tempo duas linhas independentes. A primeira manifesta-se na busca da solução do conflito filosófico entre pensar e ser, entre mundo material e processo de pensamento. A outra linha revela-se nos múltiplos contatos com o mundo da prática, com as questões políticas e econômicas, tal como aparece nos escritos sobre a censura e a liberdade de imprensa, sobre o roubo de lenha, sobre os vinhateiros do Mosela, sobre a questão judaica.

Na opinião de Mehring, aceita por Rosa, estes últimos trabalhos tiveram para Marx um duplo significado: em primeiro lugar, ao tratar da "miséria alemã prática", ele tomou conhecimento da situação social que acabaria por condenar alguns anos mais tarde. Enquanto seus antigos companheiros da esquerda hegeliana (Bauer, Strauss, Feuerbach) não saíam do terreno das especulações filosóficas abstratas, Marx "formou-se como *combatente prático*". Foi essa ligação com a realidade alemã que lhe permitiu, assim que Feuerbach realizou a emancipação do homem da abstração, transformar — Rosa cita a *Introdução à crítica da filosofia do direito de Hegel* — "a crítica do céu [...] em crítica da terra, a *crítica da religião* em *crítica do direito*, a *crítica da teologia* em *crítica da política*" e formular a pergunta: "Onde se encontra a possibilidade positiva da emancipação alemã?" (*GW* I/2, p.136).

Em segundo lugar, o contato com os problemas práticos mostrou-lhe a insuficiência de sua concepção idealista, levando-o à busca "de um ponto de vista geral, a partir do qual todos os problemas parciais da vida prática e espiritual encontrassem uma elucidação harmônica e uma solução unitária" (ibid., p.137).

Esse "ponto de vista geral" a que Marx chegou é central na leitura que Rosa faz do marxismo e já aparecera em *Reforma social ou revolução?*. Tal como aqui, fundamentada em *O capital*, também nessas resenhas o recurso ao jovem Marx permite-lhe polemizar com o revisionismo que, ao eliminar a espinha dorsal do materialismo histórico – "a fundamentação histórica na necessidade objetiva, assim como a fundamentação científica na análise econômica" (ibid.) –, cai num empirismo rasteiro, para o qual a mera observação empírica da exploração capitalista e a consciência da "injustiça" da distribuição da riqueza bastam para legitimar o movimento operário socialista. Rosa frisa que enquanto Marx pensou dessa forma não aderiu ao socialismo.

Na época em que foi redator da *Gazeta Renana*, desejando submeter o comunismo a uma crítica de fundo, percebeu não bastarem os "fatos empíricos" para criar o "socialismo científico". Faltava-lhe justamente a "concepção monista, unitária do mundo físico e espiritual, do mundo moral e material", isto é, uma concepção cujo fundamento ele encontrou "nas formas sociais da vida" (ibid., p.139) e a que chegou pelo caminho da crítica teórica do idealismo hegeliano, não por meio da observação empírica da miséria.

Em 1898, Rosa já havia censurado o empirismo de Bernstein: este só fora capaz de elaborar uma teoria da adaptação do capitalismo porque, ao examinar certos fenômenos empíricos que iam nessa direção (sistema de crédito, cartéis, fim das crises, permanência das classes médias), perdera de vista a totalidade do desenvolvimento econômico e social:

> Essa teoria compreende todos os fenômenos da vida econômica tratados, não em sua ligação orgânica com o desenvolvimento capitalista como um conjunto e em seu nexo com todo o mecanismo econômico, mas, arrancados desse nexo, em sua existência autônoma, como *disjecta membra* (partes soltas) de uma máquina sem vida. (*RL*, p.43, v.I)

Em outras palavras, a teoria de Bernstein é "mecânica e não dialética" (ibid., p.44)[4] e seu ponto de vista é o do capitalista isolado que "considera cada parte orgânica do conjunto econômico como um todo independente" (ibid., p.45).

Em contrapartida, para Luxemburgo, Marx pôde decifrar os enigmas da economia capitalista precisamente por tê-la analisado como fenômeno histórico:

> O segredo da teoria do valor de Marx, de sua análise do dinheiro, de sua teoria do capital, de sua teoria da taxa de lucro e, assim, de todo o sistema econômico – é a transitoriedade da economia capitalista, o seu colapso, ou seja – e isso é apenas o outro lado –, o *objetivo final socialista*. Justamente e apenas em virtude de Marx, desde o início, ter observado a economia capitalista como socialista, isto é, *do ponto de vista histórico* foi que ele pôde decifrar os seus hieróglifos; e por ele fazer da posição socialista o *ponto de partida* da análise científica da sociedade burguesa é que ele pôde, inversamente, fundamentar cientificamente o socialismo. (ibid., p.54)

Rosa conclui que é a partir do novo ponto de vista totalizante, isto é, revolucionário, que Marx pôde desenvolver *"um esquema dedutivo da luta de classes e da vitória proletária!"*, e só então responder à pergunta sobre "a possibilidade positiva da emancipação alemã". Ao mesmo tempo, ao elaborar a noção de proletariado como classe universal, na *Introdução à crítica da filosofia do direito de Hegel*, ele "criou uma *dedução* do socialismo, previu *a priori* a necessidade da vitória e da luta socialistas em vez de ater-se ao fato empírico do 'mais produto' e de sua 'injustiça'" (*GW* 1/2, p.140). À luz da dedução

---

4 O que para Bernstein é uma virtude, e não um defeito. A seus olhos, a dialética é a "armadilha hegeliana" que impede Marx e Engels de terem uma concepção realista do desenvolvimento capitalista (Bernstein, 1982, p.127-32).

é que todos os "fatos empíricos" apareceram para Marx sob novo enfoque, só quando tinha nas mãos "o fio de Ariadne do materialismo histórico" é que "encontrou, através do labirinto dos fatos cotidianos da sociedade atual, o caminho para as leis científicas de seu desenvolvimento e de sua queda" (ibid., p.141).

Em resumo, o marxismo é para ela ao mesmo tempo uma teoria do desenvolvimento capitalista e uma "filosofia da história" (*RL*, p.139, vol.I); quer dizer, uma teoria na qual o conhecimento das leis que regem o desenvolvimento capitalista indica necessariamente o caminho para a sociedade comunista e que, portanto, nos dá a "garantia da vitória final, e dela extrai não apenas a impetuosidade, mas também a paciência, a força para agir e a coragem para resistir" (ibid., p.135). Ou seja, uma teoria revolucionária da transição do capitalismo ao socialismo. Se, do ponto de vista teórico, não há progresso no marxismo, não é porque nós

> "ultrapassamos" Marx na luta prática, mas, inversamente, foi ele que, em sua criação científica, já havia ultrapassado de antemão nosso partido da luta prática. Marx não se tornou insuficiente para as nossas necessidades; nossas necessidades é que ainda não bastam para o aproveitamento de suas ideias. (ibid., p.129) [5]

Nessa perspectiva, o materialismo histórico permite à social-democracia, uma vez conhecida a direção do processo econômico e político na atual sociedade, traçar seu programa político não só em grandes linhas, como também nos detalhes. Ou, em outras palavras, o marxismo é uma teoria científica que "nos protege igualmente de surpresas bem como de ilusões" (ibid., p.135).[6]

---

5 Korsch (1966, p.28), com toda razão, critica a exterioridade entre teoria e prática que aparece nessa passagem.

6 É esse aspecto determinista em Luxemburgo que permitiu à vulgata marxista-leninista na ex-RDA interpretar sua teoria como uma "visão

A política socialista, nesse sentido, é uma política revolucionária que, em oposição à política burguesa, não parte do ponto de vista dos "êxitos cotidianos materiais", mas do ponto de vista da "tendência histórica do desenvolvimento" (ibid., p.136), a qual aponta para o colapso do capitalismo.

> o objetivo final socialista é o único fator decisivo a distinguir o movimento social-democrata da democracia burguesa e do radicalismo burguês, elemento esse que transmutou o movimento operário de um ocioso trabalho de remendo pela salvação da ordem capitalista em uma luta de classes *contra* essa ordem, pela superação dessa ordem [...]. (ibid., p.2)

Ou seja, uma vez conhecida a dinâmica histórica consignada na teoria, restaria traduzi-la na ação política, espaço de decisão no tocante a opções táticas ou estratégicas.

Embora Luxemburgo, com razão, critique o empirismo de Bernstein que, abandonando as "armadilhas da dialética", isto é, a categoria da totalidade, considerava fatos empíricos isolados sem conexão entre si, mostrando tão-só os mecanismos econômicos de integração do capitalismo no presente, negando-lhe as contradições, e, por conseguinte, a "necessidade econômica imanente" da vitória do socialismo, ao fazê-lo em nome do "objetivo final" socialista como "necessidade histórica" *a priori*, permite ser censurada por dogmatismo. Ou seja, o materialismo histórico que ela procura opor ao empirismo de Bernstein aparece como uma teoria exterior à luta de classes, contendo uma verdade imune às

---

de mundo científica": "Como visão de mundo do proletariado, o marxismo era para Rosa Luxemburgo uma ideologia militante que decifrou para o proletariado as leis do desenvolvimento social em geral e as leis do movimento da formação social capitalista em particular, que revelou ao proletariado sua missão histórica" (Radczun, 1969, p.52).

mudanças históricas. Rosa se poria assim na posição do teórico que sabe de antemão o caminho da história e, a partir desse ponto de Arquimedes da verdade teórica revolucionária, alheia à prática reformista, atacaria o revisionismo.

Essa crítica tem sua razão de ser uma vez que nesses textos o marxismo é caracterizado quase exclusivamente como o "fio de Ariadne", assegurando à social-democracia a "vitória final", pois, de posse da teoria, ela é o único partido que "do ponto de vista histórico, *sabe o que faz, e, por isso, faz o que quer*" (ibid., p.134, grifado no original). Desse ponto de vista, o revisionismo deve ser combatido por desnaturar a teoria, desnaturação que por sua vez conduz à prática reformista.

Rosa, no entanto, percebe que Bernstein é o porta-voz teórico de uma tendência real no movimento operário. Este, no fito de ir além da ordem existente, por meio de uma luta no interior dessa própria ordem, navega continuamente entre Cila e Caribde: "entre o abandono do caráter de massa e o abandono do objetivo final, entre a recaída na seita e o retorno ao movimento de reforma burguês" (ibid., p.85). Nessa perspectiva, o revisionismo deixa de ser analisado apenas pela óptica da "traição" ao "objetivo final" para ser entendido como expressão da "debilidade momentânea da classe operária em ascensão" (ibid., p.88) que, de acordo com a crença otimista de Rosa, logo recuperará o *élan* revolucionário passageiramente perdido.

Essa é, sem a mesma sofisticação teórica, a explicação oferecida por Korsch (1966, p.99) da teoria de Bernstein, analisada em *Marxismo e filosofia* como a expressão do "caráter real do movimento". Em contrapartida, o marxismo ortodoxo de Kautsky (e, acrescente-se, o de Luxemburgo, nesse momento) aparece como uma tentativa puramente ideológica de teóricos prisioneiros de uma doutrina já totalmente abstrata naquelas circunstâncias históricas. Aliás, a própria Rosa, que não tinha por objetivo ser guardiã da ortodoxia, acaba dizendo um pouco mais tarde que o papel representado pelo marxismo ortodoxo "não me encanta nem um pouco",[7] ao perceber sua função meramente ideológica de preservação de princípios teóricos sem nenhuma correspondência na prática.

Deve-se, porém, frisar outro aspecto. Rosa encara o desenvolvimento teórico do jovem Marx ao adotar "o ponto de vista histórico da classe trabalhadora" (ibid., p.138) ou, segundo Lukács, o ponto de vista da totalidade, como uma tentativa bem-sucedida de solucionar as antinomias do pensamento burguês. Se a realidade é entendida como totalidade, os problemas econômicos e ideológicos formam uma unidade, uma totalidade concreta de ser e consciência, sujeito e objeto, teoria e prática. Em contrapartida, como bem mostrou o próprio Lukács, o marxismo da Segunda Internacional reduziu a teoria a um determinismo que via no fator econômico a causa determinante dos fenômenos sociais. Embora Luxemburgo se inscreva nessa vertente, *ao mesmo tempo*, na medida em que interpreta o marxismo como unidade de teoria e prática – salientando a última –, acaba, como veremos, por dar à consciência de classe papel central na sua teoria política, afastando-se assim do determinismo economicista em redor.

Alguns autores,[8] inspirados em Lukács, veem igualmente na categoria de totalidade – "a essência do marxismo revolucionário" (Basso, 1976, p.30) – a chave para a compreensão do pensamento de nossa autora. Nessa interpretação, o "objetivo final" que ela defende, na polêmica com Bernstein, é compreendido em sua relação com a totalidade do processo histórico, permitindo que cada momento parcial da luta adquira significado revolucionário. "*O objetivo final é a totalidade do processo por meio do qual ele é realizado; não é um estado, mas um devir*" (Howard, 1971, p.13). Apenas a

---

7 Carta a Roland Holst, de 17 de dezembro de 1904 (*GB* 2).
8 Howard (1971), Basso (1976), Löwy (1975).

necessidade do objetivo final permitiria compreender o presente como um processo em movimento, aberto para o futuro. Caso contrário, a história apareceria como uma série de fatos empíricos descontínuos e fortuitos, sem um sentido imanente. Porém, se a história tem sentido, "nasce uma dialética entre o presente, que ainda não é futuro, e o futuro, para o qual o presente tende. Num presente grávido de futuro, podemos evitar tanto os erros do oportunismo/revisionismo quanto os do utopismo ético" (Howard, 1974, p.102), quer dizer, do blanquismo.

Vemos, portanto, já nesses primeiros escritos, esboçar-se o problema central do pensamento político de Luxemburgo: a relação entre a consciência e o processo objetivo da história. Ela retoma assim uma questão clássica do marxismo, mas fazendo-o avançar em dois planos: primeiro, inova no que diz respeito à relação recíproca entre espontaneidade e consciência nas ações de massa; segundo, no que se refere às relações entre o processo evolutivo da história e a ação revolucionária (Tych, 1976, p.135).

A ênfase dada por Rosa à prática e à consciência decorre precisamente da ideia de *criatividade histórica*, presente em quase todos os seus escritos — mesmo que os homens não façam sua história arbitrariamente, são eles que a fazem. Podemos vê-la formulada pela primeira vez em 1902 quando, ao resenhar o livro organizado por Mehring da correspondência de Lassalle com Marx e Engels, considera complementares suas concepções de história. E mais. Inspirando-se em Mehring, Rosa acentua o acordo e não a discordância entre Marx e Lassalle, não só do ponto de vista teórico, como prático. Lassalle tem forte influência sobre ela, que, nas mais diversas ocasiões, revela viva admiração pelo pensamento e pelo exemplo do revolucionário alemão.[9]

---

9 O que tanto Luxemburgo como Mehring valorizam em Lassalle é seu instinto revolucionário e, sobretudo, sua sede de verdade (ver

O livro de Mehring, no seu entender, tem o grande mérito de reabilitar Lassalle contra a versão oficial da social-democracia divulgada por Bernstein que, conhecendo as cartas no original e tendo apenas citado algumas passagens em seu prefácio à edição dos escritos de Lassalle, reforçou uma imagem preconcebida a respeito deste, puramente caricatural.[10] Mostra-o — palavras

---

Mehring, 1960, p.573-619). "Fico muito feliz em saber que você se encantou com Ferdinand [Lassalle]; eu também sou apaixonada por ele e não deixo que nada nem ninguém me faça desgostar dele. Sempre encontro nele uma fonte de inspiração para o trabalho e para a ciência; esta tem nele uma essência tão vívida, tão genial. Marx é na verdade mais poderoso e profundo, mas nem de longe tão brilhante e colorido" (Carta a Kostia Zetkin, de 24 de setembro de 1907, Luxemburgo, 2017, p.107, v.III). Sobre as relações entre Rosa e Lassalle, os dois mais importantes estudiosos de suas ideias no Ocidente comentam apenas: "Se ela tinha por Lassalle uma grande estima, perante Marx ela tinha o sentimento do gênio" (Badia, 1975a, p.64). "A própria Rosa Luxemburgo o opunha [Lassalle] aos retóricos amantes de fraseologia revolucionária, apresentando-o como um realista revolucionário antes dado à ação que aos discursos" (Nettl, 1972, p.125).

10 Em carta a Franz Mehring de 31 de agosto de 1915, quando presa na Barnimstrasse em Berlim, Rosa retorna a Lassalle criticando novamente a edição de Bernstein: "Para me restaurar, leio ademais um pouco de Lassalle. Mas socorro, meu Deus, para não explodir lendo as notas de Bernstein! Que nem um cão estúpido está sempre a saltar entre as pernas de Lassalle. Quando este toma o mais belo impulso para dar em Schultze [Schultze-Delitzch, 1808-1883, jurista, economista alemão, pioneiro das cooperativas de crédito] uma sonora bofetada, esta besta pega-o pelo braço para observar, de dedo em riste, que 'na realidade' Schultze, 'em certa medida', 'não estava totalmente' errado etc. E quando Lassalle conclui um capítulo num ribombar de trovões e numa tempestade de raios, e quero encher os pulmões de ar fresco, surge logo embaixo, balançando na sua nota como aranha na teia, o inevitável Ede [Eduard], e 'observa' que 'na realidade' Molinari [Gustave de Molinari, 1819-1911, economista francês, teórico do liberalismo econômico] já tinha dito algo parecido em 1846 ou, que

de Bernstein – com "uma autoconfiança sem limites", "vaidade", "impulso a assombrar todo mundo com suas capacidades extraordinárias", falta de "bom gosto e de faculdades morais", "preguiça", "cinismo". Agora, no prefácio de Mehring, ele surge com todas as suas qualidades: vemos o retrato de um "puro caráter antigo: generoso e cristalino na amizade, assim como no ímpeto pelo conhecimento, no desprezo estoico pelas suas próprias dores, assim como no profundo interesse pelo destino alheio" (GW I/2, p.150).

Segundo Luxemburgo, desde 1849, quando aparece na cena política, até o início dos anos 1860, Lassalle encontra-se em acordo total com Marx nas questões teóricas e práticas fundamentais. A oposição entre eles só começa a aparecer de maneira significativa na polêmica sobre o drama de Lassalle, *Franz von Sickingen* (cartas de 6 de março e 27 de maio de 1859). A peça dá-lhes a ocasião de debater sobre a "ideia trágica formal" e é aqui que se esboçam as diferenças que mais tarde irão separá-los. Em que consistiriam essas diferenças? "Pensamos no espaço deixado à 'decisão individual' que Lassalle defendia, em sua controvérsia com Marx e Engels, contra a 'concepção construtiva da história de Hegel'" (ibid., p.154).

Lassalle, entretanto, não defende

> a "decisão individual" em *oposição* à necessidade histórica, mas como expressão, como meio (*Medium*) dessa necessidade [...] Em todo caso, é certo que Sickingen precisava fracassar – Marx e Engels tinham absoluta razão – em seu empreendimento. Mas a inutilidade desse empreendimento expressa-se, para Lassalle, em última instância, na contradição interna da ação de Sickingen. Foram as leis históricas

---

sei eu, qualquer disparate semelhante. Que o diabo te carregue, preciso exclamar a todo momento! Ele estraga-nos totalmente o diálogo com Lassalle. Como o senhor pôde tolerar uma tal violação de cadáver?" (GB 5).

que decidiram aqui, mas elas atuaram *através* da "decisão individual". A polêmica entre Marx e Lassalle não decorre, parece-nos, da oposição entre a concepção idealista e a concepção materialista da história, mas sim de uma diferença, no *interior* desta última, que é captada por ambos em seus diversos momentos. Os homens fazem a própria história, mas não arbitrariamente, dizem Marx e Engels defendendo a obra da vida deles, a concepção materialista da história regida por leis. Os homens não fazem arbitrariamente a história, mas fazem-na eles mesmos – enfatiza Lassalle, defendendo a obra de sua vida, a "decisão individual", a "ação audaz" [...] perante a história, quem acabou tendo razão, Marx ou Lassalle? Ambos. Marx teve razão, pois em condições normais e para grandes períodos do percurso histórico apenas sua teoria representa o norte que pode levar à emancipação da classe operária. Mas Lassalle acabou tendo razão em seu momento histórico, pois, através de um caminho transversal audaz e de um método abreviado, levou a classe operária ao ataque pela mesma larga via histórica em que, desde então, é dirigida pela política de Marx. (ibid., p.155-6)

Rosa pergunta: o que teria sucedido se Sickingen-Lassalle não tivesse cometido erros pondo como ponto central de sua agitação a ajuda estatal a suas associações de trabalhadores e o sufrágio universal? O resultado histórico teria certamente mudado pouco. A social-democracia alemã, em virtude da "necessidade de bronze da história", teria "passado por cima da eficácia das decisões e atos individuais" e também, mais cedo ou mais tarde, se teria tornado poderosa.

Lassalle, no entanto, ligando sua ação aos fatos concretos, às circunstâncias dadas, sacudiu (*rüttelte auf*) as massas e chamou a classe operária alemã à vida política, fundando o partido.[11]

---

11 Ver Luxemburgo (A herança de Lassalle, 2017, p.451-55, v.I).

A "ação audaz" (*kühne Tat*) acabou tendo razão perante a "necessidade de bronze da história" que, em curtos períodos de tempo deixa espaço suficiente para desvios de rumo à direita ou à esquerda, para os estéreis erros de Sickingen ou os frutíferos erros de Lassalle[12] [...] E a "ação audaz" só acabou tendo razão perante a "necessidade de bronze da história" porque era, em sentido histórico-filosófico, ação *revolucionária*. (p.157-8)

Como vemos, a ideia de criatividade histórica aparece nesse texto com toda nitidez. Marx e Engels disseram repetidas vezes que as transformações sociais são produto das leis imanentes do desenvolvimento social e econômico, podendo, porém, ser aceleradas ou retardadas pela intervenção dos homens. Para usarmos uma boa formulação de Adorno (1989, p.302): assim como a história relegou os indivíduos "ao plano de simples executantes, de simples participantes da riqueza social e do combate social, também, com não menos realidade, ela nada seria sem eles e sua espontaneidade. Marx nunca deixou de frisar esse aspecto antinômico".

---

12 Rosa refere-se rapidamente aos erros de Lassalle (o estatismo que se transforma em apoio ao Estado prussiano) e menciona longamente seus acertos: nunca hesitou, pela "ação audaz", em denunciar o liberalismo burguês alemão e em mostrar ao proletariado alemão o caminho para uma política de classe independente. Se Lassalle reduziu sua luta a algumas palavras de ordem – crédito estatal, sufrágio universal, associações produtivas –, não foi por acreditar que o socialismo poderia ser lentamente introduzido por reformas, mas por impaciência, por querer encurtar o longo processo histórico e concentrar o ataque em poucos pontos. "Assim, mesmo os erros de tática de Lassalle foram os do revolucionário impetuoso e não os do indeciso, do revolucionário destemido, e não os do diplomata pusilânime." Ele, assim como Marx e Engels, viveu na crença profunda da legitimidade e inevitabilidade da revolução proletária e, além disso, compreendeu que a revolução é obra das massas e não do parlamento (*GW* I/2, p.419-20).

Rosa procura reforçar ainda mais o polo prático do materialismo histórico, recorrendo a Lassalle, símbolo do homem de ação.

Para ela, assim como para o SPD, havia três pais fundadores da social-democracia alemã: Marx, Engels e Lassalle. Enquanto Marx criara o materialismo histórico – e nisso residia sua importância –, Lassalle fundara o partido, ou seja, pusera em prática o "socialismo científico" elaborado por Marx e Engels. Na sua versão, Lassalle é o revolucionário audaz, entusiasmado, que, apesar dos equívocos (estatismo, colaboração com Bismarck), Rosa elege como fonte de inspiração revolucionária para a social-democracia alemã. Aliás, na sua leitura, o que unia Marx a Lassalle era a "fé na revolução" (p.419). Com isso, Rosa atacava a desvinculação operada pelo SPD entre teoria e prática.

A unidade entre esses dois polos é, portanto, segundo nossa autora, constituinte do materialismo histórico. Independentemente da conjuntura e dos alvos polêmicos, reafirma sempre que o marxismo é composto de dois elementos essenciais: de um lado, a análise, a crítica, o método histórico de pesquisa, e, de outro, "a vontade ativa da classe operária, que constitui o elemento revolucionário. Quem não puser em prática senão a análise, a crítica, não representa o marxismo, mas uma triste paródia dessa doutrina".[13] O que faltou à social-democracia foi justamente "a vontade ativa de fazer a história" (*GW* 4, p.31), isto é, faltou-lhe a política revolucionária. Para contrapor-se ao doutrinarismo de um Kautsky, afirma frequentemente que em Marx estavam ligados de modo indissolúvel o homem de ação e o teórico, o historiador e o revolucionário.

Mesmo em *O capital* ela busca o aspecto prático, revolucionário. Rosa considera que, no primeiro volume dessa obra, Marx

---

13 Discurso pronunciado no Congresso de Londres do Partido Operário Social-Democrata Russo, em 25 de maio de 1907 (*GW* 2, p.224).

lançou as bases do socialismo, motivo pelo qual o movimento socialista só levou em conta essa parte da obra. Do ponto de vista da luta de classes, o problema teórico mais importante é o da origem da mais-valia, "isto é, a explicação científica da *exploração*, bem como a tendência à socialização do processo de produção – a explicação científica dos *fundamentos objetivos da revolução socialista*" (*RL*, p.126, v.I), problemas resolvidos no primeiro volume. Também na *Introdução à economia política*, diz, no mesmo sentido, que com Marx a economia política acabou do ponto de vista teórico. A continuação só pode ocorrer no plano da prática, da ação, isto é, na luta pelo socialismo. "O último capítulo da doutrina da economia política é a revolução social do proletariado" (*GW* 5, p.592).

Em resumo, a análise do desenvolvimento capitalista mostra que tanto o colapso quanto a revolução são "inevitáveis", porém a ação do proletariado é necessária para desentranhar o núcleo de racionalidade contido na história. Caso contrário, a razão será apenas uma possibilidade teórica. Ou seja, sem a atividade consciente da classe operária não há socialismo possível. Até no momento mais pessimista de sua carreira política – 1914-1916 –, quando as esperanças revolucionárias haviam desaparecido do horizonte próximo, Rosa Luxemburgo (e o grupo Spartakus) continua a ver na futura ação revolucionária das massas o eixo da política socialista, e na presente agitação do partido (o grupo de oposição), uma forma de despertá-las.

Isso posto, o que chama a atenção e a distingue de um Kautsky, mesmo na época em que ambos estavam juntos contra o revisionismo, é o peso atribuído à consciência, elemento desprezado pelo marxismo da Segunda Internacional. Kautsky (1933, p.20), o teórico mais representativo dessa corrente, interpreta o marxismo como teoria da evolução social, que mostra os fenômenos sociais regidos por leis semelhantes às da natureza:

> A evolução social foi integrada [...] [por Marx] nos quadros da evolução natural; o espírito humano, até nos seus fenômenos mais complicados e mais elevados, foi representado como parte da natureza; foi demonstrado que, em todos os terrenos, sua atividade obedece a leis naturais, e que o idealismo filosófico e o dualismo não têm nenhuma base sólida. (Kautsky, 1933, p.20)

No âmbito da evolução natural, entendida nos moldes darwinistas de luta pela vida, a luta de classes é apenas um capítulo, uma parte dessa história natural que se move por oposições. Consequentemente, a revolução proletária não passa também de um momento particular da lei geral da evolução natural. É, portanto, inevitável, necessária. Como está na ordem das coisas, não cabe aos homens impedi-la nem apressá-la.[14] No materialismo histórico, entendido como "ciência proletária" (ibid., p.21), base da "marcha triunfal" (p.62) da social-democracia em todo o mundo, segundo Kautsky, a consciência de classe tem papel secundário.

Para marcar as diferenças entre Kautsky e Luxemburgo, nunca será demais enfatizar, contra as interpretações de nossa autora como determinista e mesmo fatalista, que a "garantia da vitória final" não tem para ela o estatuto de uma lei da natureza, na medida em que o socialismo apenas será possível se as massas se apoderarem da teoria marxista, se houver a união entre

---

14 Diz Kautsky (1933, p.26-7): "Tudo que existe tem, por força, de sucumbir, hoje ou amanhã, vítima de um desequilíbrio entre dois princípios contrários. E isto não é aplicável somente às plantas e aos animais, mas às sociedades, aos impérios, aos corpos celestes. Por toda parte, o progresso do processo geral da evolução prepara, pelo crescimento insensível das resistências, catástrofes momentâneas [...]. Estas constituem uma fase necessária da evolução: não há evolução sem que haja, de tempos em tempos, uma revolução". Ver também Badia (1975a, p.147).

conhecimento e classe operária:[15] "A transformação histórica formulada pela teoria marxista tem *como pressuposto* que a teoria de Marx se torne a forma de consciência da classe trabalhadora e, como tal, um *elemento* da própria história". A teoria de Marx é "uma parte do processo histórico – ou seja, ela própria também um processo, e a revolução social será o capítulo final do Manifesto comunista" (*RL*, p.140, v.I). Por conseguinte, essa teoria só será superada "*junto* com a ordem social estabelecida" (ibid.).

Mesmo em obras de forte caráter economicista como *Reforma social ou revolução?*, *A acumulação do capital* e a *Anticrítica*, em que insiste na teoria do colapso, Luxemburgo repete que o socialismo não resulta automaticamente das contradições objetivas do capitalismo, que é necessário o "conhecimento subjetivo da classe trabalhadora acerca da inevitabilidade de sua [do capitalismo] superação por meio de uma transformação social" (ibid., p.41). Ou seja, ela compreendeu, desde o início de sua carreira política, que a economia por si só não levará ao socialismo.

Justamente por conceber a história como um processo em que as leis do desenvolvimento histórico (a "tendência histórica do desenvolvimento", a "tendência para a socialização do processo de produção") não se separam da "ação audaz" – "não basta que o pensamento tenda para a realização, a realidade deve tender para o pensamento" – ou, em outras palavras, que em toda formação social e

---

15 No prefácio de 1899 a *Reforma social ou revolução?*, Rosa escreve: "Não se pode pronunciar insulto mais rude, blasfêmia mais grave contra o operariado do que a afirmativa: disputas teóricas seriam tão somente coisa de 'acadêmicos'. Lassalle já havia dito: apenas quando a ciência e os trabalhadores, esses polos opostos da sociedade, se unirem, poderão eles esmagar todos os obstáculos culturais com seus braços resolutos. Todo o poder do movimento operário moderno reside no conhecimento teórico (*RL*, p.3-4, v.I). A mesma ideia retorna na *Introdução à economia política* (*GW* 5, p.593).

econômica há unidade entre fator material e fator espiritual, concepção posteriormente enriquecida em *Greve de massas, partido e sindicatos* por uma análise da relação entre a espontaneidade das massas e a ação consciente, é que sua proposta política se afasta tanto do reformismo quanto do blanquismo.[16] Rosa salienta constantemente que o socialismo precisa ao mesmo tempo de um solo objetivo – as contradições do capitalismo – e da tomada de consciência da classe trabalhadora quanto à necessidade da revolução. Em torno desse eixo organiza-se seu pensamento político.

Embora a ação revolucionária (e, por conseguinte, a consciência) esteja sempre presente em seus textos, no início é antes uma ideia vaga, uma orientação do pensamento sem conteúdo muito determinado, uma coadjuvante promissora, mas por enquanto apenas coadjuvante. É na análise da relação partido/classe, ação consciente/ação espontânea que esse conceito vai adquirindo espessura, mais precisamente a partir de 1904, quando aparece ligado à noção de massa, tornando-se doravante o protagonista principal. Entretanto, já um artigo de outubro de 1903, "Expectativas frustradas", citando uma passagem de *A sagrada família*, apontava nesse sentido:

> já em 1845 Marx escrevia que "com a profundidade da ação histórica aumenta a dimensão da massa, cuja ação ela é". A luta de classes proletária é a ação histórica mais "profunda" entre todas; compreende todas as camadas populares inferiores e é a *primeira* ação que, desde a existência da sociedade de classes, corresponde aos interesses *próprios*

---

16 Em 1907, no Congresso do POSDR em Londres, diz Rosa: "Certamente o verdadeiro marxismo está tão longe da superestimação unilateral do Parlamento, quanto da concepção mecânica da revolução e da superestimação da assim chamada insurreição armada. Nisso, meus camaradas poloneses e eu temos opinião diferente da dos camaradas bolcheviques" (*GW* 2, p.222).

da massa. A *própria* compreensão da massa de suas tarefas e caminhos é, por isso, uma pré-condição histórica tão indispensável da ação social-democrata, como antes sua falta de compreensão era a pré-condição das ações da classe dominante. Com isso, porém, está superada a oposição entre "liderança" e maioria que "acompanha"; a relação da massa com os líderes é colocada de ponta-cabeça. O único papel dos assim chamados "líderes" na social-democracia consiste em esclarecer a massa acerca de suas tarefas históricas. (*RL*, p.143-4, v.I)

Rosa volta continuamente ao tema da diferença entre o movimento socialista, que abrange a totalidade dos de baixo exigindo-lhes consciência, e os grupos de conspiradores blanquistas, cuja tática consistia no terrorismo e no golpe de Estado, e nos quais a massa ignorante vivia dominada pelos líderes. Ela percebia claramente que o blanquismo era apenas a contrapartida organizativa de um movimento de massas fraco, em que um punhado de conspiradores "fazia" a revolução, "ignorando todas as condições histórico-sociais concretas" (*GW* I/2, p.329). Em suma, o blanquismo era voluntarista, pois acreditava poder modelar o mundo à força, de acordo com seus ideais, sem levar em conta o processo objetivo da história.

Em contrapartida, no movimento socialista as massas alcançavam no trabalho político e sindical consciência dos fins e dos meios para atingi-los, o que levaria precisamente a uma mudança na relação entre dirigentes e dirigidos. O papel dos dirigentes consistiria então em *esclarecer* a massa sobre seus interesses históricos, muitas vezes obscurecidos pela ideologia dominante, e não em comandá-la, com base num saber elaborado fora da classe que, eternamente presa às reivindicações imediatas, nunca conseguiria universalizar seus interesses. Isso seria atributo da vanguarda. Contrariamente a essa concepção autoritária da política, própria do blanquismo,

Rosa defende "a organização e a ação autônoma e direta da massa" (*RL*, p.156, v.I).

É, no entanto, no famoso artigo polêmico contra Lenin, "Questões de organização da social-democracia russa" (1903/04), que a noção de massa, ligada à de autonomia, começa a ter papel central no pensamento político de Rosa Luxemburgo. Opondo-se à ideia leninista de um partido-vanguarda fortemente centralizado e disciplinado, introduzindo de fora a consciência nas massas passivas, obedientes e desorganizadas, ela mostra como a experiência histórica revela precisamente o inverso, a ação espontânea da classe operária russa, desde o final do século XIX, impondo mudanças táticas ao partido:

> Em suas grandes linhas, a tática de luta da social-democracia não é de modo algum "inventada", mas é o resultado de uma série ininterrupta de grandes atos criadores da luta de classes experimental, frequentemente elementar. Também aqui o inconsciente precede o consciente, a lógica do processo histórico objetivo precede a lógica subjetiva dos seus portadores. (ibid., p.162)

A massa tem caráter dinâmico, não é apenas objeto da ação do movimento operário organizado, mas é sobretudo sujeito desse movimento. Na fórmula lapidar: "o único sujeito a que agora cabe o papel de dirigente é o *eu-massa* (*das Massen-Ich*) da classe operária, que, em todo lugar, insiste em poder cometer os seus próprios erros e aprender por si mesmo a dialética histórica" (ibid., p.175).

Só em *Greve de massas, partido e sindicatos*, entretanto, todas essas ideias são minimamente sistematizadas. Como sempre ocorre na obra de Rosa Luxemburgo, a teoria é formulada a partir da análise concreta de uma situação concreta. No presente caso, os acontecimentos de 1905-1906 na Rússia oferecem a contribuição fundamental para sua teoria da ação revolucionária.

A greve de massas

A revolução de 1905, a primeira de que participou ainda que por pouco tempo, permaneceu para Rosa como modelo da revolução proletária. "Os meses passados na Rússia, os mais felizes de minha vida" (GW 2, p.177) e a reflexão que se segue permitem-lhe elaborar algumas das ideias centrais de seu pensamento político: a democracia só se realiza plenamente na revolução, por ser um processo em que as massas[17] participam abertamente, agindo de maneira autônoma e criativa. As massas, não o partido social-democrata, são o sujeito da história. O partido é apenas um fator entre muitos no desenrolar do processo histórico.

Assim, 1905 viria comprovar na prática sua convicção, já exposta antes na polêmica com Lenin, de que a consciência de classe é muito mais produto da ação revolucionária que do trabalho do partido. Além disso, também confirmaria na prática que a trama da história é simultaneamente tecida por elementos econômicos e políticos, objetivos e subjetivos, conscientes e inconscientes. A revolução teria papel civilizador na história ao acelerar e tornar consciente um processo realizando-se necessariamente de maneira inconsciente.

Nesse momento, Luxemburgo quer mostrar contra as direções sindicais e partidárias dos trabalhadores alemães que a greve de massas, tal como posta em prática na Revolução Russa, não é uma tática contrária à luta cotidiana e parlamentar, mas precisamente o meio de criar condições para a conquista de direitos políticos,

---

17 Para Rosa, o termo "massas" engloba os operários e os intelectuais socialistas. Não há rigor no uso da terminologia: massas, povo, proletariado, classe operária, classe trabalhadora, são intercambiáveis. Interessada no sentido político, não sociológico do termo, Luxemburgo entende que a classe se determina na ação, no movimento, e não pelo lugar ocupado na produção.

fundamentais para a emancipação da classe operária. *Greve de massas, partido e sindicatos* marca o início de sua ruptura com a direção da social-democracia alemã, doravante advogando exclusivamente a favor da tática parlamentar, embora no plano do discurso continue apegada à ortodoxia revolucionária.

Vejamos como Rosa Luxemburgo elabora o conceito de greve de massas, central na sua teoria política, expondo rapidamente a história do movimento revolucionário descrito por ela.

No seu entender, a história da Revolução Russa de 1905 e a história das greves de massa não se distinguem. A greve de massas, sinônimo de ação revolucionária, é concebida como um processo contínuo, uma "cadeia ininterrupta dos momentos revolucionários" (RL, p.278, v.I), constituída pelas greves de 1896, 1902, 1903 e 1904.

Nesse sentido, a revolução é um movimento permanente, sem fronteira nítida entre as reivindicações econômicas e políticas. Muitas vezes, aliás, a "dialética histórica" utiliza as greves econômicas, que, no decorrer do processo revolucionário, acabam por adquirir caráter político, exemplo dado pela greve do verão de 1903 que se alastrou por todo o sul da Rússia:

> Através de muitos pequenos canais de lutas econômicas parciais e de pequenos acontecimentos "casuais" ela rapidamente formou um mar enorme e durante algumas semanas transformou todo o sul do império tzarista em uma bizarra e revolucionária república de trabalhadores. (ibid., p.281)

Em 1904, com o início da guerra contra o Japão, ocorre a interrupção momentânea do movimento grevista, e o tzarismo começa a reprimir a sociedade "liberal" burguesa. Manifestações patrióticas organizadas pela polícia tomam conta do país, às quais, por sua vez, se opõe a social-democracia. Mas, com a derrota do exército tzarista, o "liberalismo burguês se apossa do palco político, o proletariado entra na sombra" (ibid., p.282).

No final do ano, porém, o absolutismo recupera-se, acuando os liberais. "Mas justamente ali, onde estava o fim da linha para o liberalismo, começa a ação do proletariado." Em dezembro de 1904, explode a greve geral de Baku contra o desemprego. "A classe trabalhadora volta ao campo de batalha. Quando a palavra foi proibida e emudeceu, recomeçou a ação" (ibid., p.282). Resultado: em Baku a social-democracia tornou-se inteiramente dona da situação. Observe-se que, ao descrever as greves na Rússia até 1905, Luxemburgo mostra que, apesar de surgirem espontaneamente, por trás delas encontra-se o trabalho de anos de propaganda da social-democracia.

Em 1905, um acontecimento insignificante – dois trabalhadores despedidos dos estaleiros de São Petersburgo – dá origem a uma greve de solidariedade de todos os trabalhadores dos estaleiros (12 mil, em 16 de janeiro), o que, por sua vez, propicia a ocasião para que os social-democratas empreendam ativa propaganda a favor da extensão das reivindicações: jornada de oito horas, direito de associação, liberdade de expressão e de imprensa etc. A paralisação estende-se e dias depois 140 mil trabalhadores entram em greve. É elaborada a carta proletária das liberdades civis, tendo como primeira reivindicação a jornada de oito horas, com a qual, no dia 22 de janeiro (9 de janeiro, no calendário russo), 200 mil trabalhadores, liderados pelo padre Gapon, dirigem-se ao palácio do tzar, sendo barbaramente reprimidos. "Numa semana, o conflito provocado pela demissão dos dois trabalhadores de Putilov transformou-se no prólogo da mais poderosa revolução dos tempos modernos" (ibid., p.283).

Após a sangrenta repressão de São Petersburgo, são as organizações social-democratas que chamam as greves de solidariedade para com o proletariado da capital.

Mas também aqui não se falava de um plano previamente traçado, de uma ação organizada, pois os chamados dos partidos mal eram capazes de acompanhar os levantes espontâneos da massa; os líderes mal tinham tempo de formular as palavras de ordem da multidão proletária que avançava. (ibid., p.283)

A seguir ao prólogo de janeiro, começa o que Rosa considera a ação propriamente dita, com gigantescas greves gerais e greves de massa em todos os centros industriais e cidades da Rússia, da Polônia, da Lituânia, das províncias bálticas, do Cáucaso, da Sibéria. Toda a sociedade é atingida de alto a baixo.

Enquanto as greves anteriores tinham como ponto de partida o elemento econômico e a dispersão sindical, chegando posteriormente à ação de classe coordenada e à direção política, agora, em 1905, ocorre justamente o inverso: são greves políticas que se pulverizam em milhares de greves econômicas. Nesse processo, a história realizou "um gigantesco trabalho revolucionário, tão inevitável quanto incalculável em suas consequências" (ibid., p.284).

No que consistiu esse "gigantesco trabalho revolucionário"? No despertar da consciência de classe em que

> uma massa de milhões de proletários chega de súbito, de maneira viva e incisiva, à consciência da insustentabilidade daquela existência social e econômica que havia suportado pacientemente durante décadas nas correntes do capitalismo. Começa então um movimento espontâneo geral para sacudir e quebrar esses grilhões. Os mil sofrimentos do proletariado moderno lembram essas feridas antigas e sangrentas [...] tudo isso é bruscamente despertado pelo relâmpago de janeiro, toma consciência de seus direitos e procura febrilmente recuperar o que fora perdido. (ibid., p.285)

A luta econômica, nesse caso, não significou um fracionamento da ação, mas uma mudança de frente. A primeira grande batalha contra o absolutismo transformou-se num ajuste de contas geral com o capitalismo e, exatamente por isso, assumiu a forma de lutas dispersas por salários. Já que não é possível abater o absolutismo de uma só vez por uma única greve geral prolongada, ilusão do anarquismo, a esse resultado só chegará um proletariado com "um alto grau de educação política, de consciência de classe e de organização. Todas essas condições não podem ser adquiridas em brochuras e panfletos, mas apenas na escola política viva, na luta e pela luta, no andamento progressivo da revolução" (ibid., p.286).

Quando Luxemburgo se refere à consciência de classe como a grande conquista da revolução, tem em mente não apenas as "camadas populares", mas também as "camadas burguesas". A constituição dessas últimas e o seu amadurecimento só poderão ocorrer na "luta, no próprio processo da revolução, na escola viva dos acontecimentos, no embate com o proletariado bem como entre si, em um atrito mútuo contínuo". O amadurecimento das contradições de classe, a iluminação dos conflitos, numa palavra, a constituição de uma sociedade capitalista burguesa totalmente desenvolvida é que permitirá a queda do absolutismo, o que "exige um grande e longo processo social" (ibid.).

Embora as greves da primavera de 1905 tenham sido quase todas vitoriosas, elevando o nível de vida da classe operária, o que realmente importa é o crescimento de seu "nível cultural":

> O mais valioso nessa fervorosa onda revolucionária de sobe e desce, por ser durável, é seu *peso intelectual*: o crescimento intermitente do proletariado no plano intelectual e cultural oferece uma garantia inquebrantável para seu progresso contínuo e irresistível na luta política e econômica. (ibid., p.290)

E mais. Comissões de fábrica surgiram nas maiores fábricas e só com elas o dono da empresa pode negociar. As greves aparentemente caóticas e a ação revolucionária desorganizada deram origem a um "febril *trabalho de organização*" (ibid., p.291), mostrando que a formação dos sindicatos ocorre a partir da greve de massas, e não o contrário, como gostariam os burocratas sindicais alemães. Rosa refere-se uma única vez ao soviete de São Petersburgo, que decidiu impor a jornada de oito horas (ibid., p.295), revelando com isso não lhe dar grande importância.[18]

O movimento grevista prossegue até outubro, quando explode novamente uma poderosa greve geral. Aqui, diferentemente da primeira greve de janeiro, a consciência política desempenha papel preponderante. "O prólogo da greve de janeiro foi uma caminhada reivindicativa até o tzar pela liberdade política, o lema da greve de outubro era: fora com a comédia constitucional do tzarismo!" (ibid., p.296). Essa greve obtém sucesso imediato, traduzido no manifesto tzarista de 30 de outubro.[19] O movimento não se fecha sobre si mesmo, como em janeiro, para voltar ao começo da luta econômica, mas transborda para o exterior, pondo em prática a liberdade política recém-conquistada.

Em novembro e dezembro ocorrem manifestações, comícios, surge uma nova imprensa, explodem discussões públicas e massacres seguidos de novas manifestações. Em novembro, a social-democracia organiza a primeira greve contra a repressão a Kronstadt

---

18 Em artigo de 3 de maio de 1908, "Lehren aus den drei Dumas" [Lições das três Dumas], para a revista da SDKPiL, Rosa menciona o "conselho dos deputados trabalhadores" (*Przegląd Socjaldemokratyczny*, in Luxemburg, 2015, p.246).

19 O governo tzarista foi obrigado a fazer concessões constitucionais em razão da greve geral. No manifesto de 30 de outubro de 1905, foram concedidas liberdades civis, aumentou o número de cidadãos com direito a votar para a Duma e esta passou a ter poder legislativo.

(onde ocorrera um motim militar) e contra o estado de sítio na Polônia e na Livônia. Em dezembro, é desencadeada a terceira greve de massas que se estende a todo o Império. Mas agora o desenrolar e o fim são totalmente diferentes dos dois primeiros casos.

A ação política não se transforma em ação econômica como em janeiro, nem alcança uma rápida vitória como em outubro. O governo tzarista não renova suas tentativas de pôr em prática a liberdade política, e a ação revolucionária esbarra no "muro rígido" do absolutismo. Pelo "desenvolvimento lógico dos acontecimentos", a greve de massas transforma-se em insurreição aberta, derrotada em barricadas e lutas de rua em Moscou.[20] "As jornadas de dezembro em Moscou, auge da ação política e do movimento de greve de massas, fecham o primeiro ano laborioso da revolução" (ibid., p.297).

Em 1906, há eleições para a Duma. O proletariado, em virtude de seu "forte instinto revolucionário e do claro conhecimento da situação", boicota a farsa constitucional do tzarismo. Resultado: os liberais voltam a ocupar o primeiro lugar da cena política por alguns meses. Parece que voltamos à situação de 1904: a ação é substituída pela palavra, o proletariado reentra na sombra para se consagrar à luta sindical e ao trabalho de organização. "Por fim, a cortina de ferro cai de repente, os atores são dispersos, dos foguetes liberais restam apenas fumo e névoa". A Duma é fechada e a social-democracia fracassa ao tentar uma quarta greve de massas a favor da Duma e da liberdade de expressão. Esgotou-se o papel da greve política de massas, e ainda não há amadurecimento para

---

20 Por decisão do soviete de Moscou, começou em 20 de dezembro uma greve geral contra a autocracia tzarista. A greve passou a insurreição armada, derrotada pelo exército. Artigos publicados mais tarde na imprensa do partido da Social-Democracia do Reino da Polônia e Lituânia, SDKPiL (Luxemburg, 2015), mostram que, apesar da derrota da revolução, Rosa acreditava no renascer da luta, comparando-a a um vulcão adormecido cujas brasas continuam a arder.

passar à insurreição popular e às lutas de rua. "O episódio liberal acabou, o proletário ainda não recomeçou. O palco fica provisoriamente vazio" (ibid., p.298).

Rosa, ao analisar a revolução de 1905, inspira-se em *O 18 Brumário*, história de uma revolução fracassada. Assim como Marx, ela utiliza metáforas teatrais para expor os acontecimentos revolucionários. O prólogo de janeiro – a expulsão de dois trabalhadores dos estaleiros de São Petersburgo –, fato menor que está na origem da gigantesca manifestação defronte ao palácio do tzar e da sangrenta repressão que se seguiu, já contém de certa maneira o desenvolvimento da ação. Depois do prólogo, vemos no decorrer do ano a ação propriamente dita, o que poderíamos chamar de primeiro ato, o ano fundamental da revolução: a sociedade russa é atingida de alto a baixo, passa por profundas e rápidas transformações, alcançando o estágio de uma sociedade burguesa moderna, internamente diferenciada em termos de classes sociais que, graças ao seu envolvimento na luta, adquirem rapidamente consciência de seu papel na sociedade. Essa é, no entender de Rosa, a maior conquista de 1905, uma aquisição duradoura, profunda, pré-requisito para a revolução socialista na Rússia.

Para Luxemburgo, 1906 é um ano sem importância: o ano das eleições e do "episódio" liberal. Os liberais, na Duma, voltam ao primeiro plano, ao passo que o proletariado retorna aos bastidores, fica na sombra, dedicando-se ao trabalho de organização e à luta sindical. Acabara o agir às claras, a "ação audaz" de Lassalle, a grande e praticamente única escola política do proletariado, o sol criador da consciência: a revolução. Repare-se no contraste entre luz e sombra. O proletariado em ação, em greve, está iluminado no palco. Silencioso, passa à sombra, ao trabalho clandestino de organização. *A ação, luminosa, é própria do proletariado.* Os liberais, em contrapartida, não agem, apenas falam. Mas até eles são expulsos da cena pelo absolutismo, a "cortina de ferro cai de repente", os atores são dispersos. Terminou o "episódio" liberal, o "episódio" proletário ainda não começou. "O palco fica provisoriamente vazio."

Como entender essas metáforas?[21] Ao caracterizar a atuação dos liberais como episódio, Rosa quer mostrar que se trata de uma ação secundária, ligada fortuitamente ao poderoso processo revolucionário. Mas por que "episódio" proletário, uma vez que a ação proletária está no centro, iluminando tudo? Como explicar isso?

A narrativa de Rosa, embora épica, segue uma curva dramática: o trabalho da revolução se desenrola num crescendo, começado com as greves de 1896, passando por 1902, 1903, 1904, até explodir numa confrontação com o regime em 1905. A revolução é um processo contínuo, ininterrupto, permanente (*Revolution in Permanenz*), subterrâneo, que por vezes explode e emerge. Foi o caso de 1905. "Episódio" liberal, "episódio" proletário: isso significa que as classes são portadoras desse processo inconsciente, impetuoso, fenômeno da natureza que a todos arrasta, que a revolução seguirá seu caminho — apesar das derrotas momentâneas — obrigando as classes a agir.

Não por acaso, Rosa utiliza frequentemente metáforas marítimas ou aquáticas para exprimir o movimento revolucionário: compara, por exemplo, a greve de massas a uma "grande vaga marítima" que cobre todo o Império e logo em seguida se divide numa rede gigantesca de "pequenas correntezas", que às vezes brota do solo como uma "fonte fresca", às vezes perde-se na terra. A revolução usa as classes como mediadoras dos seus fins; a própria greve de massas, arma criada pelo proletariado russo, é um meio de que a revolução se serve para exprimir-se, assim como mais tarde os conselhos.

---

21 O uso de metáforas de iluminação não constitui nenhuma particularidade da autora, pois, como se sabe, elas são lugar-comum na tradição revolucionária.

Dizer, porém, que as classes são portadoras da revolução, "atores", não significa um estado de permanente amorfismo nem inconsciência. A revolução, com seu trabalho educador, torna-as conscientes e, portanto, sujeitos da própria ação. O ator é ao mesmo tempo paciente e agente da ação, objeto e sujeito. Essa ideia, exprime-a com clareza num artigo de fins de 1914, ao dizer: "A marcha da história realiza-se certamente de acordo com leis próprias, infalíveis. *Mas os homens são portadores dessas leis.* Eles não fazem arbitrariamente a história, porém, fazem-na eles mesmos" (*GW* 4, p.14, grifo meu).

Vemos aqui presente a relação entre o elemento consciente e o inconsciente, a organização e a espontaneidade, constante na análise de Rosa sobre a revolução de 1905. A sublevação proletária em São Petersburgo explodiu espontaneamente, não foi desencadeada por nenhuma palavra de ordem da social-democracia russa, mas, ao mesmo tempo, não teria ocorrido sem o seu trabalho de organização e esclarecimento durante décadas, cujos fundamentos são dados pelo marxismo. A teoria marxista fornece à social-democracia um instrumento de análise da sociedade russa, ao permitir descortinar as tendências do desenvolvimento capitalista e, por conseguinte, o papel revolucionário do proletariado, cuja missão é derrubar o tzarismo, emancipando o povo russo. Isso ocorrerá com a "necessidade de uma lei da natureza" (*GW* 1/2, p.484).

Como sempre, em Rosa há essa unidade entre necessidade histórica – as leis de bronze do desenvolvimento capitalista, descobertas por Marx – e ação revolucionária inesperada, a "ação audaz" de Lassalle, a qual, iluminando o processo histórico que se realiza inconscientemente com uma necessidade natural, torna-o consciente. Inconsciente e consciente, político e econômico são elementos inseparáveis, polos constituintes da mesma totalidade. Por isso, dizer que a Revolução Russa vencerá com a "necessidade de uma lei da natureza" não significa um determinismo *tout court*, uma vez que a vitória não prescinde da ação revolucionária. A revolução proletária, distinta da revolução burguesa porque nela as massas são sujeito, resulta precisamente da conjugação desses dois fatores. Em suma, a espontaneidade das massas não é mero "objetivismo", mas uma relação entre o processo objetivo da história e a classe social, o sujeito que, ao agir, faz desse processo obra sua.

Que lições tirar dos acontecimentos na Rússia? A primeira delas é a de que a consciência de classe funda-se na ação das massas contra a ordem estabelecida, e, por isso mesmo, os trabalhadores russos, atrasados e instintivos, conseguiram num curto espaço de tempo ultrapassar os alemães, politicamente educados pelo partido e pelos sindicatos, mas presos a reivindicações imediatas dentro da legalidade.

A segunda lição é que, ao dar às massas desorganizadas, isto é, ao instinto de classe, um papel central, Rosa mostra-as como o elemento livre da história, não tendo uma dependência imediata da *Aufklärung* [esclarecimento], do partido e da "ciência" marxista. Ou seja, *ao mesmo tempo* que aparecem ligadas à "lógica do processo histórico objetivo", elas inventam, são autônomas, criadoras, livres. Liberdade e democracia mantêm assim uma relação intrínseca com o conceito de massas. Este é um dos fios condutores de seu pensamento político que permanece até o fim, como veremos.[22]

A terceira, como disse antes, consiste no fato de que Luxemburgo entende o real como totalidade em que os elementos econômicos e políticos mantêm uma unidade indissolúvel. Vejamos com mais precisão de que modo essa ideia é elaborada em outra

---

22 Para Rosa, as massas nunca são perigosas, destruidoras, a não ser quando passivas. Durante a guerra, sua passividade tornou-as em parte responsáveis pela destruição dos ideais civilizadores do socialismo.

passagem do opúsculo que estamos examinando, quando a autora descreve o movimento da greve de massas na Rússia:

> Cada novo arranque e cada nova vitória da luta política se transforma num grande impulso para a luta econômica, expandindo simultaneamente suas possibilidades externas e o ímpeto interno dos trabalhadores para melhorar sua situação, aumentando seu desejo de luta. Após cada onda espumante da ação política, sobra um sedimento fértil, onde imediatamente surgem milhares de brotos da luta econômica. E inversamente. O incessante estado de guerra econômico dos trabalhadores contra o capital mantém acesa a energia combativa em todas as pausas políticas; ele forma, por assim dizer, o reservatório permanentemente fresco da força de classe proletária, do qual a luta política sempre volta a retirar seu poder e, ao mesmo tempo, a incansável perfuração econômica do proletariado leva, a todo momento, ora aqui ora ali, a agudos conflitos isolados a partir dos quais explodem repentinamente conflitos políticos em grande escala.
>
> Em suma: a luta econômica é o que leva de um entroncamento político a outro, sendo a luta política a fecundação periódica da terra para a luta econômica. Causa e efeito alternam aqui suas posições a cada momento... *E sua unidade* é justamente a greve de massas. (*RL*, p.303, v.I)

Em *Greve de massas, partido e sindicatos* não há nenhuma análise econômica, no sentido estrito da palavra. Ao descrever dez anos de lutas proletárias, Rosa não busca nenhuma causa, nem nenhuma "necessidade" exterior à guisa de explicação última desse desenvolvimento. Ou seja, não há determinação "em última instância" do político pelo econômico, nem exterioridade entre fatores objetivos e subjetivos, entre objetivo final e ação das massas, o que parece ser o caso em escritos anteriores. A história surge aqui como resultado da luta de classes num dado momento do desenvolvimento capitalista, e, por isso mesmo, determinar quando a ação revolucionária deve ser desencadeada é impossível:

> Quanto ao emprego prático da greve de massas na Alemanha, a história é que decidirá, como decidiu na Rússia; a história, na qual a social-democracia com suas resoluções é, de fato, um fator importante, mas apenas *um* fator entre muitos. (ibid., p.273)

E uma última lição: o partido, a consciência, como vimos, brota da espontaneidade, indo ao mesmo tempo além dela, num processo de educação ininterrupta. O partido é resultado das lutas espontâneas e se alimenta delas. Só assim, nessa circularidade, não há o risco da ruptura entre a classe e o elemento político ativo, a vanguarda. Numa situação revolucionária – a da Rússia em 1905 –, o papel do partido não consiste "em comandar arbitrariamente, mas em adaptar-se à situação o mais habilmente possível, mantendo o mais estreito contato com o moral da massa" (ibid., p.307). Ou seja, em plena revolução, as lideranças devem exprimir a posição do proletariado em luta, ser "'as pessoas que falam', os tradutores da vontade da massa" (ibid., p.349).

Vemos assim que é preciso matizar a opinião corrente não só a respeito do determinismo, mas também do espontaneísmo de Rosa Luxemburgo. Durante muito tempo, ela foi acusada de subestimar o papel do partido e de exagerar os fatores objetivos da história. Esse seria o principal traço do "luxemburguismo". Mas mesmo em *Greve de massas, partido e sindicatos*, texto considerado a bíblia do espontaneísmo, o partido, embora não tenha por função desencadear a ação revolucionária – resultado de um complexo conjunto de fatores "econômicos, políticos e sociais, gerais e locais, materiais e psíquicos" (ibid., p.307) –, uma vez esta começada, deve dar-lhe conteúdo político e palavras de ordem corretas.

Em outras palavras, mesmo que o partido não tenha a iniciativa das greves e, por conseguinte, da revolução, deve, entretanto, dar-lhes orientação política. O partido nunca deve ficar "*abaixo* do nível da verdadeira correlação de forças" (ibid., p.309). A social-democracia, "vanguarda mais esclarecida, mais consciente do proletariado", deve procurar *antecipar* (*vorauseilen*), *acelerar* (*beschleunigen*) o curso dos acontecimentos, "explicando às mais amplas camadas do proletariado a inevitável *chegada* deste período revolucionário, os *fatores sociais* internos que a ele conduzem e suas *consequências* políticas" (ibid., p.323). Ter a direção política significa, por um lado, agitar (*vorauseilen, beschleunigen*) e, por outro, explicar, esclarecer (*klarmachen, aufklären*). Tanto é verdade que no Congresso do SPD em Jena, em 1905, Rosa declarava: "Não, nada de organização acima de tudo, mas, acima de tudo, o espírito revolucionário do esclarecimento (*Aufklärung*)" (*GW* I/2, p.603).

Doravante, como vemos, o conceito de massas adquire vida na teoria de Rosa Luxemburgo, aparecendo sempre obrigatoriamente ligado à ação. Tanto que o grande *leitmotiv* de sua obra, de 1906 a 1914, são as massas em movimento, opostas ao imobilismo do partido e dos sindicatos. Em 1910, por exemplo, no debate sobre a greve de massas que a opõe a Kautsky, advogado da tática parlamentar, ela defende como alternativas ações de massa contra organização, entusiasmo contra disciplina.[23] A sua expectativa era manter aceso o debate público, visto como meio de educar e conscientizar o proletariado. Em todo esse período, Rosa espera que o movimento popular arraste as organizações burocratizadas à luta.

Aqui é necessário abrir parênteses. Alguns autores[24] apontam a tensão entre o marxismo interpretado como teoria que permite

---

23 Ver os artigos "Was weiter"?, "Ermattung oder Kampf?" (*GW*2), "A teoria e a prática" (*RL*, v.I).

24 Cf. Howard (1974); Arato (1984).

a previsão, corpo doutrinário completo, ciência rigorosa expondo as leis do funcionamento do capitalismo e seu inevitável colapso, como vimos no início, e uma teoria de ação revolucionária (sintetizada na noção de greve de massas), na qual as massas irrompem inesperadamente no cenário histórico, se educam a si mesmas, agem com autonomia e, ao agir, criam a história. Como combinar as duas? A segunda vertente permite o surgimento do novo que pode, evidentemente, desmentir a previsão.

Enquanto no primeiro caso teríamos uma compreensão dogmática da unidade entre teoria e prática, na medida em que o objetivo final é prévio, independente da práxis proletária, no segundo, o objetivo final é construído pela classe em luta, e, por conseguinte, a teoria está aberta às experiências das massas. Teríamos *simultaneamente* uma teoria *para* a prática e uma teria *da* prática. Segundo Howard (1974, p.98, 99), essa relação ambígua – "benevolamente interpretada, dialética" – com a práxis revolucionária já estaria presente na obra do próprio Marx.[25]

Rosa apenas reproduziria inconscientemente essa mesma ambiguidade que, em poucas palavras, consistiria no seguinte: na teoria de Marx revela-se frequentemente uma "crença latente" no progresso contínuo da história, a qual caminharia no sentido de uma reconciliação derradeira, e que, tendo se tornado a tônica na Segunda Internacional, teria também permanecido na obra de Luxemburgo como "tendência latente". Esse é o fundamento do seu "dogmatismo". Dialética, ou ambiguidade, como quer Howard, as duas vertentes convivem na obra de nossa autora sem que ela se dê conta do problema.

---

25 Em *A acumulação do capital*, diz Rosa que é preciso pôr "a prática de acordo com a teoria" (*GW* 5, p.431), formulação clara da teoria para a prática.

Independentemente, porém, da polêmica a respeito da ambiguidade na obra de Marx, de que Rosa não tinha consciência, vemo-la por vezes assimilar uma concepção de teoria como doutrina a ser utilizada pelo proletariado como guia para a ação. A sua teoria política, no entanto, não desanda em tecnologia social, porque o contrapeso da consciência de classe permite-lhe manter o equilíbrio entre os dois polos. Frequentemente um equilíbrio difícil, é bem verdade. Em certos momentos, parece uma corda bamba na qual até mesmo um exímio equilibrista – o materialista histórico – se inclina perigosamente, ora para um lado, ora para outro.

Nos textos de caráter teórico ou de divulgação do marxismo, Rosa enveda muitas vezes pela primeira vertente. Já nos escritos políticos, de análise da tática, das formas de organização, da luta de classes, em que sua própria experiência é fundamental e em que revela sua sensibilidade para a apreensão e análise da realidade concreta, o socialismo revela-se criação das massas e não um fim prévio estabelecido na teoria. Isso pode ser observado, por exemplo, nos artigos sobre as revoluções russas (de 1905 e 1917) e na lúcida crítica ao blanquismo. Segundo Howard (1974, p.115), as "contradições evidentes" na atividade prática de Rosa Luxemburgo assentam-se numa posição teórica enraizada no marxismo, válida para o capitalismo em geral e, numa posição oposta, tomada no calor da luta, com base na ação das massas e que leva à modificação da teoria.[26]

O próprio Howard, entretanto, num texto anterior, apontara, por conta da concepção dialética de Luxemburgo, algumas

---

26 A ligação de Luxemburgo com o espírito e não com a letra da teoria marxista poderá ser vista mais adiante, ao tratarmos da ideia de revolução permanente. Isso acontece também em *A acumulação do capital*, em que ela recorre a exemplos históricos concretos para criticar os esquemas de Marx no segundo volume de *O capital*.

"aparentes inconsistências" de seu pensamento político, concluindo que "política proletária é a totalidade do processo objetivo e subjetivo, cuja unidade é a revolução, o objetivo final, o socialismo" (Howard, 1971, p.17-8).[27] É a mesma interpretação de Lukács em "Rosa Luxemburgo marxista" (1975a), a que o autor na época não fazia ressalvas.

Se considerarmos que a greve espontânea de massas é o aspecto central do pensamento político de Luxemburgo,[28] no sentido anteriormente visto de unidade entre o econômico e o político, o espontâneo e o organizativo, o inconsciente e o consciente, então os elementos "deterministas" passam a ser compreendidos no interior de uma teoria dialética, e, como tal, o "dogmatismo" desaparece.

Mas independentemente de qual seria a interpretação mais correta do pensamento político de nossa autora, para a qual ainda nos faltam elementos, o fato é que sobretudo depois de 1914 a ideia de teoria como previsão fica profundamente abalada. Rosa é obrigada a reconhecer que "não existe nenhum esquema prévio, válido de uma vez por todas, nenhum guia infalível que mostre [ao proletariado] o caminho a percorrer. A experiência histórica é sua única mestra" (*RL*, p.18, v.II). A teoria marxista era a "bússola" da classe operária, permitindo-lhe orientar a tática cotidiana para a revolução socialista, objetivo final imutável. E a social-democracia alemã, a representante perfeita desse método de luta, a vanguarda, o cérebro da Internacional, na hora decisiva, fracassou. Por quê? A resposta só virá após uma autocrítica sem complacência, tanto do partido como do proletariado: "A guerra mundial mudou as

---

27 As "aparentes inconsistências" viram "contradições evidentes" no ensaio de 1974 (cf. p.114-5), o que revela mais sobre o percurso teórico de Howard afastando-se da revolução e aproximando-se da democracia, que sobre a própria Rosa.

28 É a interpretação de Negt (1984).

condições de nossa luta e, sobretudo, a nós mesmos" (ibid., p.21). Apenas a modificação da teoria e da prática até então vigentes na social-democracia pode indicar uma saída revolucionária para a humanidade.

Não se trata, evidentemente, de uma reformulação dos fundamentos do materialismo histórico, mas antes de recuperar o que ela considera o marxismo original: a unidade entre teoria e prática. Porém, é preciso ir mais longe: a teoria precisa dar conta do inaudito – a adesão entusiástica das massas proletárias à guerra. Rosa não consegue esconder sua perplexidade perante uma situação que a teoria não previra e para a qual não se encontrava preparada. De maneira oblíqua, de má vontade mesmo, é forçada a reconhecer "a embriaguez chauvinista" das massas e a possibilidade da derrota da revolução proletária – consequentemente a vitória da barbárie – para sempre. A saída dos tempos sombrios depende apenas de algo tão imponderável quanto a consciência do proletariado que, naquele momento, comete suicídio coletivo nos campos de batalha. A teoria precisa incorporar a derrota prática.

É verdade que teoricamente a derrota sempre foi encarada por Luxemburgo como inscrita no processo de formação da consciência de classe. A revolução de 1848 e a Comuna de Paris fazem parte dos anais proletários. Mas 1914 veio acrescentar um elemento novo e muito mais grave a essa série: agora a derrota é imanente ao proletariado; este, sem o menor gesto de oposição, aceitou espontaneamente o próprio suicídio. O que equivale, para ela, à destruição da razão. Se, por um lado, acredita que esta será passageira, por outro, teme-a duradoura. Como saber?

Acabava o otimismo do "esquema dedutivo da luta de classe e da vitória proletária", da "previsão *a priori* da necessidade da vitória", da prevenção contra "as surpresas e as ilusões". Assim como nenhuma "previsão teórica, nenhuma imaginação" podia visualizar o significado de uma guerra mundial, com seus exércitos de milhões de homens, seus "ciclópicos meios de destruição" que atingem a "civilização e a felicidade humanas" (*GW* 4, p.13), também não é possível prever o porvir do socialismo. Sem a ação revolucionária do proletariado consciente, incerta naquele momento, o futuro da humanidade anuncia-se uma catástrofe ininterrupta: uma nova guerra – e a sorte do socialismo estará para sempre selada –, eis o temor de Rosa.

Nas palavras amargas de Karl Kraus, esse "tempo que reduziu a vida humana a um monte de lixo" representou, para os socialistas em particular, "uma implacável parede divisória".[29] Todas as certezas caíram por terra.[30] Também no pensamento de Luxemburgo, no período anterior a 1914, havia um *pathos* otimista, fortalecido pela Revolução Russa de 1905, pelas grandes mobilizações de massa na Alemanha em 1910 e 1913,[31] e que desapareceu transitoriamente, com a adesão popular à guerra. A revolução tornou-se mais problemática, na exata medida em que a concepção de massas (obrigada a levar em conta o seu sentimento nacionalista) passou a ser menos utópica. A guerra, "o maior crime perpetrado sob o sol e as estrelas" (Kraus, 1975, p.72), obrigou o proletariado – e seus dirigentes – a despedir-se das ingênuas alegrias da infância e a tomar consciência da via-crúcis rumo à maioridade.

Uma vez que as próprias massas se imobilizaram, é necessário mostrar-lhes o caminho da ação, pelo qual Rosa não tem dúvida de que irão enveredar quando a luta de classes se tornar novamente visível. Enquanto isso, a vanguarda revolucionária faz seu trabalho

---

29 *Die Fackel*, n.554-556, nov. 1920. In: Von Trotta & Ensslin (1986, p.215). Traduzi esse texto para a revista *Trans/Form/Ação* (São Paulo), v.17, 1994.

30 Carta a Hans Diefenbach, 1º de novembro de 1914 (*GB* 5, p.19).

31 Arthur Rosenberg (1983), no seu *Entstehung und Geschichte der Weimarer Republik*, chega a dizer que a conjuntura alemã de 1913 era pré-revolucionária.

de agitação com todos os meios de que dispõe (panfletos e comícios ilegais), esperando as leis imanentes da história arrastarem-nas novamente à ação.

Tanto assim que, nos seis meses passados em liberdade nessa época (fevereiro a julho de 1916), "os últimos em que levou uma existência quase normal" (Nettl, 1972, p.625), Rosa dedicou-se a intensa atividade de propaganda, sobretudo nos círculos oposicionistas de Berlim. O que dissera em 1902 na resenha sobre Lassalle serve de maneira perfeita àquela situação. Lembrando que quando as esperanças revolucionárias do século XIX não se concretizam,

> quando, em vez da crise e da revolução, começou a plúmbea *saison morte* da reação política, Lassalle e Marx voltam a comungar na mesma ideia: na momentânea resignação e nos planos de um trabalho de toupeira de esclarecimento revolucionário, temporário e silencioso. (GW I/2, p.151)

Durante a guerra, esse é seu lema.

A força da história

A partir de 1914, a barbárie está inscrita no campo do possível: descoberta assustadora que, se não é reprimida, é posta de lado, a um canto da cela, presença inevitavelmente incômoda, convivendo com a "certeza metódica" do triunfo da revolução, dada pela "tendência histórica do desenvolvimento". Os restantes dois anos da guerra, Rosa passa-os na prisão. O contato com o mundo exterior é mínimo, unicamente por meio de visitas esporádicas e de cartas. Justo por isso desenvolve intensa atividade epistolar. Forçada a permanecer longe da política, dedica-se a reflexões sobre literatura, botânica, geologia, relações entre os seres humanos e, sobretudo, sobre a natureza. Esta passa a ser assunto central nas cartas da prisão, fonte de consolo e "modelo" para a história: se as estações do ano mudam independentemente da intervenção humana, se depois do inverno vem fatalmente a primavera, o mesmo ocorre na história.

Tanto no plano da natureza quanto no da história, basta ter paciência e deixar que as leis realizem seu trabalho.[32] Reafirma insistentemente que, diante de catástrofes como a guerra, o revolucionário, confiante na "dialética histórica", deve comportar-se "com a tranquilidade de um naturalista".[33] Em 31 de agosto de 1915 (*GB* 5), escreve a Franz Mehring:

> Tudo está ainda em movimento, o grande terremoto parece não ter fim. É uma coisa diabolicamente difícil determinar a estratégia e ordenar a batalha num campo tão devastado e instável. A bem da verdade, não tenho mais medo de nada. No primeiro momento, no 4 de agosto, fiquei horrorizada, quase prostrada; desde então, recuperei toda a minha calma. A catástrofe tomou tais dimensões que os critérios habituais da culpa e da dor humana malogram. Catástrofes elementares têm algo de apaziguador na sua grandeza e cegueira. E, enfim se os acontecimentos tinham chegado a esse ponto, se todo o esplendor da paz era apenas fogo-fátuo sobre o pântano, tanto melhor termos atingido este ponto crítico. Porém, temporariamente passamos pelos tormentos e o mal-estar de um estado de transição e a nós aplica-se verdadeiramente a fórmula: *le mort saisit le vif* [o morto captura o vivo]. A lastimável falta de caráter que o senhor lamenta nos nossos amigos hesitantes é apenas o fruto da corrupção geral que fez desmoronar a barraca que tão orgulhosamente brilhava em tempos de paz. Onde quer que agarremos, só encontramos madeira podre. Na minha opinião, tudo deve continuar a escorregar, a desfazer-se até que por fim apareça a madeira sadia.

---

32 Carta a Marta Rosenbaum, de março de 1917 (*GB* 5).
33 Carta a Clara Zetkin, de 24 de novembro de 1917 (*RL*, p. 320, v. III).

Nas cartas da prisão, a história é frequentemente comparada à natureza, perante a qual não cabem nem impaciência nem julgamentos morais:

> diante de um elemento, uma nevasca, uma inundação, um eclipse do sol, não podemos empregar critérios morais, e apenas podemos tomá-los como algo dado, como objeto de investigação e conhecimento.
>
> Irar-se e indignar-se com uma humanidade inteira é, afinal de contas, absurdo.
>
> É evidente que *estes* são os únicos caminhos objetivamente possíveis da história, e temos de acompanhá-los sem nos deixar confundir quanto à direção principal. Eu tenho a sensação de que todo esse lodo moral no qual chapinhamos, esse grande hospício em que vivemos, pode virar pelo avesso de uma vez, de hoje para amanhã, como que pela ação de uma varinha mágica, *pode* se transformar em algo imensamente grandioso e heroico e, se a guerra durar ainda alguns anos, *tem* de se transformar. Então, justamente essas mesmas pessoas que agora degradam aos nossos olhos o nome da humanidade participarão do delírio de heroísmo e tudo o que há hoje será apagado e exterminado e esquecido, como se nunca tivesse existido. Não posso deixar de rir com essa ideia e, ao mesmo tempo, se ergue dentro de mim o clamor por desforra, por punição: como todas essas patifarias devem ser esquecidas e ficar impunes, e a escória da humanidade de hoje deverá amanhã andar de cabeça erguida, se possível coroada de louros frescos, nos cumes da humanidade, e ajudar a realizar os mais altos ideais? Mas a história *é* assim. Eu sei muito bem que o acerto de contas *jamais* é orientado pela "justiça" e que temos de aceitar tudo como é.[34]

---

[34] Carta a Sonia Liebknecht, de depois de 16 novembro de 1917 (*RL*, p.309-10, v.III).

A infâmia é de tal intensidade que pode, ou melhor, *deve* transformar-se no seu contrário, como que por um toque de "varinha mágica". Não se trata de opor imperativos morais aos atos da história, nem de atacar a política em nome da moral, mas de aceitar a história como é e compreendê-la. Se o revolucionário observar a história como o naturalista observa a natureza, objetivamente, pondo de lado as paixões, concluirá que ela

> nos aparece como um mau livro, um romance barato no qual efeitos berrantes e ações sanguinárias se amontoam num exagero grosseiro e no qual não se veem agir homens de caráter, mas bonecos de madeira. Infelizmente não se pode jogar fora esse mau livro, mas é preciso lutar energicamente. E, contudo, "ela se move". Nem por um instante duvido da dialética histórica [...].[35]

Se diante da lentidão dos processos naturais a impaciência está fora de lugar, do mesmo modo o materialista histórico deve adotar uma atitude tranquila perante a história e será recompensado. A "dialética histórica" garante que o negativo se transforme em positivo, ideia que aparece na carta a Sonia Liebknecht antes mencionada:[36]

> Leia *Os deuses têm sede*, de Anatole France. Tenho essa obra em alta conta, principalmente porque aponta com um olhar genial para o demasiado humano: vejam, por figuras lastimáveis como estas, e de mesquinharias cotidianas como estas, é que nos momentos propícios da história são realizados os feitos mais gigantescos e os gestos mais monumentais.

---

35 Carta a Rosi Wolfstein, de 8 de março de 1918 (GB 5).
36 Carta a Sonia Liebknecht, de depois de 16 novembro de 1917 (RL, p.311, v.III).

Ou:

> É verdade que agora – depois da terrível catástrofe na guerra mundial – os herdeiros da filosofia clássica se assemelham a mendigos miseráveis devorados por parasitas. Mas as leis férreas da dialética histórica [...] farão com que os mendigos, os "indigentes", cobrem novo ânimo e amanhã se tornem lutadores orgulhosos e inquebrantáveis.[37]

Com o prolongamento da guerra, surgem sérias dúvidas sobre a capacidade revolucionária do proletariado alemão, e Luxemburgo passa a enfatizar as forças objetivas, elementares, profundas da história. Elas, assim como as leis da natureza, garantem que, "apesar da neve e do frio e da solidão nós acreditemos, os chapins-reais e eu, na primavera vindoura!".[38] A "toupeira da revolução" a que se referia com tanto entusiasmo em *Greve de massas, partido e sindicatos* transforma-se agora na "brava toupeira da história".[39] Com isso, a ação humana passa temporariamente a segundo plano:

> Veja, justamente da história dos últimos anos e, olhando a partir dela, da história como um todo, eu aprendi que não se deve superestimar a ação de um único indivíduo. Em última análise, são as grandes forças invisíveis, plutônicas, das profundezas que agem e decidem, e se poderia dizer que no fim tudo se acomoda 'por si mesmo'. Não me entenda mal: não estou aqui expressando algum tipo de cômodo otimismo fatalista que busca disfarçar a própria impotência, coisa que tanto odeio em seu prezado marido. Não, não, estou o tempo todo a postos e na primeira oportunidade voltarei a cair com todos os dez

---

37 Carta a Franz Mehring, de 27 de fevereiro de 1916 (*RL*, p.203, v.III).
38 Carta a Mathilde Jacob, de 7 de fevereiro de 1917 (*RL*, p.230, v.III).
39 Carta a Marta Rosenbaum, de março de 1917 (*GB* 5).

dedos sobre o teclado do piano do mundo até fazê-lo trovejar. Mas como agora estou "em férias" da história mundial, não por culpa minha, e sim por imposição externa, eu rio à beça, fico feliz se a coisa anda mesmo sem mim e acredito firmemente que andará bem. A história quase sempre sabe a melhor maneira de encontrar a saída justamente quando da maneira mais desesperada parece ter se metido num beco sem saída.[40]

A história surge nessas reflexões consoladoras como uma espécie de *deus ex-machina* que, escrevendo direito por linhas tortas, garante a reconciliação dos opostos, segundo o desejo dos revolucionários. As revoluções na Rússia e na Alemanha, ao trazerem finalmente à superfície as "forças plutonianas das profundezas", traduzidas em ação consciente, só fazem confirmar aos olhos de Luxemburgo essa filosofia otimista. Por força, a "dialética histórica" – "varinha mágica" – obrigou o proletariado, a contragosto, a agir, assumindo seu papel revolucionário.

Nas cartas da prisão, há uma aparente "naturalização da história":[41] esta é encarada como objeto de estudo semelhante à

---

40 Carta a Luise Kautsky, de 15 de abril de 1917 (*RL*, p.259, v.III).
41 Embora nas cartas o paralelo entre natureza e história funcione num plano metafórico e não conceitual, não quis desconsiderar essas passagens que traduzem, em linguagem literária, sua concepção otimista da história. Essa comparação não significa, no entanto, uma queda no determinismo fatalista de seus companheiros de partido, nem nenhuma adesão ao naturalismo cientificista, e muito menos à dialética da natureza, ao estilo de Engels. Tenderia a explicar o tom fortemente "providencialista" das passagens citadas pela conjuntura da época da guerra: o revolucionário, para não fraquejar, precisava agarrar-se às "forças profundas da história". De passagem, caberia mencionar outro aspecto, sem ligação imediata com o que acabo de dizer. O valor que Rosa dava a todos os seres vivos, que compartilham com os humanos um mundo comum, impedia que atribuísse à história

natureza e, uma vez observada com a calma do naturalista, leva-nos à conclusão de que sabe sempre sair do impasse em que aparentemente se meteu, utilizando os seres humanos – no caso, os proletários –, por mais mesquinhos e medíocres, para realizar seus fins racionais. Os seres humanos seriam apenas instrumentos desse "objetivo final" transcendente para o qual contribuem inconscientemente. É uma espécie de "ardil da história" em que a ação humana opera como mediadora de fins universais que a ultrapassam, mas que, sem ela, permaneceriam abstratos: "A marcha da história realiza-se certamente de acordo com leis próprias, infalíveis. Mas os homens são portadores dessas leis".

Observe-se, no entanto, que essas "leis infalíveis" não caíram do céu, mas foram criadas pela atividade econômica, política e social dos indivíduos. Por isso, é necessário "descobrir as conexões escondidas que fazem que os resultados da atividade econômica dos seres humanos não coincidam mais com suas intenções, com sua vontade, em suma, com sua consciência" (Introdução à economia política, *GW* 5, p.576).

Em outras palavras, a autora pergunta pela origem da alienação. Discípula fiel de Marx, encontrará a resposta no estudo da economia política, porque nas relações econômicas se encontra a raiz da sociedade burguesa e de sua alienação: a livre concorrência, tendo levado ao desaparecimento da economia planificada, tal qual existia nas sociedades pré-capitalistas, resultou em anarquia:

> É ela que faz que a economia social produza resultados inesperados e enigmáticos para os próprios interessados, é ela que faz que a economia social se tenha tornado para nós um fenômeno estranho,

---

qualquer superioridade sobre a natureza, reduzida a recurso natural a ser explorado. Badia (1986), com razão, vê em Luxemburgo uma precursora dos ecologistas, vertente interpretativa atualmente em voga (Battistoni, 2016).

alienado, independente de nós, do qual precisamos pesquisar as leis, do mesmo modo que estudamos os fenômenos da natureza exterior e pesquisamos as leis que regem a vida do reino vegetal e do reino animal, as mudanças na crosta terrestre e os movimentos dos corpos celestes. O conhecimento científico deve descobrir depois o sentido e a regra da economia social, que nenhum plano consciente lhe ditou de antemão. (ibid., p.579)

É precisamente a anarquia do sistema capitalista que os economistas burgueses não podem reconhecer, porque implicaria reconhecer a caducidade do sistema. Nesse sentido, existe "uma ligação particular [...] entre a economia política como ciência e o proletariado moderno como classe revolucionária" (p.580). A crítica da economia política, a teoria, não é elaborada com base em nenhum "ponto de vista socialista" *a priori* do qual seria deduzida a vitória do proletariado, mas consiste num esforço de compreensão da realidade como luta de classes. Em outras palavras, o estudo da economia política revela que, se as "leis infalíveis" são criadas pelos seres humanos, também podem ser abolidas por eles. Ao mesmo tempo, descobre, sob a aparência harmônica da sociedade burguesa, sua alienação e irracionalidade – característica exacerbada durante a guerra –, mostrando de que modo é gerado em seu próprio interior o germe da razão, cujos portadores são as massas populares. Luxemburgo sempre se detém, nos mais variados contextos, nesse movimento de passagem do irracional ao racional. Lembremos apenas como ela insiste na importância das massas elementares, inconscientes, não organizadas na revolução, movimento civilizador, que instaura a razão no mundo.

Com isso só quero enfatizar que, malgrado o paralelo entre natureza e história, não há nenhuma adesão ao "fatalismo otimista e cômodo" da social-democracia alemã, a qual se apegava ao "inevitável" progresso histórico para aderir à política burguesa.

No caso da nossa autora, essa suposta "naturalização da história" tem antes um sentido moral, de não se deixar abater pela derrota – a "dialética histórica" garante, apesar dos desvios e fracassos momentâneos, o "objetivo final". Mas, conforme veremos com mais detalhes no Capítulo 3, tal garantia é apenas relativa na medida em que depende da capacidade de ação do proletariado. Aliás, este é o busílis de uma história pretensamente providencial: sem ação consciente das massas, só resta a barbárie.

No que consistiria mais precisamente essa "dialética histórica" – ou "varinha mágica" – a que Luxemburgo recorre como solução para os impasses da política? A resposta exige passarmos à análise do desenvolvimento capitalista, elaborada em *A acumulação do capital* e na *Anticrítica*.[42]

Em *A acumulação do capital*, a autora critica os esquemas de Marx do segundo volume de *O capital*, que demonstram matematicamente a possibilidade de uma acumulação ilimitada do capital. Recusando a hipótese teórica de Marx de uma sociedade composta apenas de capitalistas e trabalhadores, em que predominaria necessariamente a grande indústria, Rosa tenta mostrar que, segundo essa hipótese, a explicação da acumulação capitalista enreda-se em dificuldades insuperáveis, porque não se entende de onde vem a demanda por mais-valia acumulada. Ou seja,

---

42 *A acumulação do capital* foi publicada em 1913 e a *Anticrítica*, escrita em grande parte na prisão, durante a guerra, em resposta às objeções contra *A acumulação*, em 1921. Os dois textos podem ser considerados uma obra única, embora a autora considerasse a última "muito mais madura" e "que certamente sobreviverá a mim" (carta a Hans Diefenbach, de 8 de março de 1917, *RL*, p.246, v.III). Aqui me atenho praticamente à *Anticrítica*, que aborda os mesmos pontos de *A acumulação*, mas é menos técnica do ponto de vista econômico. Não é meu objetivo discutir as teses econômicas de Rosa, mas tão-só ver o que nos seus textos de economia política pode iluminar a obra política, para compreendermos o conteúdo da "dialética histórica" a que sempre se refere.

Rosa Luxemburgo vê o ponto débil da análise de Marx no fato de que ele analisa o processo de acumulação em um "sistema fechado"; por outro lado, constata que o capitalismo não só nasce em um contexto social não capitalista, mas também se desenvolve nele; Marx leva em conta este fato no quadro da "acumulação originária", mas não em relação à época do capitalismo maduro. (Negt, 1984, p.26)

A própria Rosa lembra, no entanto, que para Marx essa hipótese teórica visava apenas a simplificar o estudo dos problemas, pois ele enfatiza várias vezes em *O capital* não ser a produção capitalista a única existente na face da Terra. A partir dessa indicação de Marx, Rosa acrescenta que, mesmo nos países em que predomina a grande indústria, continuam existindo empresas artesanais e camponesas, de economia mercantil simples, havendo mesmo países onde esta prevalece, como na Rússia, nos Bálcãs, na Escandinávia, na Espanha. Além disso, há os outros continentes, em que a produção capitalista é minoritária e onde aparecem "todas as estruturas econômicas possíveis, desde o comunismo primitivo até a sociedade feudal, camponesa e artesanal" (Anticrítica, *GW* 5, p.429). Ou seja, coexistem várias formas de produção, quer na Europa, quer nos países coloniais. E desde o início da era capitalista ocorrem trocas intensas entre essas formas de produção não capitalistas e o capital europeu.

Rosa examina rapidamente na *Anticrítica* (o que fez com detalhes em *A acumulação do capital*) a história do desenvolvimento capitalista, enfatizando a violência com que destruiu as economias naturais e patriarcais, tanto na Europa quanto no resto do mundo.[43] Acrescente-se, desde o início do século XIX, a exportação de capital

---

43 Escreve Lenin sobre a análise do colonialismo feita por Luxemburgo: "A descrição dos sofrimentos infligidos aos negros na África do Sul é tocante, de cores gritantes e sem sentido. Acima de tudo é 'não marxista'" (apud Nettl, 1972, p.516). Sem comentários!

acumulado e de investimentos para os países fora da Europa – ou seja, a troca constante com camadas e países não capitalistas, acumulando à sua custa e, ao mesmo tempo, destruindo-os para pôr-se em seu lugar –, e teremos um quadro historicamente real do desenvolvimento do capitalismo.

À medida, porém, que aumenta o número de países capitalistas em busca de territórios para acumulação e à medida que estes diminuem, são engendradas "crises mundiais, guerras, revoluções":

> Por esse processo, o capital prepara duplamente seu próprio colapso: por um lado, estendendo-se à custa das formas de produção não capitalistas, ele faz avançar o momento em que a humanidade inteira será apenas efetivamente composta de capitalistas e proletários e onde a expansão posterior, isto é, a acumulação, se tornará impossível. Por outro, à medida que avança, ele exaspera os antagonismos de classe e a anarquia econômica e política internacional, a tal ponto que provocará, contra sua dominação, a rebelião do proletariado internacional, muito antes que a evolução econômica tenha chegado à sua última consequência: a dominação absoluta e exclusiva da produção capitalista no mundo. (Anticrítica, GW 5, p.430)

Luxemburgo procura assim o fundamento teórico do imperialismo,[44] indispensável para a luta política contra ele. No prefácio de *A acumulação do capital* explicita essa ideia, dizendo: "este trabalho,

---

44 Em 17 de novembro de 1911, escreve a Costia Zetkin: "Estou com muito interesse mergulhada em meu trabalho e creio encontrar-me na pista certa. Será dada uma nova fundamentação, estritamente científica, ao imperialismo e suas contradições" (*GB* 4, p.125). Mencione-se, a título de curiosidade, que a interpretação da obra de Luxemburgo na ex-RDA frisava justamente o seu caráter anti-imperialista, com um objetivo muito preciso: contrapor a RDA, socialista e humanista, à

além de apresentar um interesse puramente teórico, também adquire importância para a luta prática na qual nos empenhamos contra o imperialismo" (Luxemburgo, 1985, p.3).

A preocupação principal da autora não se dirige à economia, mas à política, ou melhor, "o primado é a necessidade do socialismo" (Badia, 1976, p.111).[45] Para Rosa, "a economia não é um fim em si. A preocupação política subjaz e justifica sempre a pesquisa econômica [...]. O objetivo é a transformação da sociedade, a revolução" (Badia, 1976, p.112).[46] Em outras palavras,

> Toda a exposição de *A acumulação*, toda a polêmica da *Anticrítica*, todos os desenvolvimentos da *Introdução* [*à economia política*] convergem para este objetivo: reforçar, com uma demonstração que se apresenta como científica, com argumentos econômicos aparentemente rigorosos, o caráter histórico, transitório do capitalismo e, portanto, a vinda necessária de seu coveiro e de seu sucessor, o socialismo. (Badia, 1975a, p.522)

Com base no pressuposto da necessidade da luta prática pelo socialismo, Rosa crê não poder deixar de existir unanimidade quanto à definição do imperialismo: este "consiste precisamente na expansão do capitalismo para novos territórios e na luta econômica e política entre os velhos países capitalistas em disputa por

---

RFA, imperialista e exploradora (ver Laschitza & Radczun, 1971, p.510 et seq.).

45 Nesse artigo, o autor retoma as ideias desenvolvidas em *Rosa Luxemburg, journaliste...* (1975a, p.489-589).

46 Por isso mesmo, tentando a todo custo estabelecer a hipótese de que o capital só pode reproduzir-se se houver mercados externos – colônias –, Rosa chega a "acrobacias em matéria econômica" (ibid., p.103), e se as teses econômicas são muitas vezes afirmadas e não demonstradas, isso ocorre porque sua preocupação fundamental não é econômica, mas política.

esses territórios" (*Anticrítica, GW* 5, p.432). Diferentemente de outros teóricos da social-democracia alemã, que se limitavam a constatar a existência do colonialismo,

> Rosa Luxemburgo descreve como eles, e melhor que eles, suas consequências, mas mostra, além disso, sua necessidade econômica: a conquista, pelos Estados capitalistas, de territórios de economia não capitalista marca a passagem, tão inevitável quanto fatal, a uma nova fase do capitalismo. (Badia, 1975a, p.498)

Nessa perspectiva, o capitalismo é visto como nefasto, guerreiro, destruidor, o que só pode levar a uma conclusão: para a humanidade ser realmente humana, é preciso superá-lo. Rosa pensa ter encontrado assim o fundamento econômico da revolução socialista numa época de estabilização do capitalismo.

Precisamente em virtude dessa necessidade prática é que a hipótese teórica de Marx deve ser recusada. Marx imaginava o mundo inteiro como uma só nação capitalista, em que as outras formações já haviam desaparecido. Mas assim, pensa Luxemburgo, não se poderia explicar o imperialismo, pois não existiriam mais espaços abertos à dominação do capital. A autora considera que a ideia de uma sociedade composta apenas de capitalistas e trabalhadores só atrapalha quando o objeto do estudo é a "acumulação do capital social total", e é nesse ponto que intervém sua crítica:

> Como essa acumulação representa o processo histórico real do desenvolvimento capitalista, no meu entender ela permanece incompreensível se fizermos abstração de todas as condições dessa realidade histórica. Desde sua origem até nossos dias, a acumulação do capital como processo histórico avança em um meio de formações pré-capitalistas diversas, ao preço de uma luta política constante e graças a trocas econômicas contínuas com essas formações. Como

explicar esse processo e suas leis dinâmicas internas a partir de uma ficção teórica abstrata que não leva em conta esse meio, essa luta e essas trocas? Parece-me necessário e conforme ao espírito da doutrina de Marx abandonar agora essa hipótese, que provou sua utilidade no primeiro volume de *O capital*; estudaremos doravante a acumulação como processo total a partir da base concreta da troca entre o capital e seu entorno histórico. (*Anticrítica*, GW 5, p.432)

Trocando em miúdos: analisar o problema da acumulação capitalista numa perspectiva histórica – "a história é a coisa mais interessante que existe" – é o que permite explicar o imperialismo e, nessa medida, obriga a abandonar a "ficção teórica abstrata" de Marx, que não leva em conta o meio não capitalista, nem a luta dos países capitalistas por colônias que possibilitem a acumulação de capital, nem as trocas entre as formações sociais não capitalistas e as capitalistas. Na perspectiva de Luxemburgo, é impossível separar o problema da acumulação da história da acumulação e, ao mesmo tempo, da história do problema. Nesse sentido, ela utiliza o procedimento de Marx, aplicando-o à acumulação capitalista.[47]

A autora busca, assim, completar Marx, e não se opor a ele. Este teria deixado a seus discípulos a tarefa de resolver o problema, e *A acumulação do capital* "queria ser uma tentativa nesse sentido" (*Anticrítica*, GW 5, p.433). Tanto mais que o segundo

---

47 É a opinião de Lukács (1975a, p.35) em "Rosa Luxemburgo como marxista": "*A acumulação do capital* de Rosa Luxemburgo recolhe o método e a colocação do jovem Marx, da *Miséria da filosofia* [...]. E do mesmo modo que a consideração da totalidade, própria do jovem Marx, iluminou cruamente a fácies hipócrita do capitalismo ainda florescente, assim também mostra o último florescimento do capitalismo, no estudo de Rosa Luxemburgo e mediante a introdução de seus problemas básicos na totalidade do processo histórico, os caracteres de uma sinistra dança da morte, uma marcha de Édipo para o destino final inevitável".

livro de *O capital*, como ela frisa, é uma obra inacabada, em particular o objeto do seu estudo: a análise da acumulação do capital total, rapidamente abordada no último capítulo. No seu entender, há

> contradições flagrantes entre as hipóteses do curto fragmento do final do segundo livro, no qual Marx trata da acumulação, e a exposição do *"movimento total do capital"* no terceiro livro, e várias leis importantes do primeiro livro; eu evoco e analiso essas contradições no meu livro. (ibid., p.434)

Dito de outro modo, em nome da realidade histórica, Rosa Luxemburgo recusa-se a trabalhar com uma hipótese apenas teórica, com "fórmulas estranhas à vida e à realidade" (Negt, 1984, p.25): "A sociedade evocada pela hipótese do segundo livro de *O capital* não existe na realidade" (*Anticrítica*, GW 5, p.434). Em suma, Rosa preocupa-se com as consequências práticas da possibilidade de uma acumulação ilimitada do capital:

> o socialismo perde então o fundamento de granito da necessidade histórica objetiva, e nós penetramos nas brumas dos sistemas e das escolas pré-marxistas que pretendiam fazer decorrer o socialismo da injustiça e da perversidade do mundo atual, assim como da vontade revolucionária das classes laboriosas. (ibid., p.446)

Trata-se do mesmo argumento brandido outrora contra o revisionismo de Bernstein: abandonar a teoria do colapso, "pedra angular do socialismo científico", significava voltar ao socialismo ético, fundado unicamente no fator subjetivo. Isto é,

> o socialismo como objetivo final e o imperialismo como última etapa deixam de ser uma necessidade histórica. O socialismo torna-se uma

aspiração louvável da classe operária e o imperialismo aparece meramente como resultado da indignidade e da cegueira da burguesia. (ibid., p.447)[48]

E também percebemos, mais uma vez, que ela é taxativa ao afirmar que essa marcha do capitalismo rumo ao colapso é uma "tendência objetiva", não uma necessidade do tipo da que rege a natureza, e que, portanto, muito antes do desfecho catastrófico, o proletariado se rebelará contra a dominação mundial do capitalismo.

Na sua análise do desenvolvimento capitalista, Rosa Luxemburgo parte do pressuposto do socialismo como objetivo final, reafirmando, agora com base numa análise econômica, a teoria do colapso. Embora frise o "interesse puramente teórico" de sua obra, que talvez tenha também "importância para a luta prática [...] contra o imperialismo", na realidade o que a move é o desejo de encontrar um fundamento teórico sólido para a luta socialista.

Desde o começo do século, Rosa apontara a corrida armamentista e a conquista de novos mercados como fenômenos indicadores de que o capitalismo entrava numa nova fase: o imperialismo, caracterizado "como a última fase vital e a expansão máxima da dominação política do capital" (*GW* 4, p.45).

---

[48] Como se sabe, *A acumulação do capital* provocou a resistência unânime dos marxistas ortodoxos (austro-marxistas e Kautsky), o que surpreendeu Luxemburgo, que pensava estar apenas explicando o desenvolvimento capitalista segundo as teorias de Marx. Lenin, numa carta de 1913 à redação do jornal *Social-démokrat*, dizia: "Li o novo livro de Rosa *Die Akkumulation des Kapitals*. Ela mente vergonhosamente. Ela estropiou Marx. Estou muito contente que Pannekoek, Ecstein e Bauer a tenham condenado unanimemente e censurado o que censurei nos populistas em 1899" (Lenin, *Socinenija*, 4.ed., v.35, p.63, apud Haupt, 1965, p.85).

Seu livro de 1913 é um passo além, na medida em que busca mostrar a ligação intrínseca entre a acumulação do capital e o imperialismo.[49] Nessa elaboração teórica o colonialismo ocupava um lugar central, uma vez que era economicamente necessário à nova fase do capitalismo, o qual, por uma lógica imanente inexorável, acarretava apenas guerra e destruição. A luta pelo socialismo estava assim "cientificamente" fundada.

Segundo Lukács, recorde-se, Rosa Luxemburgo, herdeira de Hegel e Marx, põe no centro de sua teoria a categoria da totalidade concreta, isto é, a unidade dialética entre pensamento e ser, teoria e prática. Isso significa que a autora, recorrendo às "condições históricas da acumulação", mostra a impossibilidade de uma acumulação ilimitada do capital e, portanto, "a necessidade histórica objetiva do final do capitalismo" (Lukács, 1975a, p.40). O que também aqui não implica fatalismo, pois só a ação revolucionária dos trabalhadores pode impedir a instalação da barbárie. Ou seja, independentemente do julgamento sobre as teses econômicas de nossa autora, o que importa sublinhar na sua obra econômica, em busca de um fundamento objetivo inquestionável para o socialismo, é, mais uma vez, a prioridade dada à ação revolucionária.

Além disso, também é interessante observar sua recusa, em nome da realidade histórica concreta do imperialismo, de operar com uma hipótese teórica abstrata, intenção que de um ponto de vista exclusivamente metodológico acabaria por matizar o "dogmatismo" do objetivo final pressuposto.

Em resumo, segundo um comentador que interpreta a obra de Luxemburgo no caminho aberto por Lukács, esta

---

49 "O imperialismo é a expressão política do processo de acumulação do capital, em sua competição pelo domínio de áreas do globo ainda não conquistadas pelo capital" (Luxemburgo, 1985, p.305).

consiste precisamente no esforço de situar o método dialético de Marx no centro da luta de classes, de fazer dele não só um método para a interpretação da história e para a análise da sociedade presente, mas um método a aplicar para fazer a História, quer dizer, para aplicar à ação das grandes massas e à construção consciente do futuro. Como poucos marxistas, ela sentia a realidade e a história de maneira dialética. (Basso, 1976, p.26)

"Dialética histórica" e "vida"

O papel das massas na história é um elemento essencial na teoria política de Rosa Luxemburgo e o que a impede de aceitar o partido de quadros leninista como alternativa à social-democracia alemã, agremiação puramente eleitoral. Desde 1904, na polêmica contra o centralismo de Lenin, a ideia de que a consciência de classe se funda na ação, na experiência das massas, e não na teoria marxista introduzida de fora por um partido de vanguarda, passa a fazer parte do arsenal teórico-político de nossa autora. Com a Revolução Russa de 1905, essa convicção é reforçada, e ela aponta o elo indissolúvel entre consciência de classe e revolução.

Comparando o proletariado russo e o alemão, educado pela social-democracia e os sindicatos, conclui que este tem uma consciência *"teórica, latente"* (*RL*, p.321, v.I), ao passo que o russo, na crista da onda revolucionária, manifesta uma consciência *"prática, ativa. Por isso, um ano de revolução deu ao proletariado russo aquela 'instrução' que trinta anos de luta parlamentar e sindical não puderam dar artificialmente ao proletariado alemão"* (ibid., p.322).

Compreende que o absolutismo só pode ser aniquilado por um proletariado com

> um alto grau de educação política, de consciência de classe e de organização. Todas essas condições não podem ser adquiridas em

brochuras e panfletos, mas apenas na escola política viva, na luta e pela luta, no andamento progressivo da revolução. (ibid., p.286)

Os russos são atrasados, não têm organizações fortes nem imprensa poderosa, mas em compensação possuem algo decisivo, uma energia revolucionária sem limites:

> por mais paradoxal que possa soar – [...] atualmente o instinto de classe entre o proletariado russo jovem, desqualificado, fracamente esclarecido e ainda mais fracamente organizado é infinitamente mais forte que entre o operariado organizado, qualificado e esclarecido da Alemanha ou de qualquer outro país da Europa ocidental. (ibid., p.321)

Ela contrapõe sempre, com objetivo polêmico, o instinto, a espontaneidade, o heroísmo, o agir, à organização, à paralisia, à burocratização, ao sufocamento das massas pelas máquinas partidária e sindical. Rosa não perde nunca a oportunidade de ironizar a educação exclusivamente teórica que a social-democracia alemã dá ao proletariado, retirando-lhe assim a combatividade e o espírito de luta, forjados no exemplo das antigas batalhas, e não na crença de rumar com a corrente em direção ao futuro socialista.

Examinemos mais de perto a importância atribuída por ela às massas instintivas, não organizadas, fazendo um paralelo com o seu estudo sobre as comunidades primitivas.

Rosa demonstra contínua e calorosa simpatia pelo povo russo, para o que decerto contribuiu forte ligação emocional com a literatura russa.[50] A passagem a seguir de um pequeno ensaio sobre

---

50 Ela tinha grande admiração por Tolstoi que, fortemente inspirado em Rousseau, acreditava que o homem nascera bom e inocente e fora corrompido pela sociedade por ele mesmo criada. Assim, apenas

o tema, publicado como prefácio à sua tradução do romance de Korolenko, *História do meu contemporâneo*, ilumina de maneira decisiva sua concepção de massas. Korolenko

> viajou a pé por quase toda a Rússia. Ali aspirou a cada passo o encanto da natureza, a ingênua poesia do primitivismo, que também fizera sorrir Gogol. Ali observou arrebatado a elementar calma fatalista do povo russo, que em tempos de paz parece inabalável e inesgotável, para transformar-se, em momentos de tempestade, em heroísmo, grandeza e força acerina, como aquele amável rio de uma de suas narrações que, quando as águas estão no nível normal, murmura doce e humilde, mas, na enchente, converte-se numa corrente orgulhosa, impaciente e tremendamente ameaçadora. (*GW* 4, p.317)

> os simples e bons – crianças, camponeses – teriam a capacidade de ver a verdade. Luxemburgo, no artigo "Tolstoi como pensador social", comenta que o escritor, tendo nascido e vivido na Rússia dos servos, onde o desenvolvimento capitalista e o movimento operário eram fracos, não compreendia o "proletariado russo moderno". Povo, para ele, significava "camponês", na verdade o camponês russo de outrora, profundamente crente, suportando tudo passivamente, e que tinha apenas *um* desejo – possuir mais terra (*GW* 2, p.248). Embora a compreenda, Rosa está longe de comungar na exaltação tolstoiana do camponês como a classe emancipadora. Porém, concorda com o escritor quando ele argumenta que se as grandes massas hoje não entendem a arte, não é por sua "rudeza espiritual", nem "falta de cultura", mas porque não há mais arte popular como a de Homero ou dos Evangelhos, possível num tempo em que a sociedade não era dividida em classes. Em contraposição a essa "arte má, falsa", corrompida, Tolstoi busca uma arte "popular", "verdadeira", "compreensível para todos" (ibid., p.252). Em suma, as massas populares, desde que não fossem exploradas nem oprimidas, teriam em si mesmas os recursos para sua emancipação, não precisando ser esclarecidas pelas elites cultas.

São essas massas simples, heroicas, indomadas, semelhantes a uma força da natureza, vida em estado puro, que Rosa vê agir na Revolução Russa. A mesma ideia, aliás, aparecera em outra passagem:

> a psique das massas esconde muitas vezes em si, como *Thalassa*, o mar eterno, todas as possibilidades latentes: calmaria mortal e tempestade ruidosa, baixa covardia e o heroísmo mais feroz. A massa é sempre aquilo que *tem de ser*, dependendo das condições do tempo, e está sempre pronta a tornar-se outra do que aquilo que parece.[51]

Pode-se fazer um paralelo entre essa exaltação das massas instintivas, potencialmente revolucionárias, ainda não organizadas, e um certo rousseauísmo que perpassa as páginas da *Introdução à economia política*:[52] os povos primitivos, quando contrapostos aos "assim chamados países civilizados" (GW 5, p.532), só fazem sobressair a desarmonia e a violência da sociedade contemporânea. Nas suas palavras:

> Não se pode imaginar nada mais simples, nem mais harmonioso do que esse sistema econômico das antigas marcas (*Mark*) germânicas. Todo o mecanismo da vida social está como a céu aberto. Um plano rigoroso, uma organização robusta encerram aqui a atividade

---

51 Carta a Mathilde Wurm, de 16 de fevereiro de 1917 (*RL*, p.236, v.III).

52 Esse livro inacabado, escrito na prisão em 1916, com base em notas de aulas na escola do SPD e publicado postumamente por Paul Levi em 1925, mereceu pouca atenção dos comentadores, talvez por tratar-se de obra de divulgação do marxismo. Ou talvez por destoar do marxismo hegemônico no século XX, já que sua maior parte é dedicada ao comunismo primitivo, do qual a autora faz minuciosas análises, ao passo que o exame da sociedade capitalista é bastante esquemático. Essa atenção demorada ao comunismo primitivo levou Michael Löwy (1986, p.67) a aproximar Rosa das "concepções românticas da história, que recusam a ideologia burguesa do progresso".

de cada indivíduo e o integram como parte do todo. As necessidades imediatas da vida cotidiana e sua satisfação igual para todos, tal é o ponto de partida e o ponto de chegada dessa organização. Todos trabalham em conjunto para todos e decidem conjuntamente sobre tudo. De onde provêm e sobre o que se fundam essa organização e o poder da coletividade sobre o indivíduo? Do comunismo do solo, isto é, da posse em comum, pelos trabalhadores, do mais importante meio de produção. (ibid., p.656)

Lamentando a destruição das antigas comunidades primitivas da Índia pelo colonialismo inglês, observa:

Os antigos liames foram rompidos, o isolamento pacífico do comunismo rural das aldeias foi rompido e substituído pelas querelas, a discórdia, a desigualdade e a exploração. Os resultados foram, de um lado, enormes latifúndios; de outro, milhões de arrendatários sem meios. A propriedade privada entrou na Índia e com ela o tifo, a fome, o escorbuto, como hóspedes permanentes das planícies do Ganges. (ibid., p.601)

Contrariando o que se poderia pensar num primeiro momento, Luxemburgo não faz nenhuma defesa romântica das comunidades primitivas. Pelo contrário, mostra de que modo um processo de lentas transformações internas levou essas comunidades a tornarem-se, de uma maneira ou de outra, sociedades permeadas pela desigualdade e pela violência.[53] Rosa transcreve trechos de relatos de viagens dos portugueses pelo continente africano, onde certos

---

53 Depois de descrever empiricamente o processo de dissolução do comunismo primitivo, encerrado com a comunidade agrária russa, conclui: "a comunidade agrária torna-se um instrumento de atraso político e econômico. O camponês russo, açoitado pelos membros de sua própria comunidade a serviço do absolutismo tzarista, é a mais

costumes, como enterrar mulheres e homens vivos por ocasião da morte dos chefes, oferecem um quadro nítido da brutalidade desses povos. Mas, *ao mesmo tempo*, comenta que o despotismo e a desigualdade das sociedades primitivas não são piores que a dominação do povo alemão, "que produziu um Kant, um Helmholtz, um Goethe", por um homem pretensamente ungido "pela graça de Deus", o imperador.

Luxemburgo enfatiza que o único contato que a comunidade agrária primitiva não suporta e ao qual não sobrevive é o da "civilização europeia, isto é, do capitalismo". Esse contato leva "a dissolver os liames tradicionais e a transformar a sociedade num monte de ruínas informes" (ibid., p.688). Os europeus, ao apropriarem-se dos meios de produção e do solo, destroem o fundamento da ordem social primitiva e introduzem um fenômeno pior que a exploração e a opressão: "a insegurança da existência social" (ibid., p.697). Doravante, a população dos países colonizados passa a ser vista pelo capitalismo europeu como mera força de trabalho. Se tiver algum valor para os fins do capital é escravizada, caso contrário é exterminada.[54]

---

cruel crítica histórica dos limites do comunismo primitivo e a expressão mais evidente do fato de que a forma social se encontra também submetida à regra dialética: a razão torna-se insensatez, o benefício flagelo" (GW 5, p.687).

54 Rosa ataca incisivamente o colonialismo numa época em que "a social-democracia internacional e singularmente a alemã hesitavam em condenar a colonização". No Congresso da Internacional em Stuttgart, em 1907, a comissão em que se debatia a colonização propunha a seguinte resolução: "O Congresso não condena, por princípio e para sempre, toda política colonial que, em regime socialista, poderá ser uma obra civilizadora". Tanto David quanto Bernstein pensavam que os povos "dotados de uma cultura superior" tinham "um direito superior" e que não se devia considerar "a aquisição de colônias como coisa repreensível *a priori*" (Badia, 1976, p.121, 131). Também Mandel

A "evolução" e o "progresso" que o capitalismo encarna "vão por muito tempo ser representados pelos métodos ignóbeis de uma sociedade de classes, até que esta seja ultrapassada por sua vez e posta de lado pelo progresso" (ibid.). Nas obras econômicas, Rosa salienta continuamente, fervendo de indignação, o comportamento vergonhoso dos colonizadores para com os povos primitivos, muito mais do que alude à barbárie desses povos, pelos quais tem inequívoca simpatia. Por isso falei em rousseauísmo.

Embora inspirando-se em Marx ela veja o capitalismo como simultaneamente progressivo e destruidor, positivo e negativo (ao mesmo tempo que acaba com a barbárie primitiva, com a desigualdade baseada na hierarquia e na herança, instaurando os princípios universais de igualdade e liberdade e criando as condições materiais para sua própria aniquilação, destrói com violência as culturas primitivas), o leitor desses textos não pode deixar de perceber a ênfase dada pela autora ao lado negativo do capitalismo.[55] Além disso, Rosa busca no passado primitivo da humanidade traços

---

(1973), no prefácio à edição francesa da *Introdução à economia política*, observa que a descrição de Rosa da destruição das culturas primitivas tem um eco surpreendentemente moderno, sobretudo se comparada com os comentários de Kautsky, em que o Terceiro Mundo estava praticamente ausente. A sensibilidade de Rosa em relação aos povos colonizados tem a ver com sua origem polonesa "periférica".

55 A feminista Christel Neusüss (1985) defende a ideia de que a mulher Rosa Luxemburgo não compartilhava a crença no progresso, comum na social-democracia do seu tempo. Ela enfatizava o lado violento da expansão capitalista, que levava à destruição das culturas não capitalistas, distinguindo-se assim de seus parceiros masculinos, Marx, bolcheviques, social-democratas, que encaravam como positivo o desenvolvimento capitalista com seus aliados naturais, a grande indústria e o desenvolvimento técnico.

que podem prefigurar o futuro socialista,[56] como a planificação da economia, o trabalho e as decisões em conjunto, a propriedade coletiva dos meios de produção – o que hoje entrou no debate sob o conceito de *commons* –, única possibilidade de devolver a harmonia perdida às sociedades humanas. O comunismo foi o passado e será o futuro da humanidade –[57] eis o sentido de suas incursões pelos povos primitivos. É como se eles vivessem numa espécie de feliz "estado de natureza" de que foram arrancados, quer pelo capitalismo europeu, quer por seu próprio desenvolvimento imanente. Uma vez desfeita a feliz porque inconsciente comunidade originária, a reconquista da harmonia perdida terá que passar necessariamente pelo "calvário do Espírito".

Além disso, Rosa acredita encontrar na história da humanidade essa unidade entre passado e futuro:

> A nobre tradição do passado longínquo estendia assim a mão às aspirações revolucionárias do futuro, o círculo do conhecimento fechava-se harmoniosamente e, nessa perspectiva, o mundo atual da dominação de classe e da exploração, que pretendia ser o fim supremo da civilização e da história universal, era apenas uma minúscula etapa passageira na grande marcha civilizadora da humanidade. (GW 5, p.612)

---

[56] Luxemburgo considera que Morgan forneceu o fundamento da obra de Marx/Engels ao demonstrar que a sociedade democrática comunista engloba o longo passado da história da humanidade (GW 5, p.612). Com isso, quer mostrar que o capitalismo é um curto período da história humana, destinado a desaparecer. Luxemburgo recorre aos etnólogos usados por Marx (Maurer, Morgan, Maine) para fundamentar sua concepção do comunismo primitivo.

[57] Escreve: "o comunismo primitivo e o futuro socialista" estão ligados por "uma necessidade histórica" (GW 2, p.252).

Segundo essa concepção, o comunismo do futuro, ou o "futuro socialista", seria a *Aufhebung* do comunismo primitivo: conservaria a propriedade coletiva dos meios de produção, o planejamento da economia, o trabalho e a administração coletivos, base da transparência e da harmonia sociais, porém, ao incorporar os direitos humanos, levaria em conta uma aquisição indispensável da humanidade, a noção de indivíduo portador de direitos, superando assim o comunismo primitivo. O comunismo futuro não aniquilaria o indivíduo em nome da coletividade, mas permitiria sua efetiva realização como indivíduo livre e igual no interior da coletividade. Haveria uma mediação recíproca entre indivíduo e coletividade e, nesse sentido, o futuro da humanidade conservaria e superaria o passado.

Rosa pretende, desse modo, mostrar que os primitivos – quer os povos antigos, quer as massas russas incultas – têm algo a ensinar aos civilizados: o comunismo e a revolução. Não se trata, como vimos, de uma apologia do primitivismo, pois, assim como o comunismo do futuro se distingue do primitivo por incorporar conquistas da sociedade burguesa moderna – entre elas, "os princípios universais de igualdade e liberdade" –, também o socialismo carece de massas politizadas, conscientes de seus objetivos. Porém, o que interessa observar é que na perspectiva de Luxemburgo não há abismo intransponível entre os povos primitivos e os supostamente civilizados, assim como também não há entre as massas "elementares" e o proletariado organizado no partido e nos sindicatos. Este é, aliás, o fundamento de sua concepção democrática de socialismo: as massas incultas, primitivas, despolitizadas alcançam a consciência por conta própria, na ação, cujas virtudes criadoras ela põe constantemente em relevo.

Sabe-se que para Rosa o socialismo só pode resultar da criação autônoma das massas, entregues às suas próprias experiências, numa relação recíproca de aprendizagem com o partido, residindo aí a diferença no que se refere a uma concepção vanguardista e autoritária de política. Nesse sentido, no estudo sobre *A Revolução Russa*, ao criticar os bolcheviques por pretenderem instaurar o socialismo mediante decretos e assim eliminarem a democracia, explica:

> O sistema social socialista não deve nem pode ser senão um produto histórico, nascido da própria escola da experiência, na hora da sua realização, nascido da história viva fazendo-se, que, exatamente como a natureza orgânica, da qual faz parte em última análise, tem o belo hábito de produzir sempre, com uma necessidade social real, os meios de satisfazê-la, ao mesmo tempo que a tarefa a realizar, a sua solução. E, assim, é claro que o socialismo, por sua própria *natureza*, não pode ser outorgado nem introduzido por decreto [...]. Só a experiência [é] capaz de corrigir e de abrir novos caminhos. Só uma vida fervilhante e sem entraves chega a mil formas novas, improvisações, mantém a *força criadora*, corrige ela mesma todos os seus erros. Se a vida pública dos Estados de liberdade limitada é tão medíocre, tão miserável, tão esquemática, tão infecunda, é justamente porque, excluindo a democracia, ela obstrui a fonte viva de toda riqueza e de todo progresso intelectual. (*RL*, p.206-7, v.II)

Tracemos um paralelo entre esse texto, escrito no outono de 1917, logo após a vitória dos bolcheviques, e a seguinte passagem de uma carta a Sonia Liebknecht, de dezembro do mesmo ano:

> Como é estranho que eu viva constantemente em um estado de alegre embriaguez – sem nenhum motivo especial. Aqui estou, por exemplo, numa cela escura, sobre um colchão duro feito pedra, na casa, ao redor de mim, reina o costumeiro silêncio de cemitério, a gente se sente como se estivesse no túmulo; através da janela a luz do poste que fica na frente da prisão e permanece acesa a noite

inteira lança seus reflexos no teto. De tempos em tempos se ouve o ruído surdo de um trem que passa ou, bem perto sob a janela, a tossezinha da sentinela que dá uns passos lentos com suas botas pesadas para desentorpecer as pernas dormentes. Sob os passos dele o rangido da areia é tão desesperado que todo o vazio e a falta de perspectivas da vida ressoam na noite úmida e escura. Aqui estou eu, deitada, sozinha, envolta em todos estes panos negros da escuridão, do tédio, da falta de liberdade, do inverno – e meu coração bate com uma incompreensível, desconhecida alegria íntima, como se eu caminhasse à clara luz do sol por um prado florido. E no escuro sorrio à vida, como se soubesse de algum segredo mágico que castigasse tudo que há de mal e triste e o transformasse em pura claridade e felicidade. E procuro um motivo para essa alegria, não encontro nada e sorrio novamente – de mim mesma. Eu creio que o segredo não é senão a própria vida; se a olharmos bem, a profunda escuridão da noite é tão bela e macia como o veludo; e o ranger da areia úmida sob os passos lentos e pesados da sentinela canta também uma pequena e bela canção da vida – basta que a saibamos ouvir.[58]

Deixando de lado o fato de na prisão, em virtude do isolamento, Rosa apegar-se fortemente à vida como a uma tábua de salvação, observemos como as metáforas da carta podem ajudar-nos a explicar as ideias do texto anterior: a vida, assim como a "dialética histórica", por alguma espécie de *segredo mágico*, transforma o negativo em positivo. O vazio, a falta de perspectivas, a noite úmida, sombria, o negro, as trevas, o tédio, a prisão, o inverno, o mal, numa palavra, tudo que pode prejudicar ou mesmo mutilar a vida vira alegria, sol radiante, prado em flor, veludo. Na mesma carta ainda usa a metáfora "chave mágica", em outras, "varinha mágica".

---

58 Carta a Sonia Liebknecht, anterior a 24 de dezembro de 1917 (*RL*, p.332, v.III).

No caso do socialismo, o que transforma o negativo em positivo, isto é, o que permite passar do capitalismo ao socialismo é a experiência, a história viva que, comparada à natureza orgânica, e também possuidora de algum *segredo mágico*, faz que as soluções sejam encontradas tão logo os problemas são postos. Em outras palavras, a vida, englobando a experiência, a ação, a luta – processo dialético incluindo erros e derrotas –, constitui a "varinha mágica" que permite às massas inconscientes, incultas, naturais, instintivas, classe em si elevarem-se à consciência, à cultura, à razão, ou seja, tornarem-se classe para si, saírem da alienação:

> Seus erros [do proletariado] são tão gigantescos quanto suas tarefas. Não existe nenhum esquema prévio, válido de uma vez por todas, nenhum guia infalível que lhe mostre o caminho a percorrer. A experiência histórica é sua única mestra. O espinhoso caminho de sua autolibertação está pavimentado, não só de sofrimentos sem fim, como também de erros sem conta [...]. Para o movimento proletário, a autocrítica, uma autocrítica impiedosa, severa, que vá à raiz das coisas, é o ar e a luz sem os quais ele não pode viver [...]. A classe operária moderna paga caro pela compreensão de sua missão histórica. O gólgota de sua libertação está pavimentado com terríveis sacrifícios [...]. Nós nos parecemos verdadeiramente com os judeus que Moisés conduziu através do deserto. Mas não estaremos perdidos, e venceremos, se não tivermos desaprendido a aprender. (ibid., p.18, 30)

O chauvinismo das massas em 1914 obrigou Luxemburgo a admitir a alienação não só teoricamente, mas como momento necessário no processo de constituição de uma classe operária consciente. A perda das ilusões nos governos burgueses será resultado de uma dolorosa experiência – gólgota, viagem através do deserto – de que dependerá o "futuro da civilização e da humanidade" (ibid., p.29). Estamos distantes da concepção de consciência de classe em *Reforma social ou revolução?* como "simples reflexo intelectual das contradições do capitalismo que se acirram cada vez mais e de seu declínio próximo" (*RL*, p.10, v.I).

A ideia de que a história cria uma necessidade e ao mesmo tempo sua solução já estava no Marx do *Prefácio à crítica da economia política*,[59] embora ali não houvesse nenhum paralelo com a natureza. Se Rosa compara natureza e história não é visando a nenhuma "dialética da natureza", como disse anteriormente, mas para evidenciar o que há de comum nas duas: a vida e, consequentemente, o finalismo. Assim como na natureza um órgão ou uma estrutura tem determinada função, uma certa necessidade produz um órgão, também na história um problema cria necessariamente uma resposta, justo porque a história tem sentido. Esse finalismo, entretanto, só ocorre no plano mais geral da filosofia da história. Em outras palavras, o socialismo como objetivo final *a priori* continua presente. Porém, num plano mais específico, diretamente político, não há finalismo, pois Rosa afirma explicitamente não existirem respostas prévias dadas de antemão por um programa para os problemas práticos postos no dia a dia da criação do socialismo.

O programa, a teoria, indicam apenas medidas "de caráter sobretudo negativo", como a supressão da propriedade privada.

> em contrapartida, nenhum programa de partido socialista nem nenhum manual de socialismo esclarecem de que tipo serão os milhares de medidas concretas, práticas, grandes e pequenas necessárias a

---

[59] "A humanidade só se propõe as tarefas que pode resolver, pois se se considera mais atentamente, se chegará à conclusão de que a própria tarefa só aparece onde as condições materiais de sua solução já existem, ou, pelo menos, são captadas no processo de seu devir" (Marx, 1974, p.136).

cada passo para introduzir os princípios socialistas na economia, no direito, em todas as relações sociais. (RL, p.206, v.II)[60]

Essas medidas concretas resultam da ação cotidiana da classe, que não pode ser codificada.

Vemos assim Rosa Luxemburgo identificar as noções de "dialética histórica" e "vida", o que, por sua vez, nos conduz ao fundamento do seu socialismo democrático: as massas, vivendo suas próprias experiências, encontram soluções inesperadas exigidas pelas circunstâncias imediatas e, nesse processo, tornam-se livres, conscientes. A palavra vida remete, nesse contexto, à criação, à espontaneidade, ao instintivo, ao ativo em oposição ao codificado, ao mecânico, ao abstrato, ao rígido, ao passivo, ao burocrático, numa evidente crítica à social-democracia e ao bolchevismo. "Dialética histórica" e "vida" significam, portanto, criação do novo,

---

60 Lukács (1975b), em "Observações críticas sobre a *Crítica da Revolução Russa* de Rosa Luxemburgo", considera essa separação entre positivo e negativo como não dialética. Só que, como ele vê no partido bolchevique a encarnação da totalidade, por conseguinte, da dialética, isso o leva à justificação de todas as medidas arbitrárias dos bolcheviques, precisamente o oposto de Rosa. Já Mário Pedrosa (1946a), forte adversário do bolchevismo no período posterior à Segunda Guerra Mundial, inspirado em Luxemburgo, levou em conta essa formulação desde a época de *Vanguarda Socialista*: "Os caminhos que levam à emancipação do trabalhador, à transformação do regime capitalista em regime socialista não podem ser traçados de antemão por quem quer que seja; é a própria vida que os traça. As próprias condições objetivas do desenvolvimento é que os abrem". No mesmo sentido – são as ironias da história –, quando da criação do PT, disse: "Ninguém pode traçar aprioristicamente e ainda menos doutrinariamente qualquer ação ou comportamento prévio para o nosso Partido dos Trabalhadores. O empirismo salutar será no fundo a sua força para a ação" (Pedrosa, 1980, p.48).

intrinsecamente ligada ao momento revolucionário,[61] traduzida na greve de massas e mais tarde nos conselhos.

Mas, ao mesmo tempo, ambas as noções também aludem ao finalismo. Todo ser vivo contém em si, como ser natural, o seu futuro – destino – de cuja rota preestabelecida só pode desviar-se ligeiramente em virtude de razões conjunturais. Ou seja, o novo já está contido no velho. No caso da história, o determinismo férreo dos fenômenos naturais dá lugar a linhas de força a que os agentes são obrigados a conformar-se, mas que podem modificar com sua ação. Em suma, no contexto que estamos examinando, falar em finalismo significa dizer que há uma lógica nesse processo de produção do novo: há sentido na história. Deparamos mais uma vez, formulado de outra maneira, com o problema central de sua teoria política: a relação entre a consciência e o processo objetivo da história ou, para retomarmos a questão nos termos da jovem Rosa: a relação entre "a concepção materialista da história regida por leis", de Marx, e a "ação audaz", de Lassalle.

Nessa perspectiva, a noção de vida[62] para Rosa é tão-somente uma metáfora para traduzir, sob um duplo aspecto, a "dialética histórica": primeiro, aponta a teleologia existente na história e, segundo, indica o processo de desalienação das massas mediante sua própria experiência. Essa segunda ideia, responsável pelo

---

61 Escreve Rosa: "Nada mais apropriado que um período revolucionário para libertar, em todos os sentidos, de uma só vez, nosso pensamento das amarras estreitas dos modelos. A verdadeira história é, assim como a natureza criadora, mais estranha e rica nos seus acontecimentos [do que pretende] o classificador e sistematizador pedante" (*GW* I/2, p.523).

62 O conceito de vida, como se sabe, fazia parte do *Zeitgeist*. Porém, sendo marxista, Rosa não o emprega como ocorria comumente na sociedade guilhermina, onde esse conceito, ligado a tendências antirracionais e antidemocráticas, era usado em protesto contra um mundo crescentemente técnico e industrial.

fascínio exercido por Rosa Luxemburgo sobre a esquerda fora dos partidos comunistas, tem um sentido polêmico bem claro: opor-se ao burocratismo, às normas rígidas, aos esquemas prévios, aos decretos, numa palavra, a tudo que é mecânico,[63] quer referindo-se à Alemanha, onde predominam a paralisia e as "boas maneiras" do proletariado, quer à Rússia, que corre o risco de transformar seu regime na ditadura do partido sobre os trabalhadores.

Por isso, polemizando com os bolcheviques, insiste tão enfaticamente em *A Revolução Russa* que a realização do socialismo exige "vida política das massas", "ativa", "enérgica" – "a própria fonte viva a partir da qual podem ser corrigidas todas as insuficiências congênitas das instituições sociais" (ibid., p.201) – "vida pública", "fonte da experiência política", "opinião pública", "espaço público", liberdades democráticas. O que na situação concreta da Rússia em fins de 1917 significava sovietes como espinha dorsal, mais Constituinte e sufrágio universal (ibid., p.204).

A vontade enérgica do partido revolucionário – que ela exalta nos bolcheviques – não basta para instaurar o socialismo. Este é fruto da experiência das massas populares, as soluções surgem junto com os problemas, desde que aquelas, em suas múltiplas formas de manifestação e organização, tenham inteira liberdade de apresentá-las, discuti-las, escolher o caminho apropriado, aprendendo com os próprios erros. Só com liberdades públicas poderia o "povo" formar-se politicamente, adquirindo autonomia intelectual e moral, pré-requisito imprescindível para a "prática do socialismo [que] exige uma transformação completa no espírito das massas, degradadas por séculos de dominação da classe burguesa" (ibid., p.207). A ação livre das massas é, por um lado, precondição

---

63 A contraposição entre mecânico e orgânico, para explicar as concepções políticas distintas de Rosa e Lenin, foi feita de maneira muito interessante por James Scott (1998).

da democracia socialista: o oposto da dominação de um único partido que, para Rosa, conduzirá inevitavelmente à burocratização e ao estiolamento da vida pública, inclusive nos sovietes; por outro lado, a única possibilidade de uma vida emancipada.

Esse é um dos textos em que Rosa Luxemburgo expõe mais incisivamente sua concepção política revolucionária como teoria *da* práxis. O socialismo não aparece como fim prévio, transcendente à classe trabalhadora, mas é posto pela própria classe em ação. O fim como tal não se separa do caminho que a ele conduz, o sujeito revolucionário forma-se na medida em que os fins se formam para ele. É o que vemos quando Rosa frisa que o socialismo só pode ser instituído pelas massas conscientes, esclarecidas, a consciência não resultando da organização previamente constituída, mas a organização provindo da consciência que, por sua vez, se cria na luta. Na Revolução Russa, o agir das massas criou uma novidade radical, os sovietes, e o agir dos bolcheviques levou-os ao poder: é precisamente a "ação audaz" que ela admira e considera "essencial e *permanente*" (ibid., p.212) na sua política.

Ao mesmo tempo, eles pagam um preço por essa ousadia: "Todos nós vivemos sob a lei da história, e a política socialista só pode ser executada internacionalmente" (ibid.). Eis novamente a tensão entre os dois polos, posta pela própria realidade. A revolução, momento de ruptura do *continuum* histórico, é, ao mesmo tempo, a culminância de um processo de acumulação de resultados, não pode ser golpe de uma minoria audaz, como no tempo das revoluções burguesas, mas sim o fruto maduro das contradições capitalistas. Entendendo assim a revolução é como se Luxemburgo dissesse que, de certa forma, os bolcheviques forçaram a história, e, por isso, sua vitória a longo prazo é duvidosa. Mas, dadas as circunstâncias, não poderiam ter agido de outra maneira. Nesse sentido, contrapõe-se claramente a Kautsky e aos mencheviques, para quem a revolução social na Rússia era prematura, como se o agir humano não modificasse as próprias circunstâncias históricas, apressando um desenlace que, caso contrário, permaneceria latente.

Aliás, o que sobressai nas suas cartas da época é a enorme admiração pela ousadia revolucionária dos bolcheviques e a justificação do seu empreendimento:

> Há mais ou menos uma semana que todos os meus pensamentos se encontram em São Petersburgo, e todas as manhãs e tardes pego impaciente nos jornais que me chegam, porém as notícias são infelizmente lacônicas e confusas. Não se pode contar com um sucesso duradouro, mas em todo caso só a tentativa de tomar o poder na Rússia é um murro na cara da nossa social-democracia e de toda a Internacional sonolenta.[64]

Pela mesma época, em 24 de novembro de 1917, escreve a Luise Kautsky:

> Você fica feliz pelos russos? Claro que não poderão se aguentar nesse sabá de bruxas – não porque a estatística indica um desenvolvimento econômico tão atrasado na Rússia, como calculou seu sensato marido, mas porque a social-democracia no Ocidente altamente desenvolvido se constitui de covardes miseráveis que ficam observando tranquilamente os russos se esvaírem em sangue. Mas um fim desses é melhor do que "continuar vivendo pela pátria", é um ato de história universal cujos vestígios não se perderão nos éons.[65]

E no mesmo dia, a Clara Zetkin:

---

64 Carta a Marta Rosenbaum, após 12 de novembro de 1917 (*GB* 5).
65 Carta a Luise Kautsky, 24 de novembro de 1917 (*RL*, p.316, v.III).

As coisas na Rússia são de uma grandeza e de uma tragicidade notáveis. Claro que os partidários de Lenin não poderão se impor diante desse caos inextricável, mas só a sua campanha já é um fato da história universal e um verdadeiro "marco" – diferente do costumeiro "marco" do falecido Paulus [Singer] no final de cada congresso pérfido, bestial, abjeto e bostífero do partido alemão. Tenho a certeza de que os nobres proletários alemães, exatamente como os franceses e ingleses, deixarão tranquilamente que por ora os russos se esvaiam em sangue.[66]

Rosa considera que na Rússia não faltam condições objetivas para a vitória da revolução. O que faltam são condições subjetivas no Ocidente, isto é, a ação do proletariado alemão:

> A ditadura do proletariado está condenada a uma atordoante derrota na Rússia – caso uma revolução proletária internacional não venha apoiá-la a tempo –, em comparação com a qual o destino da Comuna de Paris não passou de brincadeira de crianças. (*GW* 4, p.279)

Essas ressalvas, no entanto, não confirmam de forma alguma a interpretação de J. P. Nettl e de Max Gallo, segundo a qual, para Luxemburgo, a revolução duradoura seria a de fevereiro. Muito pelo contrário, já em 1905 ficara claro para ela que a revolução na Rússia não pararia no estágio da revolução burguesa, mas avançaria impetuosamente para a revolução social. Tanto que mesmo antes de outubro ela vê a queda do tzarismo apenas como o prólogo da Revolução Russa (*GW* 4, p.275), cuja "lei imperiosa" é radicalizar-se até a tomada do poder pelo proletariado.

A Rússia encarna a seus olhos o exemplo a ser seguido pelo proletariado internacional no que se refere à tomada do poder:

---

66 Carta a Clara Zetkin, 24 de novembro de 1917 (*RL*, p.319, v.III).

No conjunto das classes possuidoras de todos os países, a Revolução Russa despertou um medo pânico, um ódio ardente, raivoso, contra o espectro ameaçador da ditadura proletária, comparável apenas aos sentimentos da burguesia parisiense durante os massacres de junho [de 1848] e a carnificina da Comuna. O "bolchevismo" tornou-se a senha para o socialismo revolucionário prático, para todos os esforços da classe trabalhadora na conquista do poder. O mérito histórico do bolchevismo consiste em ter escancarado o abismo social existente no seio da sociedade burguesa, aprofundado e aguçado os antagonismos de classe em escala internacional e – como é o caso em todos os grandes acontecimentos históricos – nessa obra desaparecem todos os equívocos e erros do bolchevismo. (*GW* 4, p.371)

A "varinha mágica"

Tentemos atar os fios soltos até agora. Segundo Rosa Luxemburgo, Marx, ao analisar a economia capitalista do "ponto de vista histórico da classe trabalhadora", "do ponto de vista socialista", elaborou uma teoria do desenvolvimento capitalista que é, ao mesmo tempo, uma filosofia da história, pois aponta para o fim do sistema capitalista pela ação da classe trabalhadora. Consequentemente, na obra de Marx não se separam teoria e vontade revolucionária, nem mesmo em *O capital*. Em contrapartida, para os marxistas da Segunda Internacional, a crítica da economia política constituía "uma soma de conhecimentos puramente científicos, sem relação *imediata* com a prática, política ou outra, da luta de classes" (Korsch, 1966, p.94). Na perspectiva de Rosa, Marx elabora uma teoria da revolução proletária em que permanecem unidos os aspectos econômicos, políticos e ideológicos, ou seja, ele compreende a realidade como *totalidade viva*.

Esse seria, segundo Luxemburgo, o fundamento que lhe permite solucionar o dualismo entre teoria e prática, entre um conhecimento regido por leis causais, necessárias, e o domínio das decisões práticas que, constituindo a esfera da liberdade, não poderiam ser causalmente determinadas. Marx, no caminho aberto por Hegel e indo além dele, refutou esse dualismo. Mas enquanto para o Hegel da maturidade a teoria – a filosofia – chega sempre tarde demais, quando uma época alcançou seu fim, nunca podendo antecipar nada sobre o curso do mundo, Marx e os jovens hegelianos estavam convictos de que a história não só pode ser feita pelos homens, como pode ser feita conscientemente.

Rosa Luxemburgo insere-se no interior dessa tradição teórica. O problema central de seu pensamento político, a que procura dar resposta em toda a obra, é o da relação entre consciência e processo histórico objetivo, ou, em termos filosóficos, o problema da relação entre sujeito e objeto na história. Tal qual Marx, também ela entende a realidade como totalidade em que os vários momentos se encontram unidos, não havendo, portanto, nenhuma determinação mecânica do político pelo econômico.

Vimos, entretanto, não haver unanimidade quanto a essa interpretação, que poderia ser desmentida pela insistente defesa da teoria do colapso, simplesmente afirmada em *Reforma social ou revolução?* e mais tarde elaborada em *A acumulação do capital*, no interior de uma teoria do imperialismo. O objetivo de Rosa, nesses textos, é dar uma base econômica objetiva à revolução, para se opor ao marxismo ético dos revisionistas, que haviam reduzido o socialismo a um anseio moral. Essa ênfase polêmica no polo econômico levou muitos comentadores a uma interpretação unilateral de sua teoria, atribuindo-lhe uma concepção minimizadora da dimensão política. Se analisarmos a teoria *como um todo* veremos a importância decisiva da ação proletária nas mudanças sociais, o que nos obriga a matizar esse pretenso "economicismo". Se não, vejamos.

A noção de totalidade é o conceito fundamental da dialética que Luxemburgo ergue contra o empirismo de Bernstein. Mas é, ao mesmo tempo, um ponto de vista prático visando à transformação da realidade pela ação revolucionária e, nesse sentido, volta-se contra o reformismo. Rosa é categórica ao afirmar que a separação operada por Bernstein entre objetivo final e movimento funda-se no abandono do ponto de vista da totalidade, ou seja, na recusa da dialética, recaindo, em termos práticos, no dualismo entre reforma e revolução.

Se, em contrapartida, o objetivo final socialista permanece, o caráter histórico e consequentemente transitório do capitalismo torna-se evidente. Nessa perspectiva, as fases parciais da luta – luta por democracia política, reformas de todos os tipos – adquirem sentido revolucionário. Ou seja, não se trata de descartar as reformas, considerando apenas o objetivo final socialista, mas de homogeneizar o caminho e o fim. O fim não existe sem o movimento, assim como o movimento é vazio de sentido sem o fim. Isso significa que o presente não pode ser inteiramente compreendido em si mesmo, isolado do passado e do futuro, mas está aberto e aponta para o futuro.

Assim, a luta por democracia no presente é vital para o movimento operário e para o socialismo, havendo uma relação recíproca entre movimento operário e democracia. Na fase imperialista do capitalismo, quando a burguesia considera a democracia supérflua, só o movimento operário é seu apoio. Este, na sua luta por novos direitos, fortalece a democracia, o que por sua vez fortalece o movimento operário. Em suma, o sentido do presente está e não está ao mesmo tempo nele.

Levando em conta essa determinação recíproca entre presente e futuro, reforma e revolução, movimento e objetivo final, Rosa Luxemburgo afasta-se tanto do reformismo – que, só tendo olhos para o presente, com seus mecanismos de integração da classe trabalhadora ao capitalismo, espera passivamente o desenlace das leis históricas – quanto do voluntarismo – que, visando apenas ao futuro socialista, adota um radicalismo inconsequente, na tentativa de abreviar o presente alienado, desconsiderando o processo objetivo da história. A teoria política de Rosa Luxemburgo é uma tentativa, ora bem ora malsucedida, de manter o equilíbrio entre esses dois polos, ou seja, de considerar ao mesmo tempo a história no seu processo evolutivo e a intervenção revolucionária nesse processo.

É com o objetivo de exprimir simultaneamente a ideia de que a história é regida por leis independentes da vontade dos homens, podendo ao mesmo tempo ser feita *conscientemente* por eles, que Rosa assimila Marx e Lassalle em sua concepção de história. Lassalle, pioneiro com a *Allgemeiner Deutscher Arbeiterverein*, procurou intervir praticamente na história, chamando as massas à ação. Aí reside seu mérito. É, portanto, a ideia de que as massas populares podem fazer conscientemente a história que embasa a teoria da ação revolucionária de Luxemburgo.

Em outras palavras, a história é racional, tem uma lógica imanente, embora apareça aos seres humanos como irracional e sem sentido. A anarquia do sistema capitalista seria responsável por essa transformação das relações sociais entre os homens num "fenômeno estranho, alienado, independente de nós, do qual precisamos pesquisar as leis". Leis que, uma vez conhecidas, podem ser dominadas.

Esse aspecto do pensamento de nossa autora poderia implicar a transformação da política numa tecnologia social, ao estilo da social-democracia ou do comunismo ortodoxo. Mas não é o caso, justamente porque a intervenção na história não é apanágio de quem já possui o conhecimento. As massas incultas, desorganizadas, em determinadas condições históricas entram em ação, tornam-se conscientes e criam novas formas de sociabilidade, não a partir de uma teoria prévia, que desconhecem, mas no intercâmbio entre si, na tentativa improvisada de solucionar os problemas postos pela luta cotidiana. Luxemburgo deu uma contribuição original ao marxismo ao tematizar a relação entre espontaneidade e consciência, classe e partido, o que, por sua vez, lhe permitiu elaborar uma concepção democrática de socialismo, cujo núcleo é a greve de massas.

A greve de massas, forma em que a revolução social se manifesta na Rússia em 1905, é uma noção elaborada por ela para abarcar os fenômenos econômicos, políticos e ideológicos em ação naquele momento. A análise de dez anos de movimento grevista na Rússia mostrou a unidade das lutas políticas e econômicas, ou seja, o combate do proletariado em duas frentes simultâneas: contra o absolutismo e contra o capitalismo.

Por isso, a greve de massas constitui arma inteiramente nova no arsenal do movimento operário: ao mesmo tempo que visa à aquisição de direitos políticos, isto é, liberdades democráticas, tem como meta o socialismo, que começa com o fim da propriedade privada dos meios de produção. Na greve de massas, ação revolucionária por excelência, o proletariado russo inculto alcança consciência de seus interesses como classe e forja suas organizações. Estas não são instâncias prévias que levam o saber à massa informe, mas é a própria massa que se vai formando, educando, no embate diário com os limites da sociedade presente e pondo os alicerces do futuro socialista.

Com base na experiência concreta da Revolução Russa de 1905, Rosa conclui que as formas de organização do proletariado não podem ser concebidas *a priori*, mas constituem a expressão das experiências políticas e históricas dos trabalhadores em luta por sua emancipação, ideia rejeitada pela burocracia partidária e sindical na Alemanha.

É no decorrer da ação que as massas populares se tornam conscientes do objetivo final visado pela teoria marxista. Em Rosa não há separação entre massa e vanguarda consciente, porque a própria massa, ao formar-se como classe revolucionária, torna-se vanguarda. Assim, não existe abismo entre dirigentes e dirigidos, mas educação e alimentação constante e recíproca entre eles. Consequentemente, não faz sentido uma vanguarda iluminada comandando as massas ou tirando do bolso do colete uma receita pronta para instaurar o socialismo. E uma vez o proletariado no poder – ápice do processo revolucionário –, esse processo continuará.

Nessa perspectiva, a transformação da sociedade capitalista não ocorrerá de uma só vez, mas "pressupõe uma luta longa e insistente" (*RL*, p.76, v.I) cuja vitória será determinada pela própria luta de classes. Sem entrar na luta não há possibilidade de vitória. "Acho [...] que o dirigente é mau e o exército lamentável caso entrem na batalha só quanto têm a vitória de antemão no bolso" (*GW* 2, p.231). Por isso mesmo, a vitória final a que Luxemburgo volta insistentemente não é uma lei "natural", garantida pela evolução do capitalismo, mas uma possibilidade dada no interior da própria luta.

Esse é o sentido da obra política de Rosa Luxemburgo: uma sociedade livre e emancipada só poderá concretizar-se pela ação autônoma e consciente das largas massas populares. Por isso mesmo é uma possibilidade, não uma garantia. Nisso consiste sua concepção de socialismo democrático: as massas, agindo livremente, instituem novas formas de sociabilidade, diferentes do individualismo possessivo e competitivo das formas burguesas. Vista por esse prisma, a revolução socialista é um processo altamente democrático – um momento de completa liberdade – graças à participação ativa dos de baixo. Foi o que os conselhos mostraram de maneira incisiva, embora incipiente.

Nesse quadro, a função do partido é ouvir, ser "porta-voz", traduzir os anseios ainda confusos, dar forma aos sentimentos obscuros das massas, esclarecê-las sobre seus interesses históricos. É sua firme convicção de que o socialismo instaurado pelo alto, por uma vanguarda separada da classe, gerará unicamente ditadura. Por conseguinte, a revolução é um longo processo de aprendizagem culminando na conquista do poder pelo partido socialista, apoiado pela grande maioria da população, como veremos ao estudar a Revolução Alemã. Além disso, quando as massas adormecem, o partido tem também o papel de agitar, de instigar à ação, assunto a ser abordado no Capítulo 3.

Vejamos agora um pouco mais de perto qual o fundamento teórico que permite a Rosa Luxemburgo considerar a revolução como um processo conduzido pelas massas conscientes, consciência que, como vimos, não é levada de fora por uma vanguarda esclarecida, mas resultado da própria experiência das massas. Ou, em outras palavras, qual o solo último em que se assenta sua concepção democrática de socialismo?

Luxemburgo nunca duvidou do instinto revolucionário das massas. Isso significa que uma consciência "teórica, latente" pode tornar-se "prática" em períodos de luta de classes aberta. Essa concepção encontra seu paralelo num certo "rousseauísmo" incipiente que perpassa partes da obra e cujo fundamento remoto teria sido dado por Mickiewicz[67] e, mais tarde, fortalecido pela literatura russa.

Na *Introdução à economia política*, como vimos, há e não há ao mesmo tempo uma defesa das culturas primitivas. Os povos primitivos têm algo a ensinar-nos: o comunismo, a vida harmoniosa em sociedade. Assim como as massas russas incultas, que ainda não tiveram seu poderoso instinto revolucionário reprimido por

---

[67] Adam Mickiewicz, poeta romântico polonês admirado por Rosa, teria sido sua fonte inspiradora, muito antes de ela conhecer Marx, revelando-lhe a obrigação moral de lutar por um sistema social mais justo e levando-a a confiar na sabedoria instintiva dos trabalhadores (ver Ettinger, 1989, p.34).

nenhuma organização burocrática, ensinam ao Ocidente a revolução proletária. Para Luxemburgo, não existe nenhuma separação intransponível entre o primitivo, o inculto, o inconsciente, o desorganizado e seu contrário. O espontâneo, o natural, ainda não moldado pela cultura, numa viagem em que dá adeus às ilusões, alcança a consciência, desaliena-se. Em outras palavras, as massas elementares tornam-se conscientes no próprio processo de sua formação como classe. Aí adquirem consciência de sua situação de espoliadas e passam à ação revolucionária, tornando-se sujeitos conscientes da história.

Em suma, é a autoformação do sujeito revolucionário que permite a vinculação entre teoria e prática (Leo Maar, 1991). Trocando em miúdos, a forma de passar da teoria à prática consiste na consciência de classe (latente, teórica, que se torna prática nos momentos revolucionários), encarnada, não no partido, como quer Lukács, mas na própria classe, com suas múltiplas formas de expressão. Segundo Rosa, a classe em si torna-se progressivamente classe para si, ou seja, o proletariado consciente é resultado de sua própria experiência, num processo incluindo erros e derrotas. O "amordaçamento" da classe operária alemã pelos seus dirigentes e os "desvios reformistas" fariam parte desses erros e derrotas que a classe, ao desfazer-se de suas ilusões, superaria.

É precisamente por ter como horizonte a "dialética histórica" – a "varinha mágica" que transforma o negativo em positivo – que, na sua teoria política, Rosa pode unir não só o presente e o futuro, mas também o passado e o futuro. O novo não se apresenta travestido com as roupagens do velho – a greve de massas e os conselhos são novidade absoluta, criação espontânea das massas em ação –, mas também não é um raio em céu azul, e sim o remate de um processo de acumulação de resultados. Nesse sentido, a concepção materialista da história, diferentemente do que pensa Roland Holst-van der Schalk (1937, p.24), não era uma camisa de força a que Rosa foi se ajustando, e sim a teoria a dar conta de seu "sentimento espontâneo da vida". Nas palavras de Rosa:

> O próprio marxismo é, por essência, o pensamento mais universal, mais fecundo, que dota o espírito de uma teoria vasta como o mundo, flexível, rica de cores e de nuanças como a natureza, incitando à ação, transbordante de vida como a própria juventude.[68]

Aliás, como vimos antes, "vida" seria tão-somente uma metáfora que traduz a noção de "dialética histórica".

Restou uma dificuldade. Como responder à crítica que aponta o "dogmatismo" do objetivo final *a priori*? Seria ele fruto da "armadilha hegeliana" da dialética, conforme pretendia Bernstein? O conceito de totalidade basta para resolver a questão?

Lembremos que Lukács e os comentadores nele inspirados interpretam o objetivo final no interior de uma teoria dialética cujo núcleo é a categoria de totalidade, que, por sua vez, aponta para a consciência de classe. Nesse sentido, o objetivo final não é exterior ao movimento da própria classe, mas constituído por ele: "o processo histórico segue seu caminho até o fim em nossos atos, por nossos atos" (Lukács, 1975a, p.47). Se o "dogmatismo" for entendido nesse contexto, transforma-se no seu contrário. Nessa perspectiva, não haveria "fatalismo", nem "determinismo econômico", nem "autoritarismo teórico", muito menos "mística escatológica", e sim uma concepção da história em que sujeito e objeto se determinam reciprocamente, em que por conseguinte a indeterminação do agir humano está presente.

Talvez fôssemos mais precisos se falássemos numa "tendência latente" para o "dogmatismo", fundada numa filosofia da história

---

68 Prefácio à "Questão polonesa e o movimento socialista" (apud Laschitza,1986b, p.129).

iluminista, com sua crença no progresso contínuo da história, culminando numa reconciliação final. Dessa convicção arraigada nossa autora nunca se desfez. No entanto, ela é tão matizada pela compreensão da história como luta de classes, em que umas ganham e outras perdem, que é lícito perguntar se afinal a balança não penderia para esse lado, deixando, à revelia de Rosa, a história em aberto. Essa vertente é visível sobretudo a partir da guerra, mais precisamente com *A crise da social-democracia* (1916).

Nesse pequeno texto, a consciência de classe, embora sempre presente nos escritos de Luxemburgo, adquire toda a sua importância quando ela resume na alternativa *socialismo ou barbárie* a perspectiva sombria posta diante da humanidade. Em outras palavras, a partir de 1915 seu pensamento torna-se mais nuançado,[69] justamente porque precisa dar conta do chauvinismo das massas. Mas este já é assunto do Capítulo 3.

Se as ideias assistemáticas de Luxemburgo constituem uma "teoria da ação revolucionária" nos termos em que foi aqui exposta e analisada, então é preciso matizar a noção de que para ela a política seria a "simples aplicação de uma filosofia da história", para usarmos a formulação de Merleau-Ponty (1954, p.8) num contexto diferente, ou, em outras palavras, constituiria a tradução exata da racionalidade histórica. Mesmo apoiada numa teoria "científica" do desenvolvimento capitalista, Rosa nunca se esquece de que agir significa arriscar, inclusive a própria vida.

---

69 Segundo alguns autores (Löwy, 1975; Flechtheim, 1975), a guerra operou em Rosa profunda mudança, fazendo-a abandonar definitivamente o otimismo determinista da social-democracia alemã.

2
Socialismo democrático: as polêmicas

Uma vez feita esta primeira abordagem das ideias políticas de Luxemburgo, ainda resta, para completar o quadro, passarmos por uma das interpretações canônicas de seu pensamento, que também se opõe ao unilateralismo da "liberdade de quem pensa de modo diferente". Para isso, retornamos mais uma vez a 1905. Rosa (assim como Trotsky), com sua aguda compreensão da luta de classes na Rússia, vê um fenômeno absolutamente novo na revolução em curso – mais um elo na corrente revolucionária –, a qual surge como precursora das revoluções proletárias no Ocidente. Rosa tem sensibilidade suficiente e é flexível o bastante para utilizar criativamente seu arsenal materialista histórico na análise desse novo fenômeno, abandonando esquemas pré-fabricados de compreensão do real, defeito dos mencheviques.

Precisamente em virtude da perspicácia dessa análise e das respostas oferecidas à nova realidade, é que não se pode concordar com Lukács que, em seu segundo ensaio sobre Luxemburgo em *História e consciência de classe*, acusa-a de compreender as revoluções proletárias nos moldes das revoluções burguesas. Enquanto no primeiro ensaio, "Rosa Luxemburgo marxista", ainda luxemburguista, Lukács fornece a mais brilhante intepretação do pensamento de nossa autora, no segundo, já tendo aderido ao leninismo, afasta-se dela e desfigura muitas vezes suas ideias. O filósofo húngaro pôs, assim, a primeira pedra do que chamei aqui de tradição "marxista oriental", cujos últimos rebentos floresceram na antiga RDA.

Se muitas vezes as ideias de Luxemburgo sofreram adulterações "democratizantes", isso deu-se em polêmica com o "marxismo oriental". Como essas ideias não existem independentemente dos que delas se apropriaram, pareceu-me indispensável iluminar a polêmica e acertar contas, tanto com a interpretação social-democrata e liberal que unilateralmente vê em Rosa a defensora da "liberdade de quem pensa de modo diferente", quanto com a interpretação "marxista oriental", procurando aprisioná-la no esquema dos que "pensam da mesma maneira". Rosa Luxemburgo, como disse na apresentação deste estudo, encontra-se na encruzilhada entre dois universos políticos, recebendo influências de ambos, reinterpretando-os de forma original e, por isso mesmo, não se encaixa nem nos moldes social-democratas nem nos bolcheviques.

O novo que desponta

A revolução permanente

Como sabemos, os marxistas defendiam a ideia de que a revolução na Rússia seria democrático-burguesa, isto é, acabaria com o feudalismo e implantaria um regime de liberdades democráticas. Uma vez essa etapa cumprida e o capitalismo plenamente desenvolvido seria possível a revolução socialista. Tais ideias eram comuns tanto aos social-democratas europeus quanto aos bolcheviques e mencheviques, que divergiam apenas em relação à classe que dirigiria esse processo. Segundo os mencheviques, seria a própria burguesia; para os bolcheviques, o proletariado em aliança com os camponeses.[1]

Trotsky concordava com os bolcheviques que a burguesia russa era débil e incapaz de dirigir a revolução, papel para o qual a classe operária estava preparada. E mais: argumentava que esta seria obrigada, em virtude de seu papel dirigente na revolução, a passar da fase burguesa para a socialista antes mesmo que a revolução tivesse explodido no Ocidente. A revolução era "permanente", no sentido de não ser possível impor-lhe limites burgueses. Essa teoria foi apresentada por Trotsky pela primeira vez em seu trabalho de 1906, *Balanço e perspectivas* (1971). Mas por que a Rússia, contradizendo os ensinamentos marxistas, poderia passar diretamente ao socialismo? A resposta encontrava-se nas peculiaridades da história russa.

De acordo com Trotsky, a preponderância do Estado na promoção do desenvolvimento econômico na Rússia tivera duas consequências importantes: uma grande debilidade da classe média urbana e a penetração do capital estrangeiro na indústria. Além disso, o atraso na expansão da grande indústria permitira a criação de fábricas maiores e mais concentradas que no Ocidente, dando ensejo à formação de um forte proletariado industrial. Assim, a burguesia russa não só era fraca ante o Estado, mas também temerosa em relação ao proletariado.

A estrutura de classes na Rússia levava, portanto, a uma modificação do conceito de revolução. Em 1789, a burguesia francesa,

---

[1] Para Rosa Luxemburgo, a única classe verdadeiramente revolucionária era o proletariado industrial. No Congresso do POSDR em Londres, em 1907, ela opõe à fórmula de Lenin "aliança do proletariado com o campesinato pobre" a ideia de que o proletariado consciente "deve conservar a direção" da ação revolucionária. O campesinato é aliado do proletariado, mas não dirige a revolução junto com ele (cf. Badia, 1975a, p.104).

forte e confiante, representando os interesses da nação, dirigira a luta contra o absolutismo. Em 1848, na Alemanha e na Áustria, a burguesia já temia a força do proletariado em ascensão. Porém, se este era forte o suficiente para amedrontar a burguesia, ainda era bastante frágil para liderar a nação. E por fim, em 1905, vê-se a conclusão do ciclo. A burguesia, fraca e temerosa diante do proletariado, deixa-lhe nas mãos a tarefa de liderar a luta contra a autocracia. Mas, apesar disso, a Revolução Russa tinha caráter burguês, o que significava que a tarefa do proletariado na Rússia era pôr em prática o que a burguesia realizara na França e na Inglaterra.

A Revolução Russa, porém – e aí Trotsky se diferenciava dos outros socialistas –, não se deteria nessa fase. Uma vez aniquilado o feudalismo, tentaria destruir o capitalismo e estabelecer uma ditadura proletária. Nessa passagem, o proletariado urbano libertaria os camponeses de sua servidão feudal. O que em 1905 ainda não era possível. Além disso, Trotsky pensava que só se poderia implantar na Rússia uma sociedade socialista se a revolução ocorresse em outros países da Europa, uma vez que o atraso cultural e tecnológico da Rússia representava um enorme obstáculo para a construção de uma economia socialista, atraso que não poderia ser superado sem o apoio do proletariado ocidental.

A análise de Rosa Luxemburgo do desenvolvimento capitalista na Rússia, incluindo as consequências dessa análise, em muito se assemelha à de Trotsky, a ponto de podermos dizer que também ela vê a Revolução Russa como "permanente".[2]

---

2 Que esse paralelo entre Luxemburgo e Trotsky não pareça despropositado. Nettl (1972, p.22) chega a dizer que, "considerado do ponto de vista intelectual, o trotskismo atual no Ocidente é na realidade luxemburguismo". Num artigo de 9 de novembro de 1902 para o *Vorwärts*, Rosa explica que para Marx e Engels a revolução burguesa

Numa série de artigos do início de 1905 para os jornais social-democratas e a revista teórica do partido, *Die Neue Zeit*, Rosa explica ao público alemão o caráter da Revolução Russa. Esta só formalmente repetiria as revoluções de fevereiro e março de 1848 na Europa Ocidental e Central.[3] Justamente por ser uma revolução retardatária em relação às anteriores revoluções europeias, ela constituiria um tipo muito peculiar de revolução, particularidade explicada pelo fato de a Rússia aparecer na cena mundial como o país mais atrasado e, portanto, não poder ser comparada, do ponto de vista do desenvolvimento das classes, à situação alemã de 1848. Além disso, embora seus objetivos imediatos não ultrapassassem a constituição democrático-burguesa, a Revolução Russa se distinguiria das anteriores por seu pronunciado caráter proletário, revelado pela reivindicação dos trabalhadores de São Petersburgo que, ao exigirem a jornada de oito horas, mostravam claramente sua oposição ao capitalismo (*GW* I/2, p.509-18).

Nessa perspectiva, a Revolução Russa não seria, tal como caracterizada na Europa Ocidental, uma "pura revolução *burguesa*" (ibid., p.513), nem o proletariado mero substituto da burguesia. Num país altamente industrializado como a Rússia de 1905, com um proletariado forte reivindicando liberdades democráticas, tal luta não visaria — caso das revoluções europeias — a estabelecer garantias jurídicas e políticas para o desenvolvimento econômico do capitalismo e a dominação política da burguesia, mas sim para o próprio combate do proletariado contra a dominação burguesa.

Embora formalmente o poder político viesse a ficar nas mãos da burguesia, uma vez esse desfecho tendo sido fruto da luta

---

de 1848 era apenas o primeiro estágio da "revolução permanente" ("Revolution in Permanenz") (*GW* I/2, p.301).

3 Por isso não era mais possível usar em 1905 a tática democrático-burguesa defendida por Marx na *Nova Gazeta Renana*, tática que, segundo Rosa, teria se esgotado em 1848 (*GW* I/2, p.291-303).

proletária, implicaria, no diagnóstico de Rosa, uma contradição interna a ser resolvida apenas no decorrer da luta de classes. Ela não acredita que a revolução pare no seu estágio inicial. Em suma, a Revolução Russa distinguia-se das anteriores por ser uma "sublevação de classe de um proletariado moderno altamente esclarecido" (ibid., p.515).

Nesse sentido, 1905 viria confirmar, contra Hegel, que "na história *nada* se repete" (ibid., p.479). Para Luxemburgo, as peculiaridades do desenvolvimento russo, impedindo a constituição de uma burguesia forte, tornariam artificial a aplicação do esquema marxista, segundo o qual primeiro seria preciso criar uma sociedade burguesa capitalista, para depois se passar à revolução proletária. Na realidade, os fatos desmentiriam a ideia de uma revolução por etapas: a Revolução Russa de 1905 seria só formalmente burguesa – sua meta seria instaurar um regime de liberdades democráticas –, mas dirigida pelo proletariado (ibid., p.515). Isso significa que na prática seria uma revolução simultaneamente burguesa e proletária. Burguesa, do ponto de vista das perspectivas institucionais; proletária, por seus meios, a greve de massas. Precisamente por isso não poderia deter-se na sua fase burguesa, uma vez que já trazia em si os germes do futuro socialista.

A marxista Rosa Luxemburgo utiliza, assim, a teoria de Marx contra os mencheviques. Estes, ao sustentarem que a Revolução Russa deveria ser dirigida pela burguesia, apegavam-se à letra e não ao espírito da doutrina. No Congresso do POSDR em Londres, em 1907, ela critica os mencheviques por defenderem uma aliança com a burguesia recorrendo à análise de Marx no *Manifesto comunista*. O marxismo muda e, por isso, não fazia sentido, cinquenta anos depois, usar a análise da burguesia como progressista. Os mencheviques, que pretendiam ser os verdadeiros representantes do marxismo na Rússia, não passavam na realidade de representantes do "pensamento metafísico" ao transformarem a concepção viva, histórica do *Manifesto* num "dogma imobilizado" (GW 2, p.216).

Rosa encontra-se, assim, na análise da Revolução Russa, ao lado dos bolcheviques e de Trotsky, que, embora aliado dos mencheviques nesse momento, deles discorda teoricamente. É verdade que ela não elabora com a clareza de Trotsky uma teoria da revolução permanente, mas sua análise aponta seguramente nessa direção. Ademais, a ideia de que a revolução russa de 1905, a alemã de 1848 e a francesa de 1789 constituem "uma cadeia de evolução contínua" (ibid., p.419), refletindo o ápice e o fim do século capitalista, confirmaria o que acabo de dizer.

No entender de Rosa, terminou o período das revoluções burguesas e começou uma nova época, a das revoluções proletárias, anunciada pelos acontecimentos russos. A Revolução Russa passa a ser a mestra do movimento revolucionário internacional,

> [a] precursora da nova série de revoluções proletárias no Ocidente. Justamente por ter se atrasado tanto com sua revolução burguesa, o país mais atrasado mostra ao proletariado alemão e ao proletariado dos países capitalistas mais avançados caminhos e métodos para continuar a luta de classes. (*RL*, p.327, v.I)

A greve de massas, de que a Rússia oferecera as manifestações mais grandiosas, era a forma que a revolução social doravante assumiria, tanto no Oriente quanto no Ocidente.

Socialismo e democracia

Levando em conta a caracterização da Revolução Russa como permanente, no sentido exposto (entre outros aspectos a serem analisados em seguida), é difícil concordar com Lukács (1975b) para quem Luxemburgo, ao superestimar o *"caráter orgânico* do desenvolvimento histórico", imaginaria a "revolução proletária segundo as formas estruturais das revoluções burguesas" (ibid., p.289). Essa concepção organicista – no sentido de que implicaria um amadurecimento "natural" a partir das forças internas da sociedade – teria levado Rosa, no opúsculo em que critica a dissolução da Assembleia Constituinte pelos bolcheviques logo depois da tomada do poder, a rejeitar a substituição da democracia parlamentar pela democracia dos conselhos e, de modo geral, a acreditar que a história, quando apresenta os problemas, apresenta ao mesmo tempo sua solução. Lukács, em contrapartida, encara a revolução proletária como um processo radicalmente novo que não pode ser comparado à transição orgânica do feudalismo ao capitalismo e que, por isso, não pode se fundar na espontaneidade das massas. Segundo ele, esse processo exigiria formas novas de organização e de poder: o partido-vanguarda e os soviets.

É preciso dizer, antes de mais nada, que em *A Revolução Russa*, ao atacar o direito de voto só para quem trabalha, Luxemburgo não está defendendo uma democracia abstrata, como pretende Lukács, mas apenas se opondo à privação de direitos políticos de vastas camadas da pequena burguesia e do proletariado, consequência da desorganização econômica da sociedade russa naquele momento, em que grande parte da massa trabalhadora se encontra desempregada.

Apesar das ressalvas, Rosa não se opõe aos soviets, nem mesmo no período de transição. Tanto que escreve: "Mas, abafando a vida política em todo o país, a vida dos soviets ficará cada vez mais paralisada" (*RL*, p.208, v.II). Nesse momento, ela não aceita a substituição dos organismos representativos com base no sufrágio universal (Parlamento) pelos soviets, vistos como os *únicos* e *verdadeiros* representantes das massas trabalhadoras. Em nenhum momento do texto é dito que os soviets deveriam ser abolidos e substituídos pelo Parlamento. Os dois sistemas podem perfeitamente conviver, ambos contribuirão para o enriquecimento da vida política das massas. Aliás, numa nota à margem, escreve: "Tanto os sovietes como espinha dorsal, quanto a Constituinte e o *sufrágio universal*" (ibid., p.204). Veremos, no último capítulo, que ela muda de posição, passando a defender os conselhos contra a Assembleia Constituinte.

A passagem de *A Revolução Russa* que poderia dar margem à conclusão de Lukács – Rosa contra os sovietes – é a seguinte: a experiência histórica mostra

> que o fluido vivo do estado de espírito popular banha constantemente os organismos representativos, penetra-os, orienta-os [...]. É justamente a revolução que, por sua efervescência e seu ardor, cria essa atmosfera política leve, vibrante, receptiva, na qual as vagas do estado de espírito popular, a pulsação da vida do povo, influem de maneira instantânea e do modo mais extraordinário sobre os organismos representativos. (ibid., p.200)

Ela recorre aos exemplos históricos das revoluções burguesas para enfatizar que, em momentos revolucionários, as massas na rua influenciam fortemente os seus representantes no Parlamento, que há uma "influência recíproca constante" (ibid., p.200) entre os eleitos e o eleitorado, e que o Parlamento, nessa medida, é um organismo democrático vivo a ser preservado. Dessa argumentação não se pode deduzir que para ela a revolução proletária se desenvolveria de acordo com as formas estruturais da revolução burguesa.

Lukács equivoca-se na interpretação. Rosa, admiradora entusiasta de *O 18 Brumário*, sempre distinguiu a revolução proletária da revolução burguesa. Esse é um de seus temas prediletos, retornando a ele frequentemente, inclusive no programa da Liga Spartakus (*RL*, p.291, v.II). Vimos que também em *Greve de massas, partido e sindicatos*, assim como em inúmeros artigos sobre a

Revolução Russa de 1905, isso é evidente: ela enfatiza a novidade radical dessa revolução comparada às anteriores, porque o proletariado russo, seu dirigente, encontrou uma nova arma de luta para politizar a classe, em que não se separa a luta econômica da luta política – a greve de massas –, pondo assim simultaneamente em xeque o absolutismo e o capitalismo.

Também em *A Revolução Russa* essa diferença é enfatizada: Kaledin ou Lenin, contrarrevolução ou revolução. Plenamente convicta de que a lei da revolução é avançar sempre mais para não ser derrotada, lei que os bolcheviques teriam levado em conta ao adotar a palavra de ordem "Todo o poder aos sovietes", Luxemburgo não dá margem a dúvidas sobre a radicalidade de sua posição.

Aliás, ela ironiza continuamente os social-democratas que criticam os bolcheviques por não terem primeiro alcançado a maioria,[4] dizendo que eles

> transpõem simplesmente para a revolução a sabedoria caseira do jardim de infância parlamentar: para fazer alguma coisa, é preciso ter antes a maioria. Portanto, também na revolução, conquistemos primeiro a "maioria". Mas a dialética real das revoluções inverte essa sabedoria de toupeira parlamentar: o caminho não leva à tática revolucionária pela maioria, ele leva à maioria pela tática revolucionária. (*RL*, p.185, v.II)

A defesa da tática revolucionária dos bolcheviques, entretanto, não implica necessariamente a defesa da ditadura do partido e do terror, posição de Lukács.[5]

---

4 Em setembro de 1917 os bolcheviques alcançaram a maioria nos sovietes de Moscou e Petrogrado.
5 Desde a insurreição de outubro até o início da guerra civil, em maio de 1918, existe liberdade de imprensa na Rússia para os socialistas-revolucionários e os mencheviques. A situação dos anarquistas

O filósofo húngaro recusa a diferença feita no programa da Liga Spartakus entre violência e terror, entre ditadura do partido e ditadura da classe, distinções que considera equivocadas, pois culminariam na defesa abstrata da liberdade como "a liberdade de quem pensa de modo diferente". Segundo Lukács, a liberdade não pode ser vista como um valor em si: "A liberdade tem que servir à dominação do proletariado, e não o contrário". E para levar a cabo tal tarefa, considera que só um partido como o bolchevique é capaz de mudanças táticas abruptas, "mantendo ao mesmo tempo intacta a essência, o domínio do proletariado". Todas as outras correntes do movimento operário têm uma "atitude contrarrevolucionária". "Aqui há uma linha direta que vai de Kornilov a Kronstadt" (Lukács, 1975b, p.305). A comparação entre o comandante em chefe do exército russo no verão de 1917, autor do fracassado golpe de estado contra o governo provisório de Kerenski, e os marinheiros da base naval de Kronstadt, revoltados em 1921 contra o poder bolchevique em nome da liberdade, é absurda e injusta. Mas, como veremos daqui a pouco, o desejo de justificar a qualquer preço a política dos bolcheviques e o servilismo do KPD em relação à Rússia leva Lukács a esse tipo de acrobacia verbal.

A recusa do terror por parte de Rosa funda-se precisamente na ideia da diferença entre a revolução burguesa e a proletária:

> é diferente: já em abril, a Tcheca começa a agir contra eles. Entretanto, até julho, quando ocorre a insurreição dos socialistas-revolucionários, funciona no país um regime com vários partidos no quadro dos sovietes. Em julho, a situação muda. É o fim do sistema soviético multipartidário e os bolcheviques ficam praticamente sozinhos nos sovietes. A partir de setembro, em resposta aos atentados dos socialistas-revolucionários de esquerda em Moscou, contra dirigentes bolcheviques, começa o chamado Terror Vermelho, levado a cabo pela Tcheca. Números oficiais registram 22 execuções nos seis primeiros meses de 1918, e 6 mil nos seis últimos meses. O historiador Chamberlim fala em 50 mil vítimas (cf. Broué, 1972, p.113, 123-4).

esta "não combate indivíduos, mas instituições", "Não é a tentativa desesperada de uma minoria de moldar o mundo à força de acordo com o seu ideal, mas a ação da grande massa dos milhões de homens do povo" (*RL*, p.291, v.II),[6] o que tornaria supérfluo o "terror" e o "assassinato".[7]

Mas não a violência revolucionária, imprescindível para "quebrar" "as resistências" da contrarrevolução "com mão de ferro e uma brutal energia" (ibid., p.292). Em termos concretos, significa armar o povo e desarmar as classes dominantes, organizar a massa proletária para exercer "vigilância e constante atividade", pois "A luta pelo socialismo é a mais prodigiosa guerra civil conhecida até hoje pela história do mundo" (ibid., p.293), e o proletariado precisa preparar-se para vencê-la. Na brochura sobre *A Revolução Russa*, Rosa Luxemburgo também apoia explicitamente "todas as medidas de pressão para quebrar com mão de ferro a resistência" dos que boicotam a revolução, dizendo que "a ditadura socialista [...] não deve recuar perante nenhum meio coercitivo para impor ou impedir certas medidas no interesse de todos" (ibid., p.204). Algumas dessas medidas seriam a privação dos direitos políticos e dos meios de subsistência, jamais a eliminação física dos adversários.

Rosa volta-se contra o terror por entendê-lo não só moralmente repugnante, mas também inútil: a participação ativa de "toda a massa popular", a "iniciativa das massas em vez de inércia",

---

[6] Roland Holst-van der Schalk (1937, p.191) contesta esse argumento, dizendo que as revoluções burguesas também "se apoiaram na maioria do povo", o que não impediu o terror.

[7] O seu repúdio ao terror baseia-se num fato concreto: quando, em julho de 1918, os socialistas-revolucionários de esquerda tentaram derrubar o governo soviético, os bolcheviques reprimiram duramente essa tentativa de golpe, executando duzentos reféns (ver carta de Rosa Luxemburgo a Luise Kautsky, de 25 de julho de 1918, *RL*, p.346, v.III, e *A Revolução Russa*, *RL*, p.197, 211, v.II).

"idealismo", "a mais ampla e ilimitada democracia, *opinião* pública" (p.207-8) seriam o único meio de coibir o aviltamento da sociedade, decorrente da dissolução da ordem burguesa. O terror é uma espada de dois gumes, ou mesmo uma espada sem fio: "a mais draconiana justiça militar" não só é impotente contra explosões lumpemproletárias da sociedade, como acaba sufocando a própria energia revolucionária: "todo regime de estado de sítio que se prolonga leva invariavelmente ao arbítrio, e todo arbítrio tem um efeito depravador sobre a sociedade" (ibid., p.208). Numa palavra, ela considera o terror impotente ou perigoso para a revolução e, nesse aspecto, afasta-se dos bolcheviques.

Em contrapartida, Lukács, que nessa altura já aderira à teoria leninista do partido (Löwy, 1979, p.158-61), acaba justificando a política dos bolcheviques na URSS e a política da Internacional Comunista, que a direção do KPD naquele momento seguia à risca.[8] Contra tal exaltação do partido, Rosa reivindica inteira liberdade para a classe trabalhadora, isto é, ditadura da classe e não de um partido sobre a classe: "ditadura da classe, isso significa que ela se exerce no mais amplo espaço público, com a participação sem entraves, a mais ativa possível, das massas populares, numa democracia sem limites" (*RL*, p.209, v.II).

A ditadura da classe, "a verdadeira democracia" (p.293), a "dominação de vastas camadas populares" (ibid., p.205), só será efetiva

---

8 Em março de 1919 foi fundada a Internacional Comunista (IC) e o KPD passou a ser uma de suas seções. A grande maioria do KPD aprovava as 21 condições para a admissão na IC, adotadas no Segundo Congresso da IC em 1921, acreditando impedir assim a repetição da catástrofe de 1914 com a Segunda Internacional. Entre o verão de 1920 e a primavera de 1921 ocorre a primeira etapa da bolchevização do KPD, que se torna mais aguda a partir de 1925, quando a IC, em seu V Congresso, obriga todos os partidos membros a seguirem o "leninismo".

se houver liberdades democráticas: imprensa livre, direito de associação e reunião. O que implica pluripartidarismo entre os trabalhadores. Apenas no interior de uma vida política inteiramente livre, "toda a massa do povo" pode educar-se, formar-se. Nesse sentido, ela critica o que denomina concepção "simplista" de Lenin sobre o Estado: assim como o Estado burguês não serve senão para oprimir as massas, o Estado socialista seria também apenas um instrumento de coerção da burguesia. Contra tal "teoria" lembra Rosa, com muita pertinência, que enquanto a dominação da burguesia não requer a formação nem a educação política da massa, para "a ditadura proletária ela é o elemento vital, o ar sem o qual não pode viver" (ibidem, p.205).

Como vemos, Luxemburgo identifica democracia e ditadura do proletariado, a qual consiste na "maneira de aplicar a democracia", não em suprimi-la. Esta permite aos trabalhadores intervir energicamente na vida política, modificando os direitos adquiridos e as relações econômicas da sociedade burguesa. Em outras palavras, a ditadura só pode ser "obra da *classe*, não de uma pequena minoria que dirige em nome da classe" (ibid., p.210). Já os bolcheviques (como Kautsky), ao separarem ditadura e democracia, acabam por convertê-la na ditadura de "um punhado de políticos, isto é, uma ditadura no sentido burguês, no sentido da dominação jacobina" (ibid., p.209).

Entretanto, Rosa toma cuidado para se distinguir tanto dos bolcheviques quanto dos liberais no que toca a essa questão. Não ser "idólatra da democracia formal" (ibid., p.210), como quer Trotsky, significa saber diferenciar, sob a igualdade e a liberdade formais, a desigualdade e a exploração sociais:

> Não há democracia quando o escravo assalariado se senta ao lado do capitalista, o proletário agrícola ao lado do *junker*, numa igualdade falaciosa, para debater seus problemas vitais de forma parlamentar. (ibid., p.293)

O que não implica rejeitar as liberdades burguesas, mas "incitar a classe trabalhadora a não se contentar com o invólucro, incitá-la a conquistar o poder político para preenchê-lo com um conteúdo social novo" (ibid., p.210).

Vemos assim que Rosa Luxemburgo está muito longe de ser defensora da democracia como valor universal ou consenso da maioria. Embora considere que a vitória da revolução está intrinsecamente ligada ao apoio da maioria dos trabalhadores, essa maioria não é previamente dada, mas conquistada como resultado da ação política, sindical e da tática revolucionária. Em outras palavras, sua defesa da liberdade não indica uma volta ao liberalismo, conforme pretende Lukács, mas um elemento fundamental para a constituição de um espaço público, de uma opinião pública, no sentido atribuído por Negt (1984, p.48) de "espaço público proletário". Aí não existe

> o mecanismo de exclusão, típico da esfera pública burguesa, mediante o qual se excluem dos interesses públicos, enquanto privadas, tanto algumas esferas essenciais da vida quanto esferas como a da produção e da socialização (da educação). (ibid., p.45)

Segundo esse autor, embora Lukács considere corretamente o conceito de *totalidade* como aquele que distingue o pensamento marxista do pensamento burguês, equivoca-se ao fazer do partido a encarnação empírica desse conceito. Para Rosa, em contrapartida, o fundamento da concepção de totalidade seria dado justamente por esse "espaço público proletário",[9] onde o proletariado faz os mais variados tipos de experiência, onde há mutabilidade. Essas experiências múltiplas podem encarnar-se nos vários

---

9 A expressão usada por Rosa é simplesmente *Öffentlichkeit*, espaço público.

partidos que representam as camadas populares, sindicatos, associações, conselhos: não haveria uma forma única, rigidamente determinada, na qual a consciência de classe estaria para sempre representada, uma vez que a luta de classes em seu movimento levaria a incessantes modificações das formas organizativas.

Com a revolução alemã, democracia socialista passa a significar concretamente, para Rosa Luxemburgo, *governo conselhista*. Os conselhos, organismos de base eleitos pelos trabalhadores e soldados, seriam, de acordo com o programa da Liga Spartakus, a nova forma de poder estatal a substituir "os órgãos herdados da dominação burguesa" (*RL*, p.290), isto é, parlamentos e conselhos municipais. "Os conselhos de trabalhadores devem ter todo o poder no Estado", devem ser o "único poder público" (ibid., p.368, 369).

Por meio dos conselhos, "a grande massa trabalhadora deixa de ser uma massa governada", eis a "essência" do socialismo. Nesse processo, os trabalhadores passam a autodeterminar-se no plano político – "devemos solapar o Estado burguês a partir da base, não separando mais por todo lado os poderes públicos, a legislação e a administração, mas unindo-as, pondo-as nas mãos dos Conselhos de Trabalhadores e Soldados" (ibid., p.368) – e econômico: o objetivo é que eles alcancem primeiro "o controle e, finalmente, a direção efetiva da produção"[10] ou, em outras palavras, que as mas-

---

10 Hannah Arendt, grande admiradora de Luxemburgo e da experiência conselhista, opõe-se vivamente à ideia de que os conselhos dirijam a produção, o que sempre veio "a terminar num triste fracasso". Distinguindo a esfera política, espaço da liberdade, da esfera econômica e administrativa, espaço da necessidade, considera que os conselhos devem ter apenas funções políticas; caso contrário, será introduzir o caos na produção, o que segundo ela sempre ocorreu quando os conselhos interferiram na economia (Arendt, 1971, p.270). Arendt, que considera os conselhos o "tesouro perdido" da

sas, em vez de instrumento da produção, se tornem "dirigentes autônomas desse processo, livres, que pensam" (ibid., p.290, v.II). Nesse sentido, ela se opõe à ideia de socialismo como estatização dos meios de produção *sem controle* dos trabalhadores, caminho para uma inevitável burocratização.

Os conselhos, além de instrumentos de mudança política e econômica, seriam também veículos de transformação cultural e moral da sociedade, na medida em que levariam a uma superação das formas burguesas de consciência, alicerçadas no individualismo possessivo e na mercantilização da vida.[11] Nos conselhos, os trabalhadores aprenderiam "autodisciplina", "verdadeiro senso cívico", senso da "coletividade", qualidades que constituem o "fundamento moral da sociedade socialista, assim como

---

"tradição revolucionária", dá-lhes funções bem mais restritas que os revolucionários alemães.

[11] Arnold (1985, p.303-7) retoma o conceito de "espaço público proletário" (EPP) de Negt e Kluge (cf. *Öffentlichkeit und Erfahrung. Zur Organisationsanalyse von bürgerlicher und proletarischer Öffentlichkeit*. Frankfurt: Suhrkamp Verlag, 1972), aplicando-o aos conselhos surgidos na Revolução Alemã. Arnold pensa que o sistema conselhista, tal como concebido teoricamente em 1918-1919 pelos grupos socialistas e partidos de esquerda, oferece o quadro para esse EPP, porque não só se baseava nas empresas e profissões, mas também porque os conselhos permitiam a mediação entre essas unidades de base e a produção social global. Esse EPP, ou seja, a instituição do sistema conselhista, teria como precondição necessária, embora não suficiente, a superação das relações de produção capitalistas. Além disso, os conselhos precisariam ultrapassar as formas burguesas de consciência – o sistema conselhista seria uma alternativa radical à dominação burguesa, e assim foi visto por seus teóricos. O autor reconhece que no período de 1918 a 1920 essas concepções teóricas eram altamente abstratas, não havendo planos práticos nem organizativos para o período de transição.

estupidez, egoísmo e corrupção são os fundamentos morais da sociedade capitalista" (ibid., p.291).

Em suma, democracia socialista significava naquele contexto *autogoverno dos produtores*. Aliás, segundo o programa da Liga Spartakus, só trabalhadores e soldados teriam direito à representação política. O que não passa de uma imprecisão: ao referir-se a trabalhadores e soldados, Rosa identifica-os com povo, massa popular, como de costume, abrangendo assim camadas mais vastas que as ocupadas na produção. Na realidade, ela pensa num sistema conselhista englobando as "massas populares", o que incluiria todos os segmentos da população, exceto a burguesia ou, na excelente definição de Mário Pedrosa, "todos os que trabalham e não exploram trabalho alheio".[12] Os conselhos constituiriam uma nova forma de soberania popular no plano político, econômico e cultural.

Rosa Luxemburgo não teve tempo de teorizar sobre os conselhos. As poucas e genéricas indicações a respeito encontram-se no programa da Liga Spartakus e no "Discurso sobre o programa", conforme acabamos de ver. Mas, apesar disso, sua ideia de socialismo como autodeterminação dos trabalhadores – não apenas estatização dos meios de produção –, implicando a transformação radical de todas as condições de vida da sociedade burguesa, acabou por transformá-la em símbolo da luta antiburocrática, sobretudo nos idos de 1968.

O que tem sua razão de ser, uma vez que os conselhos, para ela, representavam uma *possibilidade concreta* de realizar a sociedade socialista democrática, pois, ao exercerem simultaneamente funções legislativas e executivas, eliminava-se a separação entre dirigentes e dirigidos, base do autoritarismo e da burocracia, além de "mola

---

12 "Vanguardas, partido e socialismo", *Vanguarda Socialista*, 9 de agosto de 1946.

mestra da exploração e da dominação no capitalismo contemporâneo" (Chauí, 1981, p.134). O que está sendo proposto, na verdade, é uma sociedade sem Estado, uma associação de produtores livres e iguais, nos moldes da Comuna de Paris. Em suma, um antiestado. Na experiência conselhista, Rosa teria encontrado a confirmação da espontaneidade criadora das massas que, buscando respostas aos problemas postos pela "vida", acabam sempre por encontrá-las, desde que possam agir livremente.

Das águias e das galinhas

Para podermos entender as críticas de Lukács a Luxemburgo, é preciso saber em que circunstâncias foi escrito o folheto *A Revolução Russa*. Em setembro de 1918, Rosa tinha redigido um artigo para as *Cartas de Spartakus* – "A tragédia russa" – em que se opunha claramente à paz de Brest-Litovsk (*RL*, p.213-21, v.II). O artigo foi publicado com uma observação da redação[13] dizendo que os temores exprimidos no artigo "nascem da *situação objetiva* dos bolcheviques e não de sua atitude *subjetiva*". Rosa aborreceu-se com a observação e escreveu um artigo ainda mais crítico sobre a tática dos bolcheviques, que os responsáveis pelas *Cartas* (Levi, Meyer, Leviné) acharam de bom alvitre não publicar. Rosa insistiu. Paul Levi foi então à prisão de Breslau, onde Rosa estava encarcerada, explicar-lhe as razões dessa decisão.[14]

Após longa discussão, Rosa aceitou adiar a publicação, mas não se deixou convencer pelos argumentos dele. Teria depois redigido *A Revolução Russa* para persuadi-lo de que suas críticas eram

---

13 De Ernst Meyer, que depois da prisão de Leo Jogiches era o encarregado das *Cartas de Spartakus*.

14 Sobre esse encontro, temos apenas o relato conciso de Paul Levi na sua introdução à brochura de Rosa, publicada pela primeira vez em 1922.

corretas. Diz a Paul Levi: "Estou escrevendo este panfleto para você, e se conseguir convencer apenas você, não terei trabalhado em vão" (apud Nettl, 1972, p.678). É o próprio Levi, na sua introdução, que faz referência a essa carta.

O texto só foi publicado em janeiro de 1922, quando Levi já tinha sido excluído do KPD por discordar da chamada "ação de março".[15] Levi achava total loucura a insurreição e criticou-a publicamente, o que lhe valeu a hostilidade da Internacional Comunista e de Lenin, ainda que este concordasse com sua análise da Revolução Alemã.

Nesse conflito que opunha Levi e a direção do KPD, as ideias de Rosa Luxemburgo foram usadas pela primeira vez como arma ideológica.[16] A publicação do texto deixou os comunistas russos e alemães na maior confusão e no dever de explicar a posição de Rosa. O próprio Lenin, vendo-se obrigado a atacar Levi, escreve:

> Paul Levi deseja agora muito particularmente receber favores da burguesia [...] reeditando precisamente as obras de Rosa Luxemburgo em que esta se enganou. A isso responderemos com dois versos de uma interessante fábula russa: "É dado às águias descer mais baixo que as galinhas, mas nunca as galinhas poderão subir tão alto quanto as águias". Rosa Luxemburgo enganou-se na questão da independência da Polônia; enganou-se em 1903 na sua apreciação do menchevismo; enganou-se na sua teoria da acumulação do

---

15 Tentativa de levante empreendida em março de 1921 por Brandler e Talheimer, sob pressão dos emissários da Internacional Comunista. A ação é criticada como aventureira por Clara Zetkin e Paul Levi (excluído em seguida) e defendida pela maioria do comitê central (Ruth Fischer, Maslow etc.). Lukács apoia a maioria contra a minoria.

16 É bom lembrar que o opúsculo foi publicado depois da insurreição de Kronstadt (fevereiro/março de 1921), a primeira revolta popular contra os bolcheviques.

capital; enganou-se quando defendeu em julho de 1904, ao lado de Plekhanov, Vandervelde, Kautsky etc., a unificação dos bolcheviques com os mencheviques; enganou-se nos seus *Escritos da prisão* de 1918 (aliás, ela mesma, ao sair da prisão no fim de 1918 e no início de 1919, corrigiu uma grande parte de seus erros). Mas, malgrado seus erros, ela era e continua uma águia; e não somente sua lembrança será sempre preciosa para os comunistas do mundo inteiro, mas ainda sua biografia e suas obras *completas* (que os comunistas alemães demoram injustificadamente em publicar – no que só podem ser parcialmente desculpados por suas enormes perdas numa luta duríssima) constituirão uma lição muito útil para a educação de numerosas gerações de comunistas do mundo inteiro. (apud Nettl, 1972, p.773-4)

Era preciso, no entanto, ir mais longe no ataque a Paul Levi. Dois amigos e companheiros de luta de Rosa Luxemburgo, Adolf Warszawski e Clara Zetkin, foram incitados a criticar a brochura. Lenin, a muito custo, convenceu Clara de que era preciso atacar Levi mesmo sendo correta sua análise da situação alemã, pois não se podia admitir sua crítica pública. Clara, a contragosto, censura a amiga, dizendo, entre outras coisas, que ela tinha uma concepção de democracia "um pouco esquemática e abstrata" (apud Nettl, 1972, p.774). Acrescentou que Rosa não entendera a natureza da ditadura proletária, em que o terror era elemento indispensável. E também insistiu no fato de que ela havia "mudado de opinião" em vários pontos.[17] Começou assim a versão comunista oficial, que passou por várias modificações ao sabor dos interesses no poder na URSS. Esse é o pano de fundo da crítica de Lukács a Rosa no ensaio "Observações críticas sobre a *Crítica da Revolução Russa* de Rosa Luxemburgo".

---

17 Essa é também a opinião de Lukács (1975b) no ensaio "Observações críticas sobre a *Crítica da Revolução Russa* de Rosa Luxemburg".

O filósofo húngaro, diferentemente de Zetkin e Warszawski, não atribuía os erros de análise de Luxemburgo à sua falta de informações, mas, como vimos, a uma concepção teórica orgânica da revolução proletária que, levando ao espontaneísmo em termos políticos, a opunha aos bolcheviques. Assim, Lukács foi o primeiro a sintetizar teoricamente e de maneira refinada o que mais tarde, na época de Stalin, passou a ser chamado de "luxemburguismo": uma tática política errada, que negava a necessidade da organização política na luta pelo socialismo, baseada numa teoria mecanicista do colapso do capitalismo.

Sob o epíteto de "luxemburguismo", eram amalgamadas e condenadas as posições em que Rosa divergia de Lenin. Entretanto, desde o início dos anos 1960 na ex-RDA, com a relativa abertura do regime, houve uma mudança de 180° nessa interpretação. Agora, contrariamente à época de Stalin, exaltava-se uma suposta aproximação entre Rosa e Lenin nos seguintes termos: "como marxista, Rosa Luxemburgo alcançou grandes méritos quando e na medida em que contribuiu para compreender e resolver problemas novos da luta da classe operária de sua época, de maneira análoga à de Lenin ou em acordo com ele" (Laschitza, 1986b, p.127).

Contra os que unilateralmente transformavam Rosa na defensora da "liberdade de quem pensa de modo diferente", o "marxismo oriental" rebatia a ideia de uma oposição insuperável entre ela e Lenin e de que teria criado uma versão do marxismo própria à Europa Ocidental. Nessa linha interpretativa estaria, por exemplo, o "biógrafo burguês" de Rosa, J. P. Nettl, que nas suas "inconsistentes teses" a veria como "profeta *par excellence* da revolução não institucional" e representante "da alternativa marxista revolucionária" à teoria e prática social-democrata e comunista. Teses mostrando no pensamento de Luxemburgo "comunismo humano", "não conformismo" teriam apenas por objetivo considerar "o socialismo como algo que ainda não existe ou como caricatura de si mesmo" (Laschitza, 1986a, p.487).[18]

Embora os desacordos entre Rosa e Lenin não sejam negados, sua importância é minimizada. Afirma-se que

> eles tinham a *mesma concepção do núcleo do marxismo*: teoria científica da libertação revolucionária da classe operária pela conquista do poder político, instauração da ditadura do proletariado e abolição da propriedade privada dos meios de produção. Ambos sabiam que papel político-ideológico o partido revolucionário deveria representar, nessa luta de classes complexa com o objetivo de abater o capitalismo, para desenvolver a atividade das massas e permitir-lhes levar uma luta de classes vitoriosa. Ambos eram internacionalistas em palavras e atos. (Laschitza, 1986b, p.130)

A autora reconhece, entretanto, que Rosa diverge de Lenin não só no que se refere à estrutura, normas e tarefas de um partido revolucionário na época do imperialismo, mas também quanto à questão camponesa, questão nacional e constituição da ditadura do proletariado. E acrescenta: "Nas questões em que ela se separou de Lenin, a marxista Rosa Luxemburgo não se distinguiu particularmente. Aí manifestaram-se, a maior parte do tempo, seus limites e fraquezas na recepção e na aplicação do marxismo" (ibid., p.129-30).

Em resumo, a tese é a seguinte: Rosa e Lenin nem sempre estão de acordo, sobretudo na brochura sobre *A Revolução Russa*, em que ela ataca as medidas adotadas pelo governo bolchevique contra

---

18 Com o fim da RDA, Laschitza (1990, p.28) assume um tom completamente diferente: "Apesar de todos os debates e de tudo o que se escreveu sobre o manuscrito de Rosa Luxemburgo, hoje ele se revela cada vez mais como um manifesto profético pela democracia e a dignidade humana, pelo socialismo verdadeiramente democrático".

a liberdade de imprensa, o direito universal de voto, a dissolução da Constituinte, a questão nacional e a questão camponesa. Entretanto, tal crítica não pode ser absolutizada (com o que concordo), transformando-se Rosa numa alternativa ao bolchevismo, tanto mais que durante a Revolução Alemã ela teria reconsiderado suas posições. Nessa perspectiva, Rosa não se inscreveria de maneira alguma na tradição do socialismo democrático, no sentido de contrapô-lo à experiência da Revolução Russa, uma vez que ela sempre entendeu as revoluções na Rússia como um fenômeno histórico mundial e não um episódio localizado, restrito à própria Rússia. Tomando por base suas inúmeras declarações sobre a importância da Revolução Russa para o movimento internacional dos trabalhadores, a leitura mencionada nega-se a ver nas ideias políticas de Luxemburgo uma alternativa democrática à experiência bolchevique.

Não se pode dizer que os vários momentos compondo o todo da interpretação "marxista oriental" do pensamento político de nossa autora sejam falsos. Mas precisam ser matizados. Se nos mantivermos fiéis à verdade histórica, é necessário deixar claro que muitas das divergências entre Rosa e Lenin são conjunturais, enquanto outras, como a relativa à questão nacional e à concepção de organização política, são estruturais.

O que incomoda nessa leitura, afora o ranço burocrático peculiar, é a obstinação com que se procura mostrar, mediante o contínuo apoio de citações, como no fundamental Rosa e Lenin não divergem. Além disso, os comentadores na antiga RDA partiam já do pressuposto de que Rosa era leninista. Não se pesquisava para se chegar a algo novo, mas para confirmar uma verdade estabelecida de antemão.

As ideias de Lenin, tendo no centro sua concepção de partido de quadros, eram a fita métrica com a qual se mediam as de Luxemburgo. É nesse sentido que podemos aproximar as "Considerações críticas" de Lukács do "marxismo oriental". Eis o resultado dessa "bolchevização" tardia: o pensamento de Rosa, estimulante, vivo, em movimento, rico de nuanças e de tensões, é aprisionado na camisa de força dos que "pensam da mesma maneira".[19]

Além disso, as massas, que na visão de Luxemburgo ocupam o primeiro plano, cedem lugar ao partido, caracterizado como a única instância que pode levar a cabo uma revolução socialista

---

19 Uma nota pitoresca. No dia 15 de janeiro de 1989, acompanhei pela televisão durante algumas horas o longo desfile realizado em Berlim oriental em homenagem a Rosa Luxemburgo e Karl Liebknecht no dia do seu assassinato. O discurso oficial frisava que o otimismo dos dois e a fé na revolução acompanharam-nos até o último momento e que a RDA continuava sua obra. Uma voz em *off* explicava que centenas de cartazes, carregados pela multidão, proclamavam os resultados da produção, que essa era a melhor maneira de homenagear Luxemburgo e Liebknecht, que uma sociedade autoconsciente, orgulhosa de seus sucessos técnicos (por exemplo, na microeletrônica!), era a mais completa realização dos ideais dos dois grandes revolucionários. Na RDA, ambos eram encarados pela burocracia dirigente como os pais fundadores e primeiros mártires do comunismo alemão. O 15 de janeiro era a ocasião de reafirmá-lo e de ligar o nome de ambos às conquistas materiais ali realizadas com grandes dificuldades, como se elas encarnassem o "novo mundo" por eles sonhado. Essa data dava também ensejo a que a oposição saísse às ruas e protestasse contra o regime, em nome das ideias socialistas democráticas de Luxemburgo. Em 1988, foram presos em Berlim oriental vários manifestantes que reivindicavam liberdades democráticas e, em 1989, pelo mesmo motivo, duzentas pessoas foram presas em Leipzig. Nessa cidade, foi distribuído um panfleto com a seguinte frase de Rosa, tirada de *A Revolução Russa*: "A democracia socialista não começa somente na Terra prometida, quando tiver sido criada a infraestrutura da economia socialista". Ou seja, tanto a burocracia quanto a oposição na RDA se diziam herdeiras de Luxemburgo. Na RFA, foram as feministas que se apropriaram das ideias de Rosa, mantendo com elas um diálogo vivo e instigante. Exemplo desse trabalho dá-nos Frigga Haug (1988, 2007), buscando em Luxemburgo fundamentação teórica para que

vitoriosa. O marxismo, reduzido a uma "teoria científica" da emancipação proletária, transforma-se em tecnologia da revolução, cujo papel é abreviar as "dores do parto" de um processo natural. Nessa medida, a interpretação "marxista oriental" absolutiza o lado "dogmático" do pensamento de Luxemburgo, vendo-o de maneira positiva, transformando as suas ideias numa doutrina codificada em alguns pontos, numa visão de mundo a ser utilizada pelos trabalhadores como guia para a ação.

Por sua vez, as ideias expostas em *A Revolução Russa* foram durante muito tempo utilizadas pela social-democracia contra os comunistas,[20] sobretudo no tempo de Stalin. Frases pinçadas aqui e ali, sobretudo a famosa fórmula lapidar da *liberdade de quem pensa de modo diferente*, acabaram muitas vezes por reduzi-la a uma liberal que, como vimos, estava longe de ser.

Afinal, Rosa teria ou não mudado sua maneira anterior de ver a revolução proletária? A polêmica em torno dessa questão é enorme. Vejamos rapidamente as duas posições básicas a respeito.

Para os historiadores da antiga RDA, Rosa, na prisão, estaria reduzida às informações da imprensa burguesa, donde sua avaliação equivocada da política bolchevique.[21] Porém, no decorrer

---

as mulheres que participam da vida pública possam fazer "outra política, mais próxima das carências humanas, menos tecnocrática, menos desalmada, menos esbanjadora, menos bélica". O tratamento dado por Luxemburgo a temas como democracia e autonomia das massas apontaria um caminho para o movimento feminista.

20 "Do lado social-democrata, utilizaram-se pouquíssimos escritos, geralmente dois (*Problemas de organização* e *A Revolução Russa*), com o propósito de apresentá-la como adversária de Lenin e dos bolcheviques, fustigadora da ditadura do proletariado e esforçada defensora da democracia, naturalmente burguesa" (Basso, 1976, p.174).

21 Contra essa versão oficial ergue-se Roland Holst-van der Schalk (1937, p.160), sustentando que Rosa estava tão bem informada como qualquer outra pessoa na Alemanha. Também Mathilde Jacob

da revolução de novembro na Alemanha, teria conseguido "corrigir esses erros e elaborar concepções que se aproximavam das de Lenin".[22] Badia (1975a, p.312), por sua vez, também afirma que em novembro de 1918 "Rosa Luxemburgo mudou radicalmente de ponto de vista sobre o problema do sufrágio universal e da Assembleia Constituinte".

Nettl (1972, p.681), em contrapartida, referindo-se às mesmas questões, salienta que ela "retirou mais tarde sua crítica sobre alguns pontos – mas apenas sobre eles" e não, como pretendem os historiadores comunistas, todas as críticas.

O único erro concreto que confessou como tal foi sua intervenção a favor da Assembleia Constituinte no início de 1918. Ademais, sempre insistiu no fato de que o terror e a ausência de democracia

---

(1988, p.490), secretária e amiga, que manteve o mais estreito contato com ela nos seus dois últimos meses de vida, confirma que Rosa não desistiu das críticas à tática bolchevique, apesar dos esforços de vários companheiros nesse sentido. Quanto a ter mudado de posição a respeito do terror, isso não ocorreu. Radek, num texto publicado em 1926, comenta que Rosa desaprovava o terror na Rússia, nos seguintes termos: "Antes de mais nada discutimos sobre a repressão. Que Djerzinski chefiasse a Tcheka desgostava Rosa. Não nos aniquilaram, dizia, pelo terror. Como se pode contar com esse meio?". Radek defendeu o terror e "Liebknecht o apoiou calorosamente. Rosa disse: 'Talvez vocês tenham razão. Mas como Joseph [Djerzinski] pode ser tão cruel?'" (Badia, 1967, p.401-2). Uma publicação recente confirma, por meio de vários documentos da época, que Rosa Luxemburgo (e Leo Jogiches) não mudou de posição a respeito da tática dos bolcheviques. Paul Levi escreve em 5 de janeiro de 1922: "A alegação de que Rosa Luxemburgo teria modificado sua opinião sobre a tática dos bolcheviques surgiu neste verão, depois do Congresso da Internacional Comunista em Moscou" (Schütrumpf, 2017, p.58).

22 Diehl, Laschitza, Radczun apud Badia (1975a, p.312). Ver também Laschitza (1986a).

eram consequência do isolamento que uma revolução mundial, ou pelos menos europeia, suprimiria. Portanto, tratava-se apenas de fenômenos passageiros que nem por isso eram menos condenáveis. (ibid., p.697)

Nettl acrescenta que Rosa pretendia colaborar com os russos, tirar lições de suas experiências e trabalhar por uma aliança da Alemanha revolucionária com a Rússia revolucionária sem que isso significasse submeter a tática alemã às necessidades de Moscou. Em suma, segundo esse autor, não é possível ver nas mudanças conjunturais de Luxemburgo uma conversão às posições bolcheviques, não só no que se refere à revolução proletária, como também ao problema da organização. A minha resposta a essas questões será dada no último capítulo, ao tratar da Revolução Alemã.

3
A integração do proletariado e a crise da social-democracia

> Afirmo que durante a guerra todo intelectual se tornou culpado de traição perante a humanidade se não se revoltou contra sua pátria quando esta estava em guerra – servindo-se de todos os meios de que um intelectual dispõe.
>
> *Karl Kraus*

Ruínas

Em 29 de julho de 1914, reunia-se em Bruxelas o Bureau Socialista Internacional (BSI). Essa foi "a primeira ocasião em que os dirigentes socialistas europeus ficaram conscientes de sua impotência" (Nettl, 1972, p.580); "nossa reunião esteve impregnada, desde o início, de uma trágica sensação de desesperança. Escutávamos os discursos sentindo-nos cada vez mais impotentes e frustrados" (Balabanov, 1974, p.178).

Victor Adler, representante da Áustria já em guerra e de "um partido que tinha sido o primeiro a capitular" (Haupt, 1980a, p.207), deixou claro que não se podia esperar uma insurreição das massas austríacas e que em Viena o povo fazia manifestações a favor do conflito (Hetmann, 1980, p.176). Adler "não fez o menor esforço para ocultar seu profundo pessimismo. Dava por certa a passividade dos trabalhadores" (Balabanov, 1974, p.138). Mesmo assim, não pensava que houvesse uma guerra generalizada: "Apesar de tudo, esperamos ver evitada a guerra. Acreditar nisso, talvez seja acreditar num milagre; apesar de tudo, temos esperança".[1] A maioria dos participantes pensava que os governos de seus países na realidade desejavam a paz.[2] "Evocando retrospectivamente a reunião, Jean Jaurès e Rosa Luxemburgo parecem-me ser os únicos delegados que, como Adler, se davam perfeitamente conta da inevitabilidade de uma guerra mundial e de seus horrores" (ibid., p.138-9).

Apesar da impressão de Balabanov, o fato é que também Luxemburgo compartilhava as duas ilusões reinantes: a capacidade de a social-democracia impedir ou parar a guerra, e a crença de que o governo alemão no fundo queria manter a paz — o que posteriormente os documentos revelaram não ser verdade.

As discussões giraram em torno de dois pontos: possibilidade de empreender ações contra a guerra e realização do próximo Congresso da Internacional Socialista. Decidiu-se que seria em Paris em 9 de agosto, uma vez que Viena, para onde fora anteriormente previsto, estava tomada do mais arrebatado furor nacionalista, tornando impossível um congresso a favor da paz. Entretanto, no

---

[1] Adler, sessão do BSI de 29 de julho de 1914, apud Haupt (1965, p.253).
[2] Ver Nettl (1972, p.581). Esse autor, com toda razão, acha curioso que os socialistas, há muito denunciando seus governos como provocadores de guerra, esperassem naquele momento que a razão levasse a melhor. Além disso, os representantes de cada país confiavam mais na classe operária organizada dos outros países que na eficácia de suas próprias ações, o que, ainda segundo Nettl, revelaria uma certa dúvida inconsciente quanto à capacidade de a social-democracia poder influenciar o rumo dos acontecimentos.

decorrer das discussões sobre as medidas a tomar, a tática da greve geral nem sequer foi mencionada. Rosa, por exemplo, limitou-se a dizer, em abstrato: "É preciso agir firmemente e com rapidez (*rasch und entschlossen handeln*)" (apud Haupt, 1980a, p.244-5). Nesse sentido, a resolução saída do congresso, conclamando o proletariado de todos os países não só a continuar como a aumentar as manifestações contra a guerra, era mais um voto piedoso do que real vontade de agir de modo eficaz.

Nesse mesmo dia, à noite, vários participantes da reunião do BSI discursaram no Cirque Royal, a favor da paz, perante enorme multidão que "tremia como sacudida por um terremoto ao fim do magnífico discurso de Jaurès [...] Nunca falou com tanto fervor como essa última vez de sua vida perante um auditório internacional" (Balabanov, 1974, p.140).[3] "Se a atmosfera dessa manifestação fosse representativa, não haveria guerra na Europa" (Hetmann, 1980, p.177). Jaurès bradava:

> Nós, franceses, temos o dever de insistir que o governo francês fale energicamente com a Rússia, para que o conflito seja mantido afastado. E se a Rússia não o fizer, então é nosso dever declarar: nós conhecemos apenas um pacto, o pacto que nos liga à humanidade. (ibid.)
>
> Sabeis o que é o proletariado? São massas de homens que têm coletivamente amor à paz e horror à guerra (*Le Peuple*, 30 de julho de 1914, apud Haupt, 1965, p.19).

---

3 E acrescenta: "A poucos minutos de terminar a reunião, milhares de trabalhadores desfilavam pelas ruas de Bruxelas, contagiados pelo entusiasmo engendrado pelos seus cantos revolucionários. As palavras de ordem 'Abaixo a guerra: viva a paz' e 'Viva o socialismo internacionalista' ressoaram durante horas por toda a cidade e subúrbios. Dias depois, multidões animadas de outro fervor marchavam por essas mesmas ruas aclamando a guerra" (Balabanov, 1974, p.140).

A seguir, convidou "a valente mulher que, com a chama do seu pensamento, impregnou o coração do proletariado alemão" a que tomasse a palavra. Rosa, porém, numa atitude inesperada, recusou-se a falar. Talvez por ter percebido que naquele momento "um discurso apaixonado não mudaria mais nada" (Hetmann, 1980, p.178).[4]

Embora a primeira reação tenha sido de desalento, ao escrever a Paul Levi e Costia Zetkin alguns dias depois, Rosa mostra sua firme vontade de continuar lutando:

> Meu pobre querido, não fique tão desesperado, nós precisamos agora de coragem renovada e cabeça fria para *agir* [...]. O congresso em Paris provavelmente não vai acontecer, pois a guerra é iminente. De Bruxelas e do resto haveria muito que contar, mas estes tempos não são próprios para escrever. O principal é pensar em como e o que mais pode ser feito de nossa parte. Se pudéssemos *falar* seria melhor [...]. E agora escreva-me em outro tom, vívido e valente – apesar de tudo![5]
>
> Pelas ruas aqui só se veem reservistas apressados com maletas e multidões de mulheres e crianças que ficam por aí até tarde da noite. O mundo inteiro se transformou num hospício. Sobre você "deixar" o partido eu não pude evitar o riso. Menino grande, talvez você

---

4 Ver também Frölich (1965, p.252). Esse episódio é tratado com muita sensibilidade no filme de Margarethe von Trotta. Rosa, novamente em Berlim, explica a Leo Jogiches por que se recusou a falar: "Temo que a Internacional esteja morta e que o nacionalismo seja vitorioso [...] A guerra virá e a maioria dos socialistas a apoiará. Sei disso. Devia ter fingido confiança, Leo?... Nunca na minha vida tive tantas dúvidas, Dziodziu" (Von Trotta & Ensslin, 1986, p.66). É curioso que tanto Badia quanto Nettl não se refiram a esse episódio.

5 Cinquenta cartas inéditas a Paul Levi foram publicadas como apêndice em Quack (1983). A carta citada é de 31 de julho de 1914. Ver (*RL*, p.187, v.III).

queira também "deixar" a humanidade? Diante de fenômenos históricos dessa magnitude acabam-se todas as nossas iras e só sobra espaço para a fria reflexão e a ação obstinada. Em alguns meses, quando a fome chegar, a página será pouco a pouco virada.[6]

Em 4 de agosto, a aprovação unânime dos créditos de guerra por parte da bancada social-democrata no Reichstag representou o golpe de misericórdia nas suas já combalidas esperanças.[7] "Um longo processo chegava ao seu fim lógico" (Haupt, 1965, p.117).[8] A social-democracia alemã converteu-se à política da união sagrada em torno da pátria (*Burgfrieden*),[9] abandonando o

---

6 Carta a Costia Zetkin, 2 de agosto de 1914 (*RL*, p.188, v.III).

7 Karl Liebknecht, que se opunha à concessão dos créditos, acabou votando também para não quebrar a disciplina partidária. Na nova votação de 2 de dezembro ele será o único contrário, tornando-se assim na Alemanha o símbolo da oposição à guerra. Em carta de 31 de agosto de 1914 a Paul Levi, Rosa comenta a votação: "Que, aliás, a divisão entre os que votaram a favor por necessidade e os que votaram alegremente não tem o menor valor prova-o o fato de que *nenhum* deles admitirá ter votado a não ser por absoluta exigência da situação, posto diante de fatos consumados. Nos restaria então ler no coração dos homens, *contra* suas próprias explicações. Em casos como esse, de significado histórico mundial, não se podem julgar os *motivos*, mas sim as ações".

8 Tanto os historiadores comunistas quanto os não comunistas chegaram à conclusão de que "o voto dos créditos de guerra era o fim e não o começo de um longo processo, uma consequência lógica das ações passadas, e não uma aberração momentânea. Mas os contemporâneos não viram assim" (Nettl, 1972, p.588).

9 *Burgfrieden*: paz que reina no interior de uma fortaleza cercada entre o senhor feudal e seus vassalos. Durante a Primeira Guerra Mundial significava uma espécie de trégua entre a social-democracia e o resto da nação. Nas suas memórias, escritas em 1933, Toller (1990, p.39) conta, ao voltar da França para a Alemanha logo após a declaração de guerra: "nas estações ofereciam-nos cartões-postais com o retrato do imperador sob o qual estava escrito: 'Não conheço mais nenhum

princípio marxista da luta de classes, tanto no plano prático – o que não era novidade – quanto no teórico. A Internacional, como Kautsky passará a explicar (1914-1915, p.225-50), é um instrumento adequado a tempos de paz, não a tempos de guerra, ideia ironicamente traduzida por Rosa Luxemburgo da seguinte maneira: "Proletários de todos os países uni-vos na paz e degolai--vos na guerra!" (*GW* 4, p.25).

No começo de novembro, ao fazer um pequeno balanço da sua vida nos últimos meses, ela escreve:

> Meu estado de alma desesperado do início já melhorou. Não que eu veja as coisas mais róseas ou tenha razão para alegrar-me, de forma alguma. Mas fica-se insensível à brutalidade do primeiro choque recebido quando os choques se tornam o pão cotidiano. É evidente que o partido e a Internacional estão perdidos (*kaputt*), totalmente perdidos, mas é justamente a dimensão crescente desse desastre que faz dele um drama histórico mundial, que só pode ser confrontado a um julgamento histórico objetivo e torna desproposidado arrancarmo-nos os cabelos.[10]

Nas cartas escritas no segundo semestre de 1914, Rosa Luxemburgo mostra, sobretudo, vontade de entender o que aconteceu para poder continuar agindo.[11] No próprio 4 de agosto, à noite,

---

       partido'. O imperador não conhecia mais nenhum partido, estava escrito aqui, preto no branco, o país não conhecia mais nenhuma raça, todos falavam uma língua, todos defendiam uma mãe, a Alemanha".

10 Carta a Hans Diefenbach, 1º de novembro de 1914 (*GB* 5).

11 Novamente a Paul Levi em meados de agosto de 1914 (Quack, 1983): "Mas não são tempos para melancolia, acima de tudo precisamos ter clareza sobre o alcance de tudo o que aconteceu, sobre as perspectivas próximas e posteriores, sobre o que nos resta fazer".

mergulha em febril atividade[12] com o objetivo de iniciar o movimento de oposição à guerra, empenho prático que não a impede de passar alternadamente da esperança ao desalento entre o fim de 1914 e o início de 1915. Eis seu estado de espírito na véspera de Natal:

> Hoje assisti a um concerto na Ópera, o concerto de piano de Beethoven, foi maravilhoso. Enquanto ouvia a música, novamente amadurecia em mim o ódio frio à corja com a qual tenho de conviver. Sinto que agora é necessário que se escreva um livro sobre o que está acontecendo, que nem homem nem mulher nem as pessoas mais velhas jamais leram, um livro que atacasse essa horda com golpes de clava. Aliás, como sempre na vida, estou em notável contradição com o que faço. Planejo novamente criar a revista,[13] faço cinco assembleias por semana e trabalho para a futura organização, mas intimamente não desejo senão sossego e dar adeus para sempre a toda essa atividade sem sentido; agora eu não precisaria de nada além de estar sozinha com Mimi [a gata] e poder passear e ler quando me fosse conveniente, e de fazer meu trabalho científico por mim mesma em silêncio. Mas da maneira mais mecânica atiro-me novamente à luta e garanto para mim mesma um eterno desassossego.[14]

Rosa sente-se ultrajada pelo comportamento irracional, desumano do povo alemão, do proletariado, do SPD, da Internacional, e quer ajustar contas com todos eles, sobretudo com o SPD. É o que faz na *Brochura de Junius*, terminada na prisão em abril de 1915 e publicada na Suíça um ano depois com o título *A crise da social-democracia*.

---

12 Reúnem-se na casa de Rosa, Mehring, Marchlewsky, Ernst Meyer, Hermann e Käthe Duncker e Wilhelm Pieck.
13 *Die Internationale*, revista de que sai apenas um número em abril de 1915.
14 Carta a Costia Zetkin, 24 de dezembro de 1914 (*RL*, p.189, v.III).

Quanto mais nos debruçamos sobre esse famoso verão de 1914, mais nos espantamos com a surpresa dos contemporâneos diante da guerra.

Stefan Zweig (1968, p.183), nas suas memórias, ao descrever os anos anteriores à guerra mundial como os melhores e mais livres vividos até então pela Europa – otimismo em relação ao futuro e crença ilimitada no progresso eram as marcas registradas desse tempo, "época da confiança universal" –, não consegue esconder sua perplexidade a respeito das causas do conflito. Como era possível que povos favorecidos de tal modo pelo progresso, a liberdade nos costumes, o conforto cotidiano, se lançassem cegamente nessa aventura infernal?

Principalmente a maioria dos intelectuais, cheia de otimismo, não se dava conta da catástrofe por vir e permanecia "indiferente e passiva" (ibid., p.185). A crença de que à última hora a razão levaria a melhor impedia-os de perceber a falência iminente daquela sociedade:

> Confiamos em Jaurès, na Internacional socialista, acreditamos que os ferroviários haveriam de preferir fazer voar os trilhos a carregarem para o *front* seus camaradas como gado a ser abatido, contamos com as mulheres que haveriam de recusar seus filhos, seus maridos ao Moloch, estávamos convencidos de que a força moral, a força espiritual da Europa haveria de se manifestar triunfante no derradeiro momento, no momento crítico. (ibid., p.186)

Chegou entretanto o verão de 1914 que, curiosamente, ficou na memória dos contemporâneos como um dos mais belos até então. E o "imprevisto" aconteceu. "Em 28 de junho de 1914 disparou-se em Saravejo aquele tiro que num segundo reduziu a mil pedaços o mundo da segurança e da razão fecunda no qual fôramos criados e no qual morávamos, como se esse mundo fosse um vaso de argila" (ibid., p.198).

O mais espantoso é que, embora a guerra fosse de há muito prevista, sua deflagração não era realmente esperada, nem mesmo nos últimos dias de julho de 1914, quando a crise já havia se tornado irreversível. Tanto os governos quanto as oposições socialistas acreditavam que uma solução seria encontrada, como sempre. Donde essa "espécie de incredulidade estupefata" (Hobsbawm, 1988, p.420) que tomou conta de todos.

É compreensível que uma sociedade confiante na força da razão e no progresso visse a guerra com um "raio em céu azul". De qualquer maneira, esse enorme equívoco coletivo continua a surpreender-nos até hoje. Quando os rios de sangue secaram, rios de tinta correram para explicar as razões do conflito. Evidentemente, não é meu objetivo entrar nesse debate, mas apenas circunscrever um problema: por que a guerra foi vivida pelos contemporâneos como um acontecimento surpreendente?

Retrospectivamente, essa surpresa parece-nos inteiramente deslocada, assim como para a própria Rosa Luxemburgo. Mais tarde, ela criticou os social democratas que, tendo previsto "a chegada da guerra com a certeza do naturalista" — deduzindo-a "como consequência lógica das leis de bronze que regem o desenvolvimento do capitalismo" —, consideraram-na igualmente um evento espantoso, inesperado, quando "o verbo se fez carne" (GW 4, p.12). Mas ela mesma, militante marxista radical, que do ponto de vista teórico e prático perdera qualquer ilusão sobre o SPD, e cuja análise do imperialismo apontava a guerra como saída inevitável para as contradições da época, é igualmente apanhada de surpresa e fica momentaneamente desarmada, chegando a pensar em suicídio.[15]

---

15 "Em 4 de agosto quis matar-me, os amigos me impediram." A frase é tirada de Berger (1919, p.262). O autor pinta um retrato de

Há, evidentemente, profundas diferenças entre um escritor pacifista apolítico e uma militante marxista. Zweig (1968, p.208) lamenta "o maior crime do nosso tempo" que, pondo fim ao otimismo da *Belle Époque*, aniquilou completamente o mundo do humanismo burguês em que fora criado. Essa sociedade onde, reconhece Luxemburgo, sabia-se distinguir "o que era bom e o que era mau, o que era permitido e o que era proibido, o que era louvável e o que era vergonhoso" (*RL*, p.2, v.II) foi material e moralmente destruída em poucas semanas. Mas para ela não há o que lamentar. Rosa tem a "certeza metódica" de que das entranhas desse mundo em ruínas, cujas contradições a guerra só fez acentuar,[16] um novo tempo nascerá – empresa fáustica – trazido nos braços da revolução proletária. Zweig lamenta o passado perdido; Luxemburgo, apesar do desespero momentâneo, espera o advento do futuro. Entretanto, malgrado as diferenças, existe um solo comum a sustentá-los e que desaba naquele momento. Em que consistiu o desmoronamento do mundo anterior a 1914, referido por todos, tanto os contemporâneos quanto quem analisou posteriormente os acontecimentos?

Para os nascidos depois de 1914, "é difícil imaginar como a crença de que uma guerra mundial não podia 'realmente' acontecer estava profundamente enraizada no tecido da vida antes do

---

Luxemburgo de acordo com informações obtidas de uma conversa com Luise Kautsky em 1919.

16 "O capitalismo moderno uiva sua satânica canção de triunfo: somente ele pôde em poucas décadas acumular riquezas brilhantes e obras de civilização fulgurantes para, em poucos meses, com os meios mais refinados, transformá-las num campo de escombros. Somente ele conseguiu fazer do homem príncipe das terras, dos mares e dos ares, um ridículo semideus senhor de todos os elementos, para então deixá-lo morrer miseravelmente, como mendigo, num tormento que ele mesmo criou, sob os escombros de sua própria magnificência" (*RL*, p.2, v.II).

dilúvio" (Hobsbawm, 1988, p.420). E isso porque os contemporâneos não tinham ainda compreendido o "significado político da irracionalidade" (ibid., p.153). Na medida em que os antigos meios de dominação fracassavam, os governos recorriam a símbolos criadores de emoções — coroa, glória militar, império, conquistas coloniais — para "preencher um vácuo deixado pelo racionalismo político da era liberal" (ibid., p.154).

Tendo as massas entrado na cena política, sua lealdade aos governos passa a ser alcançada pela manipulação desses elementos irracionais, pela difusão da instrução, que cantava as glórias do passado, produzindo assim uma identidade nacional em oposição ao inimigo hereditário (cf. Ferro, 1969, p.28-31). No que as classes dominantes obtiveram absoluto sucesso. Rosa dá-se conta desse mecanismo de integração ao dizer:

> Em média o povo alemão frequentou mais a escola, aprendeu a escrever e a fazer contas de cabeça melhor que o povo russo. Paralelamente — esse é um dos fundamentos da "educação política e parlamentar" —, ele também usufruiu por mais tempo que o povo russo de aulas de religião e de um ensino patriótico da história, tendo depois recebido uma "educação político-parlamentar" na universidade da social-democracia alemã. (*RL*, p.271-2, v.II)

Diagnosticando posteriormente esse tempo, também constata com amarga ironia o peso do irracionalismo naquela conjuntura:

> No início da guerra mundial, as tradições neandertalenses prosperaram inesperadamente. A "grande época" anunciou-se no país dos poetas e pensadores por um súbito regresso em massa aos instintos dos contemporâneos do mamute, dos ursos das cavernas e do peludo rinoceronte. (*GW* 4, p.325)

Também Henriette Roland-Holst (apud Haupt, 1980a, p.215), com outras palavras, chega a conclusão semelhante:

> A atual guerra mundial demonstrou que não somente o internacionalismo não estava tão profundamente ancorado no proletariado quanto acreditávamos há dez ou doze anos, mas, sobretudo, que esse princípio permanece como qualquer outro impotente ante os sentimentos, as atmosferas, tendências e emoções que surgem do inconsciente com uma força irresistível, mesmo que o interesse lúcido esteja do lado do princípio.

Na Inglaterra, por exemplo, onde inexistia alistamento obrigatório, apresentaram-se 2 milhões de voluntários para o serviço militar entre agosto de 1914 e junho de 1915, "melancólica prova do êxito da política de integração democrática" (Hobsbawm, 1988, p.158), ou melhor, da força do nacionalismo.

Mas havia certamente motivos para as ilusões – ou a fé – na capacidade revolucionária das massas. Por quê? Para falar como Nettl (1972, p.595): "acreditavam eles enfrentar alguns dirigentes limitados, enquanto as massas – essas massas trabalhadoras lendárias e incorruptíveis – saberiam ainda o que era necessário fazer chegado o momento?". O que levava Rosa a pensar assim?

Lembremos que no início de 1910 a luta pela reforma eleitoral na Prússia (voto universal contra voto das três classes) dá grande ímpeto às ações de massa. Rosa, para quem a tática da greve de massas está na ordem do dia, tem como alvo Kautsky – defensor da luta parlamentar –, a direção do partido e dos sindicatos, criticando-os por suas vacilações e acusando-os de terem imobilizado o movimento de massas. Seu objetivo ao exigir o debate público sobre a greve de massas, que os dirigentes procuram impedir, é "despertar sua [das massas] alegria de lutar, apelar para o idealismo das massas, mostrar-lhes novos horizontes [...] sacudir (*aufrütteln*) camadas indiferentes do proletariado", enfim, esclarecer politicamente o proletariado para fazê-lo avançar (*GW* 2, p.373). Rosa compreende que só com as manifestações convocadas pela social-democracia não se conseguiria modificar o sistema eleitoral prussiano.

Como, porém, desencadear a greve de massas? Por certo a iniciativa não seria do partido, preso à disciplina, à burocracia e aos compromissos parlamentares. "A decisão de lançar uma ação de massas imediata não pode emanar senão da própria massa" (ibid., p.299). Essa tática tinha para ela dois objetivos precisos: obter o já mencionado sufrágio universal na Prússia e combater o militarismo.

Em *A acumulação do capital*, como vimos, Luxemburgo procurava mostrar o nexo intrínseco entre o capitalismo na sua fase imperialista e o militarismo. O capitalismo, para realizar a mais-valia necessária à acumulação, precisa incorporar mercados não capitalistas. Com o objetivo de conquistar novos territórios, os Estados capitalistas aumentam exércitos e armas, e, nessa medida, a guerra entre países imperialistas é inevitável. A crise do Marrocos em 1911[17] e as guerras balcânicas de 1912 e 1913 forneceram o material empírico para essa reflexão. Porém, da guerra virá a revolução. Consequentemente, é necessário preparar o proletariado

---

17 Em carta de 9 de dezembro de 1911 a Franz Mehring, Rosa dá-nos uma amostra de sua luta contra o militarismo por ocasião da crise do Marrocos: "Agora, desde 1.12, estou na minha nona reunião – elas estão todas cheias e testemunham o esplêndido espírito que anima as massas. A cada reunião critico violentamente a atitude do grupo parlamentar, defendo o ponto de vista da greve de massas e da recusa da obediência militar e *por todo lado* as massas aprovam impetuosamente, quase com manifestações. Isso mostra que artigos como o seu na *Neue Zeit* não são escritos em vão, e que as massas valem bem mais que os cretinos parlamentares que se acreditam seus dirigentes" (*GB* 4).

mediante grandes ações de massa, tendo por alvo sobretudo o militarismo, contra o qual ela desenvolve ardente campanha no imediato pré-guerra.

Rosa, que na época se encontra isolada no interior do SPD, aproveita todas as oportunidades para fazer agitação nas bases. Essa foi a saída que lhe restou, uma vez que as páginas da *Neue Zeit* e do *Vorwärts*, controlados pelos dirigentes, estavam fechadas para ela e que apenas alguns jornais de província publicavam seus artigos.

Depois da decepção com o malogro da campanha pelo voto universal na Prússia e o consequente refluxo das massas, ela volta novamente, no final de 1913, a discursar perante auditórios cheios e calorosos. A crise econômica que atinge a Alemanha nesse período leva muitos operários aos seus comícios. Essa enorme popularidade resulta da perseguição que sofre, em virtude de um discurso antimilitarista pronunciado em setembro de 1913 numa localidade perto de Frankfurt.[18] Nas manifestações organizadas pelo partido em sua defesa, Rosa declarava:

> Sabemos que a cabeça do operário alemão, uma vez iluminada pela doutrina internacionalista da social-democracia, não perde a inteligência, mesmo quando usa capacete. Sabemos [...] que os irmãos do operário alemão [...] permanecerão fiéis aos

---

18 Segundo as autoridades, Rosa teria incitado os militares à desobediência, dizendo: "Se esperam de nós que levantemos as armas contra nossos irmãos da França ou alhures, então gritaremos: 'Não o faremos'" (Luxemburgo, 1977, p.387). Em fevereiro, é condenada a nove meses de prisão, pena que cumprirá mais tarde. O processo provoca uma reviravolta na imprensa social-democrata, que passa a ver nela uma mártir e a apoiá-la. Após o julgamento em 22 de fevereiro de 1914, Rosa participa de manifestações de protesto contra sua condenação, oportunidade para denunciar o militarismo, sendo sempre vivamente aplaudida.

mandamentos da humanidade, mesmo sob o uniforme do rei. (*Vorwärts*, 18 de março de 1914, apud Badia, 1975a, p.200)

Seu entusiasmo era com certeza alimentado pelos auditórios cheios, pelos aplausos calorosos. Contudo, não se pode deixar de constatar o descompasso entre esse entusiasmo superficial das massas socialistas que acorriam para ouvi-la e a situação mais estrutural em que não havia lugar para ilusões. Por sinal, um termo usado constantemente por ela na época surge como ato falho: *Aufrütellung* (ação de sacudir, instigar). Badia (ibid., p.168) com toda razão pergunta: se é preciso instigar as massas, não seria porque elas ainda se encontram adormecidas?

Luxemburgo, no entanto, acredita que, nas "situações revolucionárias que um futuro próximo não pode deixar de reservar-nos" (*GW* 3, p.250), esse estado de espírito se transforma rapidamente. Nos momentos revolucionários, as massas não organizadas tomam a iniciativa, arrastando o partido atrás de si, caso este insista em permanecer em seu imobilismo parlamentar; "em momentos importantes, pode-se sempre contar com as massas não organizadas [...]" (ibid., p.254). Não terá ela ilusões sobre a capacidade de automobilização das massas alemãs? O fato é que, como observa Kautsky em carta de 26 de setembro de 1909 a Adler, "na Alemanha, as massas são treinadas para esperar sempre as ordens vindas de cima" (apud Badia, 1975a, p.168), diagnóstico com o qual a própria Rosa será forçada a concordar após o fatídico 4 de agosto de 1914.

De qualquer forma, a situação era explosiva nessa época:

> Por todo lado, a classe operária parecia decidida a seguir o caminho que o marxismo lhe havia traçado; o poderoso desenvolvimento dos cartéis e trustes, o processo rápido de subordinação da economia mundial ao capital financeiro, o recrudescimento dos antagonismos

entre as potências mundiais imperialistas mostravam que a era dos enfrentamentos decisivos entre o capital e o trabalho se aproximava. (Bauer apud Haupt, 1980a, p.232)

Ou, como observa Rosenberg (1983, p.57):

Se a guerra não tivesse eclodido em 1914, os conflitos entre o governo imperial e a grande maioria do povo alemão teriam aumentado até chegar a uma situação revolucionária. A eclosão da guerra venceu em primeiro lugar o abismo político interno, mas não o eliminou. Quanto mais a guerra durava e quanto mais difícil se tornava, tanto mais fortemente os conflitos existentes rompiam o invólucro da "união sagrada", até que guerra e revolução se tornaram uma só coisa.

A crise da social-democracia

O clima que acabei de descrever explica o choque da esquerda e de Luxemburgo em particular com o chauvinismo das massas trabalhadoras. *A crise da social-democracia* é, em certo sentido, um acerto de contas com seu anterior otimismo revolucionário ingênuo, na medida em que busca explicar por que as massas – e não só o partido – "traíram" o "sagrado ideal" do socialismo. Concluída nove meses depois do começo do conflito, não resta dúvida de que essa pequena brochura é sua obra-prima política.

Os golpes de clava a que se referira na carta a Costia Zetkin e com os quais queria destruir a horda alemã desfere-os logo no início do texto. Num estilo incisivo, compõe uma das mais contundentes imagens da atmosfera sombria que ronda a Alemanha nesse momento. Acabada a euforia patriótica: a marcha de seis semanas sobre Paris transformara-se num "drama mundial" de proporções inusitadas.

Seu objetivo é então ajustar contas com todos os que aderiram ao delírio nacionalista. A esses é preciso repor a memória: desde a população de cidades inteiras transformada em "populaça", disposta a denunciar e a molestar qualquer um, "onde o único representante da dignidade humana era o policial da esquina" (*RL*, p.16, v.II),[19] passando pelos intelectuais, esses "lêmures vacilantes", até finalmente alcançar o alvo mais importante, a Segunda Internacional e a social-democracia alemã em particular.

Porque junto com o desmoronamento da sociedade burguesa ocorreu o que ela considera "uma catástrofe histórico-mundial: a capitulação da social-democracia internacional" e da social-democracia alemã, "completamente posta a serviço do imperialismo". "Um acontecimento dessa importância não é certamente uma brincadeira do acaso. Ele deve ter profundas e consideráveis causas objetivas" (*RL*, p.18, 20, 28, v.II).

Na análise de Rosa Luxemburgo, duas linhas de força conduziram ao conflito. A primeira começa no período de constituição dos modernos Estados nacionais, quando Bismarck declara guerra à França. A anexação da Alsácia-Lorena pela Alemanha em 1870 arrastou a França a uma aliança com a Rússia, o que, por sua vez,

---

19 Toller (1990, p. 39), nas suas memórias, conta-nos o seguinte: "Vou pelas ruas de Munique, no Stachus um tumulto raivoso, alguém diz ter ouvido duas mulheres falando francês, as duas mulheres apanham, protestam em alemão, dizem ser alemãs, isso não as ajuda em nada, com os vestidos rasgados, os cabelos desgrenhados e o rosto ensanguentado são levadas pelos policiais à delegacia [...] Admirado, vejo que apontam para mim e para o meu chapéu, cujo forro, visível a todos, traz em grandes letras azuis o nome do fabricante de Lyon. Pego o chapéu, continuo [o passeio], o grupo, a que se juntam outros curiosos, segue-me, ouço primeiro um, depois muitos gritam 'um francês, um francês!'. Penso nas francesas do Stachus, apresso o passo, crianças correm ao meu lado, apontam-me com o dedo, 'um francês, um francês!', por sorte encontro um policial, mostro-lhe o passaporte, as pessoas cercam-nos, ele mostra-lhes meu passaporte, irritados e xingando, dispersam-se".

levou à divisão da Europa em dois campos inimigos e, por conseguinte, ao começo da corrida armamentista. A guerra franco-prussiana teve, assim, duas consequências: em política externa, conduziu ao reagrupamento político da Europa em torno do eixo formado pela oposição França/Alemanha e, no plano da política interna, ao domínio do militarismo. A guerra atual, na visão de Luxemburgo, é uma herança da política bismarckiana.

Ela detecta ainda uma segunda linha de força no desenvolvimento imperialista dos últimos 25 anos: a conquista de colônias fez brotarem antagonismos nas relações entre os países europeus, o que só podia levar a uma guerra aberta. Esta acabaria por explodir quando as oposições parciais e variáveis entre os Estados imperialistas encontrassem um eixo central, uma oposição forte contra a qual se agrupassem: o império alemão.

A Alemanha, o mais jovem e mais forte país imperialista, com os maiores cartéis da Europa, uma importante indústria pesada, uma indústria militar, os bancos mais poderosos do mundo dominando tanto a economia privada quanto a pública, com um regime político forte e um parlamento fraco incapaz de oposição, um país em que todas as camadas da burguesia estavam unidas contra a classe operária, surgiu no cenário mundial como candidata a fator de desestabilização.

Luxemburgo examina minuciosamente a política armamentista da Alemanha a partir do final do século XIX, sua política imperialista na Turquia e no Marrocos, assim como o imperialismo austríaco nos Bálcãs, para concluir que a Europa caminhava havia dez anos para a guerra, conscientemente. Se não rebentou antes, foi unicamente porque a Alemanha quis preparar-se para enfrentá-la melhor, o que só ocorreu no verão de 1914.

Essa exposição das razões que conduziram à guerra visava a mostrar que a surpresa não fazia sentido, conclusão que, embora resultado de um diagnóstico diferente, é a mesma de Arno Mayer em seu instigante estudo *A força da tradição* (1987). Numa interpretação polêmica mas convincente,[20] Mayer procura mostrar que a perplexidade dos contemporâneos dificilmente se justifica, pois a guerra, vista pelos socialistas, as vanguardas culturais, os governantes – o "público informado" de maneira geral – como uma catástrofe de grandes proporções, estava no horizonte desde pelo menos o início do século.

A partir dessa época, alastra-se a crise na Europa, que não foi alimentada pela rebelião das forças populares contra a ordem estabelecida, mas pelas elites conservadoras do *Ancien Régime*, "determinadas a prolongar sua vida privilegiada, se necessário pela força e pela violência" (Mayer, 1987, p.317). O poder econômico e político, o prestígio social e cultural dessas elites – da nobreza agrária e dos serviços públicos – não foram minimamente ameaçados por uma burguesia retrógrada, ávida de ascensão social e de prestígio, que, por um lado, buscava imitar servilmente a nobreza em seus hábitos e formas de vida e, por outro, temia e desprezava o proletariado.

Na interpretação de Mayer, diferentemente de Luxemburgo que entende a guerra como a violenta instalação do moderno mundo burguês, o conflito nada mais foi que a tentativa feita pelas antigas elites, com a ajuda dos exércitos e da própria burguesia capitalista, de "manter ou retomar um mundo idealizado do passado". O assassinato do arquiduque Francisco Fernando, longe de ter sido o estopim que, nas palavras de Zweig, fez desmoronar

---

20 Mayer sustenta a tese de que a Primeira Guerra Mundial, muito mais que a luta do capitalismo industrial para impor-se, foi a tentativa de sobrevivência das antigas elites do mundo pré-moderno, determinadas a conservar seu poder, que só foram definitivamente derrotadas na Segunda Guerra Mundial. Já Eksteins (1991) defende precisamente a tese oposta, de que foi uma guerra do mundo moderno impondo-se com violência.

"o vaso de argila" da segurança europeia, segundo o diagnóstico de Mayer (com o qual Luxemburgo concordaria), não passou do "reflexo microscópico da crise geral da Europa" (ibid., p.316).

Além disso, a análise de Rosa tem um objetivo polêmico muito preciso: destruir o argumento utilizado pela social-democracia para aderir à política da "união sagrada", de que estavam em perigo a liberdade e a *Kultur* alemãs, ameaçadas pelo tzarismo.[21] Ao contrário: o conflito fora de há muito preparado – é o que revela o exame do desenvolvimento econômico e político do imperialismo europeu nos últimos dez anos. Em resumo, enquanto para a direita e o centro social-democratas aquela era uma guerra de defesa, para a esquerda não passava de uma luta imperialista pela partilha de mercados, consequência lógica do desenvolvimento do capitalismo tal como analisado em *A acumulação do capital*.[22]

Não deixa de ser curioso, entretanto, que a própria Rosa Luxemburgo tenha ficado surpresa e terrivelmente abatida com a declaração de guerra, revelando mais uma vez o descompasso entre a previsão teórica e o próprio acontecer daquilo que fora "previsto". O que, aliás, ela não teria dificuldade em explicar, pois na sua perspectiva a "história viva" é uma caixa de surpresas – que não obedece a nenhum "esquema prévio, válido de uma vez por todas" – a surpreender continuamente os revolucionários.

Na sua análise – e nisso ela não se distingue de Lenin –, a maior parte da responsabilidade pelo rumo funesto dos acontecimentos

---

[21] Rosenberg (1983, p.67) diz que os deputados social-democratas só votaram contra os créditos quando se convenceram de que o governo alemão conduzia uma guerra de conquista e não de defesa. Trinta e cinco dos 43 catedráticos de história das universidades alemãs afirmaram durante a guerra que a Alemanha entrou no conflito só porque foi atacada (Eksteins, 1991, p.207).

[22] Essa é a interpretação marxista tradicional sobre as causas da Primeira Guerra Mundial que, como vimos, Arno Mayer não assume.

cabe à social-democracia alemã. Era seu dever pôr em prática os princípios socialistas, ou seja, mostrar que a luta de classes não tinha acabado, em vez de aderir à política da "união sagrada", cujo resultado foi deixar docilmente o proletariado à disposição do inimigo de classe.

Mas se, por um lado, a social-democracia abandonou a luta de classes, por outro, ela reconhece que a própria sociedade alemã não esboçou nenhum gesto de resistência contra o regime de estado de sítio implantado com a guerra, nem contra o fim das liberdades democráticas. Luxemburgo explica essa fácil renúncia às liberdades políticas pela "modernização conservadora" da sociedade alemã: na Alemanha, os direitos fundamentais vieram de cima para baixo, foram uma concessão de Bismarck após vinte anos de contrarrevolução:

> A Constituição alemã não tinha amadurecido nos campos da revolução, mas no jogo diplomático da monarquia militar prussiana, como o cimento com o qual essa monarquia militar construiu o atual império alemão. Os perigos para o "livre desenvolvimento da Alemanha" não residem na Rússia, como pensava a bancada parlamentar, eles residem na própria Alemanha. Residem nessa particular origem contrarrevolucionária da Constituição alemã, residem naqueles elementos de poder reacionários da sociedade alemã que, desde a fundação do império, conduziram uma constante guerra silenciosa contra a miserável "liberdade alemã". São eles: os *junkers* a leste do Elba, os provocadores da grande indústria, o *Zentrum* ultrarreacionário, a degradação do liberalismo alemão, o regime pessoal e o que resultou de todos esses elementos juntos: o domínio do sabre, o curso de Saverne (*der Zabernkurs*)[23] que logo antes da guerra festejava seus

---

23 "Em Saverne, no início de novembro de 1913, um tenente do regimento acantonado na cidade declara aos recrutas que podem

triunfos na Alemanha. Esses são os perigos reais para a civilização e o "livre desenvolvimento" da Alemanha. (*RL*, p.104, v.II)

Isso significa que na Alemanha as liberdades políticas não se encontram profundamente arraigadas na consciência das massas, situação que Rosa já havia reconhecido num artigo de junho de 1913 para a *Leipziger Volkszeitung*:

> Não há dúvida de que a ausência de grandes tradições revolucionárias na burguesia alemã e, por conseguinte, também no proletariado alemão encontra-se na origem, mesmo nas fileiras da social-democracia, de uma certa falta de confiança em si, de um respeito inveterado, excessivo pela "legalidade" do Estado policial absolutista e burocrático e pela autoridade do sabre policial. (*GW* 3, p.250)

A submissão dos alemães à autoridade, a constituição autoritária do império explicam a capitulação da sociedade como um todo, e das massas em particular perante o estado de sítio. Luxemburgo não poupa ironias a esse povo subserviente:

> um povo politicamente maduro não pode renunciar "temporariamente" aos direitos políticos e à vida pública, assim como um ser humano vivo não pode "renunciar" a respirar. Um povo que, por sua atitude, admite que durante a guerra o estado de sítio

---

> impunemente abater um alsaciano em caso de discussão ou briga, e promete-lhes até uma recompensa de dez marcos por 'civil' assim executado. Essa declaração suscita uma emoção muito viva na população da pequena cidade. O oficial comandante do regimento decreta então o estado de sítio, dispersa pela força o menor agrupamento e faz numerosas prisões. As autoridades militares e o governo do Reich aprovam essas decisões" (Badia, 1975a, p.194).

é necessário, admitiu assim que a liberdade política é, em geral, supérflua. (*RL*, p.105, v.II)[24]

Esse profundo conservadorismo, tanto da sociedade alemã, como da sociedade europeia em geral, surgido sobretudo depois do fracasso da Revolução Russa de 1905, é igualmente apontado por Mayer como uma das razões que levaram a Europa à guerra.

Seu diagnóstico, entretanto, é mais abrangente que o de Luxemburgo: os elementos acrescentados por ele trazem nova luz àquela situação, ao explicar que essa onda reacionária só foi possível, em parte, "graças à 'nova filosofia' do irracionalismo, do elitismo e da decadência cultural" (Mayer, 1987, p.294) que apresentava a guerra como um remédio para todos os males. A maioria dos intelectuais considerava a democracia de massas e, por conseguinte, o socialismo, uma temível ameaça ao seu mundo da cultura e da erudição clássicas. A guerra, encarada como libertação de uma sociedade materialista banal, hipócrita, apodrecida, foi por eles entusiasticamente acolhida e celebrada. Esses intelectuais são os "lêmures vacilantes" que com desprezo Rosa ataca logo no início de *A crise da social-democracia* e aos quais se refere em carta a Hans Diefenbach: "as manifestações de todos os poetas, artistas e intelectuais alemães fornecerão mais tarde um *document humain* de primeira grandeza".[25]

---

24 Diz Rosenberg (1983, p.71): "O governo manteve sem contestações o poder ditatorial de decidir sobre todas as questões militares, políticas e econômicas. Com a ajuda da censura e do estado de sítio, o governo podia reprimir qualquer manifestação política popular. Essa era a união sagrada alemã de 1914".

25 Carta de 1º de novembro de 1914 (*GB* 5). "Praticamente nenhuma das celebridades intelectuais ficou de fora: professores e poetas como Eucken, Natorp, Sombart, Dehmel, Gerhard e Karl Hauptmann, Thomas Mann funcionaram, por assim dizer, como oficiais entre uma infantaria de formação burguesa que fazia rimas, pregava, declamava

Além disso, os governantes souberam habilmente canalizar para o belicismo o medo de setores da baixa classe média urbana e rural, que se sentiam ameaçados pelo progresso econômico e pelo nivelamento social. O proletariado industrial, única classe a mostrar alguma disposição de se opor à guerra, por ser excessivamente fraco e integrado na nação, não tinha como resistir ao recrutamento obrigatório, nos países em que era a norma.

Apesar de verem no conflito uma catástrofe de proporções aterradoras, que "destruiria a cultura de quase toda a Europa pelas década seguintes" (von Moltke apud Mayer, 1987, p.308), tanto políticos quanto militares pensavam em termos de uma "investida rápida e limitada" (ibid., p. 304) e, assim, avançavam para o abismo, confiantes de que a catástrofe não seria total. Tanto que em agosto de 1914 os soldados partiram alegremente para o *front*, acreditando estar de volta no Natal, carregando os louros da vitória.[26] Aquela era caracterizada como guerra de movimento, decisões rápidas e heroísmo, "uma guerra de defesa patriótica, por

---

(Bornebusch, 1985, p.38). Entre os poucos que se opuseram, citemos Heinrich Mann, o grupo *Die Aktion* liderado por Franz Pfemfert e Ludwig Rubiner, Eric Mühsam com sua revista *Kain*, Wilhelm Herzog e a revista *Das Forum* (ver Richard, 1971, p.34).

26 A seguinte passagem do diário de um soldado francês, de 22 de agosto de 1914, dá-nos bem a medida das ilusões daquela geração a respeito da guerra: "Súbito, um sibilar estridente nos joga de cara no chão, apavorados. A rajada acaba de explodir acima de nós. Os homens, de joelhos, enrolados, com a mochila na cabeça, erguendo as costas, colam-se uns aos outros. Com a cabeça embaixo da mochila, dou uma olhada nos meus vizinhos: ofegantes, sacudidos por tremores nervosos, a boca contraída por um rito medonho, todos batem os dentes. De cabeça baixa, parecem supliciados oferecendo a cabeça aos carrascos. Essa espera da morte é terrível. O cabo que perdeu o quepe me diz: 'hein, cara, se eu tivesse pensado que isso era a guerra, se tiver que ser assim todos os dias, prefiro ser morto logo' [...]. No seu alegre descuido, a maioria de meus camaradas nunca havia refletido sobre os

conseguinte uma guerra justa; e, de qualquer maneira, uma guerra inelutável" (Ferro, 1969, p.23).

A ideia de um conflito mundial estava assim no horizonte, sobretudo dos socialistas. Já em 1905, durante a questão do Marrocos, Bebel predizia que a Europa caminhava para a "catástrofe", e em 1911, no seu manifesto eleitoral, os social-democratas alemães acusavam as classes dominantes da Europa de se prepararem para impor a guerra a seus povos.

Mas tanto as vanguardas políticas quanto as culturais, que se opunham à conflagração, não passavam de ilhas num oceano dominado por valores antidemocráticos, hierárquicos e conservadores. A crença na honra, no esforço, no progresso, na disciplina e, sobretudo, no dever, acrescentando-se a tudo isso, no caso particular da Alemanha, um iníquo espírito de submissão à autoridade, como representado no personagem principal da sátira de Heinrich Mann, *O súdito* (2014), eram os valores dominantes. "Afinal, em julho-agosto de 1914 os governantes das grandes potências, quase todos inteiramente nobres, marcharam para o precipício da guerra com olhos muito abertos, mentes calculistas e isentos de pressões de massas" (Mayer, 1987, p.311), porque estas, de um modo ou de outro, se encontravam incorporadas àquela sociedade.

Recorde-se que também Luxemburgo, em sua análise, acaba reconhecendo a integração do proletariado à sociedade alemã, o que tornava ainda mais espinhosa a tarefa dos revolucionários, como ela mesma observa: "A guerra mundial mudou as condições de nossa luta e, sobretudo, a nós mesmos" (*RL*, p.21, v.II).

Dada essa situação, qual deveria ter sido, em termos práticos, o comportamento político da social-democracia? Chamar à greve de

---

horrores da guerra. Eles só viam a batalha através dos cromos patrióticos" (Ferro, 1969, p.23).

massas, à desobediência militar? Isso equivaleria a "fazer" a revolução. Mas, para Rosa, como sabemos, "revoluções não são 'feitas', e grandes movimentos populares não são encenados com receitas técnicas tiradas do bolso das instâncias partidárias" (ibid., p.127). Ações de massa resultam de um conjunto de "fatores econômicos, políticos e psíquicos, [d]a tensão das oposições de classe num dado momento, [d]o grau de esclarecimento, [d]o amadurecimento da disposição das massas para a luta, que são imponderáveis e que nenhum partido pode fabricar artificialmente" (ibid.).

As massas em ação criam formas de luta novas, improvisadas, não previstas pelos partidos. Nesse sentido, "os dirigentes da social-democracia, como vanguarda do proletariado com consciência de classe, não tinham que dar prescrições ridículas e receitas ridículas de natureza técnica, e sim a *palavra de ordem política, a clareza sobre as tarefas e os interesses políticos do proletariado na guerra*" (ibid.). Trocando em miúdos: a política correta, nesse momento preciso, teria consistido em utilizar a tribuna do parlamento "para despertar o povo" (ibid., p.128).[27]

Caso a social-democracia tivesse adotado essa tática, as massas a teriam apoiado? A seu ver, não só essa pergunta não pode ser respondida, como também não faz sentido. Segundo Rosa, quando se entra na luta é preciso enfrentá-la, "sem exigir previamente a certeza do sucesso" (p.129). A pergunta é evidentemente retórica. Ela sabe muito bem que as massas na rua exigiram histericamente a entrada da Alemanha na guerra. Até mesmo vários deputados social-democratas, adversários do conflito, mudaram

---

27 Depois que Karl Liebknecht é expulso da bancada do SPD no início de janeiro de 1916, Luxemburgo volta a defender unicamente ações de massa fora do parlamento (ver Der Rhodus, *Spartakusbriefe*, n. 1, 20 de setembro de 1916, in *GW* 4).

de ideia por causa das demonstrações públicas de apoio à guerra. Foi uma vaga chauvinista que arrastou a todos, tornando a resistência, nessa hora, um ato de grande coragem. Justo o que Rosa exige da social-democracia.

No seu entender, o essencial para um partido operário, sobretudo numa época de refluxo, é fazer a propaganda da posição politicamente correta, esclarecer as massas, despertar-lhes a consciência, preservar a razão ali onde se encontra ameaçada, enfim, executar a tarefa do *Aufklärer*, mesmo correndo o risco do isolamento. Em outras palavras, esse tipo de partido não pode abrir mão de seu programa classista, sob pena de perder a "força moral", a "honra". Precisamente porque a social-democracia alemã era o partido da classe operária, ela teria sido ouvida, ainda que não de imediato.

Em resumo, Rosa está convencida de que, se o SPD tivesse adotado uma ativa política de classe, explicando o caráter imperialista da guerra, teria permanecido como ponto de referência para os movimentos operários de todos os países. E à medida que o horror do conflito se fosse revelando claramente, "tudo que é vivo, honesto, humano, progressista se reuniria sob a bandeira da social-democracia" (ibid., p.152). É sua firme convicção que o prestígio moral do SPD teria tido peso decisivo sobre os socialistas do mundo inteiro, e, nessa medida, a paz viria mais rapidamente e o número de vítimas seria menor.

Com base nessa análise, a grande responsabilidade pela inexistência de perspectivas, não só do socialismo internacional, mas, mais que isso, pela falta de futuro que assombra a humanidade, é da social-democracia alemã. A ela cabia representar o papel principal na luta contra a barbárie, sintetizada na guerra imperialista. Todo esse sacrifício poderia ter sido minimizado, caso os socialistas alemães tivessem cumprido a missão que eles mesmos, outrora, se haviam outorgado: lutar contra a corrente, defender os princípios da solidariedade proletária, ou seja, preservar a força moral do partido, mesmo que essa política, num primeiro momento, não desse frutos.

Vemos assim que, na sua análise das razões do conflito, Luxemburgo não separa fatores objetivos e subjetivos. Por um lado, a política de Bismarck e a conquista de colônias, por outro, o imobilismo, o apoio ativo da social-democracia, da sociedade e do proletariado alemão ao governo foram os fatores que conduziram à guerra. Porém, a ênfase é posta no polo subjetivo. Mais uma vez Rosa aposta na ação dos trabalhadores, meio de alterar o rumo "inexorável" dos acontecimentos. Por isso repete, quase com as mesmas palavras, o que dissera na juventude ao sintetizar a concepção dialética da história, referindo-se a Marx e Lassalle:

> Os homens não fazem arbitrariamente a história, mas, apesar disso, fazem-na eles mesmos. A ação do proletariado depende do grau de maturidade do desenvolvimento social, mas o desenvolvimento social não é independente do proletariado. Este é, em igual medida, sua força motriz e sua causa, assim como seu produto e sua consequência. Sua própria ação faz parte da história, contribuindo para determiná-la. (*RL*, p.28, v.II)

Tendo como arcabouço de suas análises o marxismo compreendido como unidade entre teoria e prática, entre leis do desenvolvimento histórico e consciência de classe ou, em outras palavras, o ponto de vista da totalidade, Rosa encara a ação política da social-democracia – e do proletariado – como momento dessa totalidade, da qual é constituinte o fim revolucionário. Por isso lamenta que o SPD tenha renunciado da maneira mais cabal à luta de classes, à "ética" do proletariado, na expressão de Lukács, para entregar-se à política realista dos ganhos imediatos, mesmo que estes significassem momentaneamente não perder o apoio das massas.

É evidente que toda essa análise tem um objetivo propagandístico muito claro: mostrar que o SPD não cumpre seu papel, esperando que, com o tempo, seja arrastado à ação pelas massas descontentes com o rumo dos acontecimentos. Entretanto, não deixa de ser curioso que Luxemburgo continue tendo esperanças na "regeneração" da social-democracia.

Afinal, ela nunca teve grandes ilusões sobre o caráter revolucionário desse partido, como já o atestam suas cartas de Berlim a Leo Jogiches.[28] O SPD, como sabemos, resultou da fusão do partido de Lassalle e do partido de Bebel e Liebknecht no Congresso de Gotha (1875) em que, para grande aborrecimento de Marx, foi adotado um programa reformista, centrado em reivindicações imediatas: sufrágio universal, voto secreto, liberdades democráticas, melhoria das condições de vida dos trabalhadores por via parlamentar. Não se mencionavam a revolução, o caráter de classe do Estado, a análise de Marx do desenvolvimento capitalista.

Em virtude das leis antissocialistas de Bismarck, o partido, no entanto, acaba se radicalizando, e, no Congresso de Erfurt (1891), o marxismo torna-se a doutrina oficial. O programa de Erfurt, elaborado principalmente por Kautsky, com seus objetivos revolucionários a longo prazo e os objetivos imediatos a realizar nos quadros da sociedade capitalista, muito semelhantes aos do programa de Gotha, estabelecia de fato um compromisso entre revolucionários e reformistas, que acaba se desfazendo sob a pressão de um mundo em mudança (Schorske, 1965, 1º cap.).

Dito de outro modo, a contradição entre o objetivo final revolucionário e as reivindicações que faziam avançar na prática o movimento operário atravessa o SPD desde as origens. Embora, no plano teórico, os radicais tenham conseguido manter os princípios

---

28 Ver, entre outras, as cartas de 1º de maio de 1899 e de 24 de setembro de 1899 (*GB* I).

de Erfurt, na realidade, em virtude das melhorias sociais alcançadas na legalidade, o reformismo dominava o partido. Essa era uma das razões pelas quais Luxemburgo insistia tanto na necessidade de unir teoria e prática, pondo a prática de acordo com a teoria.

Paulatinamente, sobretudo a partir de 1906 com a polêmica sobre a greve de massas, vai-se revelando a Rosa o descompasso entre o "radicalismo oficial" do SPD, na expressão de Arthur Rosenberg, e o seu reformismo, proveniente da integração na sociedade guilhermina.[29] Desde essa época, com a nomeação de funcionários permanentes, os sindicatos e o partido começam a burocratizar-se,[30] processo que, no caso do SPD, vai se acentuando com a eleição de pragmáticos para a direção. Quando, com a morte de Bebel em 1913, Ebert se torna, junto com Haase, presidente do comitê diretor, a direção passa ao "uso brutal do poder" (Nettl, 1972, p.451), procurando, por todos os meios, enfraquecer os radicais.

Doravante, a ala esquerda, não tendo mais acesso à imprensa partidária, perde influência sobre a organização, dominada pelos "elementos oportunistas", e fica totalmente isolada das grandes massas:

---

29 Em carta do início de 1907 a Clara Zetkin, escreve: "Desde a minha volta da Rússia, sinto-me bastante só neste contexto. Tenho consciência, mais brutal e dolorosamente que nunca, da pusilanimidade e da mesquinharia que reinam no nosso partido, mas, quanto a isso, não me encolerizo como você, porque já entendi – é de uma clareza assustadora – que essas coisas e essas pessoas não poderão mudar enquanto a situação não tiver mudado completamente" (Luxemburgo, 1975, p.285).

30 Só um exemplo: "Em 1900, os sindicatos nacionais contavam com 269 militantes em tempo integral; em 1914, 2.867" (Badia, 1975a, p.137-8).

Sentimo-nos aqui cortados do mundo por um duplo muro: o do estado de sítio e o da atitude oficial do partido [...] no momento, os opositores à tática oficial estão amordaçados e [...] a vida política das massas completamente abafada [...] em suma, nossa posição no interior do partido é bem triste, e precisamos diariamente juntar todas as nossas forças e coragem para continuar atravessando este pântano.[31]

A fim de difundir suas ideias, Rosa vê-se obrigada a fundar, com Mehring e Marchlewsky, seu próprio boletim, a *Sozialdemokratische Korrespondenz* (que vai de fins de 1913 a 1915),[32] mais um *samizdat* que qualquer outra coisa.

Para a ala direita, que passa a dominar doravante o SPD, a teoria não interessa, e muito menos a revolução. Seu objetivo, que consideram alcançado em outubro de 1918 quando entram no governo do príncipe Max de Bade, é fazer do SPD "'um partido reformista, que se coloca no terreno do Estado existente', quer dizer, que aceita a monarquia e a sociedade alemã tal qual é" (David apud Badia, 1975a, p.227). Ilusões no partido, portanto, não há. Pelo contrário, Rosa percebeu desde cedo a contribuição da social-democracia para a integração da classe operária à sociedade imperial, a que se refere com dolorosa ironia: "Marx, Engels e Lassalle, Liebknecht, Bebel e Singer educaram o proletariado alemão para que Hindenburg pudesse dirigi-lo" (*GW* 4, p.24).

Nesse duplo processo de integração, da social-democracia às suas sociedades de origem e do proletariado à social-democracia,

---

31 Carta a Carl Moor, 12 de outubro de 1914 (*GB* 5).
32 O boletim, mimeografado, saía três vezes por semana com uma tiragem de 150 exemplares. Tinha 75 assinantes, 60 jornais social-democratas, *Die Gleichheit* (jornal dirigido às mulheres), e catorze particulares. Apenas seis ou sete cotidianos de província reproduziam intermitentemente os artigos (Badia, 1975a, p.213).

os historiadores enxergam a causa principal de seu imobilismo diante da política imperialista dos governos. Mesmo os partidos social-democratas alemão e austríaco, normalmente reconhecidos como sociedades à parte nos seus respectivos países, estavam totalmente incorporados à "cultura oficial pela fé na educação (ou melhor, no sistema de escolas públicas), na razão e na ciência, bem como nos valores das artes (burguesas) – ou os 'clássicos'. Eram, afinal, herdeiros do Iluminismo" (Hobsbawm, 1988, p.156).

No caso da Alemanha, que aqui nos interessa, a origem dessa integração, como sabemos, encontra-se no fato de a social-democracia ter se desenvolvido num período de paz social – ideia equivocadamente refutada por Luxemburgo –, adaptando-se assim à ordem capitalista. Segundo Rosenberg (1983, p.45):

> A direção do partido social-democrata era um contragoverno secreto e August Bebel, do alto de sua influência, uma espécie de contraimperador. Contudo, a social-democracia mantinha-se dentro da lei. Desde que com a suspensão das leis de exceção alcançara a liberdade de movimento político, queria apenas aumentar seus seguidores pela propaganda legal.

Nas eleições de 1912, com 110 de um total de 397 deputados no Reichstag, a bancada parlamentar do SPD tornou-se a mais importante do Império. O que, diga-se de passagem, num sistema de representação arcaico, dominado pelos nobres prussianos nas Câmaras altas (*Landtag/Bundesrat*), dava ao SPD pouco peso político. Um social-democrata não tinha nenhuma possibilidade de chegar a ministro, nem no Reich nem nos *Länder* [províncias]. O culto às eleições e aos sucessos eleitorais acabou levando a maioria dos socialistas a ver na política social e no direito de voto as aquisições mais importantes da social-democracia, unilateralismo que acabou se vingando na revolução de 1918-1919 (ibid., p.13).

A social-democracia alemã, com sua poderosa organização enquadrando a classe operária em todos os níveis – sindical, político, cultural[33] –, constitui assim um partido *sui generis*, diferente dos partidos operários existentes em países de democracia parlamentar. A esse respeito, escreveu Ruth Fischer (apud Broué, 1971, p.27):

> Os social-democratas alemães foram capazes de realizar um tipo de organização que ia infinitamente além de uma associação razoavelmente unida de indivíduos que se reuniam temporariamente para objetivos temporários, infinitamente além de um partido de defesa dos interesses operários. O partido social-democrata alemão tornou-se uma maneira de viver. Foi muito mais que uma máquina política: deu ao operário alemão dignidade e estatuto, num mundo que era o seu. O operário, como indivíduo, vivia no seu partido, o partido penetrava nos hábitos cotidianos do operário. Suas ideias, reações, atitudes resultavam da integração de sua pessoa nessa coletividade.

A social-democracia – embora reconhecida como contrassociedade – estava, portanto, integrada à sociedade que lhe dera origem. Além disso, existia uma espécie de simbiose entre ela e a classe operária alemã. É o que permite a Rosa Luxemburgo, polemizando com Lenin, definir a social-democracia não como um partido ligado à organização da classe operária, mas como "*o próprio movimento* da classe operária".

---

[33] Só para citar um exemplo, em 1908, *Die Neue Zeit* [O Novo Tempo], a revista teórica dirigida por Kautsky, tinha 8,5 mil assinantes, e o *Vorwärts* [Avante], órgão central do partido, 143 mil assinantes. Em 1914, o partido tinha 293 jornais com 1,5 milhão de assinantes, publicações literárias, humorísticas, para a família, as mulheres, a juventude, além de revistas doutrinárias.

Ademais, conquanto a Alemanha estivesse longe de ser uma sociedade democrática, não se pode menosprezar uma particularidade que muito contribuiu para o fortalecimento da classe operária e, por conseguinte, para sua assimilação: "em nenhum país industrializado havia tal mistura de absolutismo e direitos democráticos". Embora houvesse discriminação de classe no exército e nos sistemas eleitorais de vários *Länder*, entre eles a Prússia com seu sistema censitário das três classes, existia no plano federal grande liberdade de expressão, aliada ao sufrágio masculino universal. Isso permitiu à classe operária construir o seu partido, sindicatos, associações e obter representados nos parlamentos locais (*Landtag*), órgãos municipais e assembleias de arbitragem industrial (Mendes de Almeida, 1980, p.110).

Em resumo, pode-se observar na Alemanha antes de 1914 uma tendência nítida para a "integração negativa" da classe operária na sociedade, por meio de reformas sociais limitadas, melhorias econômicas e uma certa tolerância política. Daí a ambivalência da situação: numa sociedade altamente industrializada, estão dadas as condições objetivas para o fim do sistema capitalista, mas, ao mesmo tempo, há um enfraquecimento da vontade revolucionária.

Quando Luxemburgo observa que na Alemanha o proletariado tem uma consciência "teórica, latente", em contraposição à consciência "prática, ativa" dos russos, ela está, de maneira tímida, oblíqua, nomeando esse processo de integração da classe operário ao capitalismo. Mas como sua análise do imperialismo aponta no sentido contrário, de uma exclusão total das massas trabalhadoras dos benefícios do sistema, essa assimilação não pode ser explicada economicamente, caso de Bernstein, mas apenas politicamente, como resultado da tática reformista da social--democracia e dos sindicatos – donde a firme convicção de que uma política classista consequente conduziria a classe operária no caminho da revolução.

A crise da social-democracia representa, de certa forma, uma viragem no pensamento político de nossa autora. É uma reflexão pessimista sobre a derrota da classe trabalhadora e do socialismo naquele momento, um texto curioso a oscilar entre a esperança e a descrença. Uma esperança mitigada aparece na ideia de que o proletariado aprende com os próprios erros, de que uma impiedosa autocrítica o fará retomar a via revolucionária, "pois sua fraqueza é apenas confusão, e a lei rigorosa da história restitui-lhe a força, garante-lhe a vitória final" (*RL*, p.21, v.II). Enquanto a sociedade burguesa mergulha precipitadamente em direção a seu fim, o proletariado internacional, que, num "momento de confusão e fraqueza", perdeu o rumo, "precisa cair em si – e ele o fará" (ibid.), *se* aprender com os próprios erros, *se* tomar consciência de que apenas sua ação poderá apontar uma saída para a barbárie reinante. O futuro da humanidade depende da

> *capacidade de ação das massas proletárias na luta contra o imperialismo*. O que falta ao proletariado internacional não são postulados, programas, palavras de ordem, mas ações, resistência eficaz, capacidade de atacar o imperialismo no momento oportuno – precisamente durante a guerra – e pôr em prática a velha palavra de ordem "guerra à guerra!" (ibid., p.139, grifos do original)

Mas, justamente porque a sorte da humanidade depende da capacidade de ação das massas proletárias cometendo suicídio nos campos de batalha, o futuro revela-se sombrio. Um pouco depois, esse juízo negativo sobre o porvir ganha contornos mais precisos e, como sabemos, sua previsão revelou-se correta:

> Com a guerra, o socialismo apagou-se como fator da história. Por isso, a guerra trouxe consigo um enorme fortalecimento da dominação capitalista, da reação social e política e do militarismo.

O que será *depois* da guerra, que condições e que papel esperar da classe operária depende da maneira pela qual a paz for alcançada. Se for mera consequência do esgotamento final de todas as potências militares ou – o que seria pior – da vitória militar de uma das facções em luta, numa palavra, se surgir sem a ação do proletariado, na total tranquilidade interna do Estado, então tal paz significa apenas a confirmação da derrota mundial do socialismo na guerra. (GW 4, p.216)

Em *A crise da social-democracia*, apesar da profissão de fé na dialética histórica que garante a vitória do socialismo, e apesar de retomar a ideia mestra de *A acumulação do capital* – a impossibilidade de uma acumulação ilimitada e o necessário colapso do sistema – para fundamentar objetivamente a necessidade da vitória do socialismo, a dúvida quanto a essa vitória acaba por levar a melhor.[34]

---

[34] A tese n.7 dos "Leitsätze über die Aufgaben der internationalen Sozialdemokratie" [Diretrizes sobre as tarefas da social-democracia internacional], princípios diretores para orientação dos spartakistas, distribuídos ilegalmente como panfleto em fevereiro de 1916 e publicados como apêndice de *A crise da social-democracia*, diz o seguinte: "qualquer que seja o derrotado e qualquer que seja o vitorioso, a atual guerra mundial significa uma derrota do socialismo e da democracia. Qualquer que seja a saída – exceto se houver a intervenção revolucionária do proletariado internacional – ela só conduz ao reforço do militarismo e do marinismo, dos apetites imperialistas, dos conflitos internacionais, das rivalidades econômico-mundiais e da reação no plano interno [...] em contrapartida, leva ao enfraquecimento do controle público, da oposição, assim como reduz os parlamentos a instrumentos obedientes do militarismo em todos os países. Portanto, em última instância, essa guerra mundial trabalha apenas para que, depois de um maior ou menor intervalo de paz, uma nova guerra seja deflagrada" (*RL*, p.10-1, v.II).

Se a autora, por um lado, pode dizer que, "em última análise, o imperialismo trabalhava para nós" (p.141), por outro, não deixa de constatar, com amargura, que a guerra está provocando o

> *desaparecimento em massa do proletariado europeu* [...] É nossa força, nossa esperança que ali são ceifadas, em fileiras, como erva caindo diariamente sob a foice [...] Mas para que o socialismo possa avançar e vencer é preciso um proletariado forte, capaz de agir, educado, e massas cujo poder reside tanto na sua cultura intelectual quanto no seu número. E essas massas, precisamente, estão sendo dizimadas pela guerra mundial. (*RL*, p.142-3, v.II, grifos do original)

No começo do texto, ela defendera a ideia – em que há um indício de esperança – de que a consciência de classe proletária só pode resultar de um doloroso processo de aprendizagem histórica, que a possibilidade de emancipação humana depende de algo tão imponderável quanto a perda das ilusões dos trabalhadores nas virtudes da sociedade burguesa. Porém, no fim, a nota pessimista, o tom dubitativo predomina, e ela abandona sua maneira triunfal de encarar a derrota como passo necessário no caminho da vitória. A derrota é antes vista pelo seu lado negativo, por destruir fisicamente a classe trabalhadora:

> A sangria da matança de junho [de 1848] paralisou por uma década e meia o movimento operário francês. A sangria da carnificina da Comuna [de Paris] fez que ele recuasse novamente por mais de uma década. O que agora ocorre é um massacre de massas como nunca existiu, que reduz cada vez mais a população trabalhadora adulta de todos os países dirigentes civilizados às mulheres, aos velhos e aos aleijados, uma matança que ameaça exaurir o movimento operário europeu. Mais uma guerra mundial como esta e as perspectivas do socialismo ficarão enterradas sob as ruínas empilhadas pela

barbárie imperialista. É muito mais que a infame destruição de Liège ou da catedral de Reims. É um atentado, não à cultura burguesa do passado, mas à cultura socialista do futuro, um golpe mortal contra aquela força que traz em seu âmago o futuro da humanidade, a única que pode salvar os preciosos tesouros do passado e transmiti-los a uma sociedade melhor. (ibid., p.143)

Embora reconheça o peso da ideologia burguesa sobre os trabalhadores, levando-os a integrar-se na sociedade capitalista, nunca lhe ocorreu que esse processo pudesse ser irreversível. O perigo, para ela, consiste na possibilidade de se constituir no pós-guerra uma nova sociedade sem a intervenção consciente do proletariado, dada sua *destruição física*. O seu pessimismo vem desse temor e nunca da suspeita de uma assimilação definitiva das classes populares à sociedade capitalista avançada, pois no seu entender a lógica da acumulação impede-o. Quando as condições objetivas permitirem – cansaço da guerra, derrota militar –, os de baixo representarão o papel que lhes foi dado no grande drama histórico do presente.

Já que a alternativa à barbárie depende da ação consciente de uma classe no momento derrotada, no período da guerra, como vimos nas cartas da prisão, Rosa deposita suas esperanças na história, que escreve direito por linhas tortas. É necessário esperar as massas despertarem de sua embriaguez e a luta de classes tornar-se novamente visível. Enquanto a "ação audaz" permanece reduzida a um pequeno grupo de militantes aguerridos, as leis do desenvolvimento histórico continuam seu trabalho de toupeira até que, por fim, forçarão os adormecidos a acordar.

Numa sociedade como essa, em que os trabalhadores são apenas "teoricamente" revolucionários, qual a tarefa do partido?

Esclarecimento e agitação: a Liga Spartakus

O apelo aos estudantes dos reitores e conselhos administrativos de universidades da Baviera, em 3 de agosto, é revelador da histeria que se apoderou dos espíritos cultivados quando da declaração de guerra da Alemanha à Rússia:

> Estudantes! As musas silenciaram. O que importa é a batalha, a batalha a que nos forçaram em nome da *Kultur* alemã, que se vê ameaçada pelos bárbaros do Leste, e em defesa dos valores alemães, que o inimigo no Ocidente inveja. Desse modo, o *furor teutonicus* irrompe em chamas mais uma vez. Refulge o entusiasmo das guerras de libertação, e começa a guerra santa.[35]

Tendo em mente essa atmosfera em que a grande maioria da população europeia – inclusive os trabalhadores – apoiou entusiasticamente a guerra, gerando uma unanimidade a que veio fazer coro a maior parte dos intelectuais, não deixa de surpreender a resistência do pequeno grupo de oposição que surge no interior do SPD, do qual Luxemburgo é a mentora intelectual. O que talvez possa parecer o mero resgate histórico de um punhado de socialistas revolucionários que pouco peso tiveram no cenário político da época é, na realidade, fundamental para compreendermos os destinos da esquerda contemporânea. Afinal, no comportamento da social-democracia perante a guerra, estava em jogo "o futuro de todo o socialismo no século XX" (Nettl, 1972, p.587).

A oposição é, antes de mais nada, um grupo de resistência que busca preservar o socialismo revolucionário contra o caudal nacionalista, ainda que à custa do isolamento. O seu papel nesse contexto consiste em esclarecer, agitar e esperar:

---

35 Burschen heraus!, *Vossische Zeitung*, 391, 4 de agosto de 1914, apud Eksteins (1991, p.127).

É certo que revoluções não podem ser ordenadas. Esta também não é a tarefa dos partidos socialistas. O dever consiste apenas em sempre, corajosamente, "dizer o que é", ou seja, mostrar às massas, de maneira clara, nítida, suas tarefas num dado momento histórico, proclamar o programa de ação política e as palavras de ordem resultantes da situação. O socialismo deve, sem receio, deixar à própria história a preocupação com o momento do levante revolucionário de massas [...] Mas também, no pior dos casos, quando aparece primeiro como voz no deserto, que as massas se negam a seguir, produz, conforme se verifica sempre necessariamente no final das contas, uma posição moral e política, cujos frutos ele recolhe com juros compostos ao bater a hora da realização histórica. (GW 4, p.289)

A esquerda radical – os spartakistas[36] – era a "voz no deserto que as massas se negam a seguir". Com a guerra, a social-democracia alemã divide-se em três tendências bem definidas: a direita, o centro e a esquerda, as duas últimas permanecendo juntas na oposição até fins de dezembro de 1918, apesar das divergências e hostilidades recíprocas.

A origem dos spartakistas encontra-se no movimento de oposição à guerra iniciado na noite do próprio 4 de agosto de 1914, quando alguns membros da ala esquerda do partido se reúnem na casa de Rosa, com o objetivo de discutir o que fazer daí por diante. A primeira tomada de posição pública contra o SPD ocorre em 10 de setembro, sob a forma de uma declaração assinada por ela, Karl Liebknecht, Franz Mehring e Clara Zetkin (GW 4, p.5). Entretanto, o que marca simbolicamente o nascimento da oposição é

---

36 O grupo de Liebknecht/Luxemburgo era conhecido como "Grupo Internationale", nome oficial até 11 de novembro de 1918. Em 27 de janeiro de 1916, é publicada a primeira das *Cartas políticas* assinada Spartakus que, a partir de setembro, passam a chamar-se *Cartas de Spartakus*.

o fato de Liebknecht, em 2 de dezembro, desafiando a disciplina partidária, votar sozinho contra a concessão de novos créditos de guerra.³⁷ Com isso, transforma-se no símbolo da oposição, passando a ser internacionalmente conhecido, sobretudo a partir da manifestação de 1º de maio de 1916 na Potsdamerplatz em Berlim, quando grita "Abaixo a guerra! Abaixo o governo!".

A esquerda constitui-se em núcleo de oposição contra as outras tendências no início de janeiro de 1916, adotando como programa as *Diretrizes sobre as tarefas da social-democracia internacional* (*Leitsätze*) redigidas por Luxemburgo na prisão, para a conferência de Zimmerwald. As *Diretrizes* não constituem um programa, mas "uma declaração de princípios" (Nettl, 1972, p.610) insistindo na necessidade de os grupos de oposição à guerra em cada país educarem as "grandes massas" e fazerem "agitação [...] nos parlamentos e na imprensa", com o objetivo de "denunciar a fraseologia do nacionalismo, legada como instrumento de dominação da burguesia" (*RL*, p.13, v.II). É sugerida a criação de uma nova Internacional, necessária para dirigir a luta contra o imperialismo. Mas, pensa Rosa, enquanto não houver um grande movimento de massas contra a guerra, essa Internacional não passará de um general sem tropas.³⁸

---

37 Em 21 de dezembro de 1915, quando de nova votação dos créditos, dezoito deputados, além de Liebknecht e Rühle (na votação de 20 de março de 1915, Rühle seguira Liebknecht), recusam aprovar os créditos de guerra. Liebknecht é expulso da bancada do SPD em 12 de janeiro de 1916 e os outros em 24 de março. Esses deputados centristas formam a *Arbeitsgemeinschaft* [Comunidade de trabalho], embrião parlamentar do futuro USPD.

38 Na conferência spartakista de 19 de março de 1916, Rosa, opondo-se a reuniões internacionais de dirigentes sem massas, mostra não se iludir quanto à possibilidade de reconstrução de uma Internacional em novas bases, a partir das conferências de Zimmerwald e Kienthal. Pede

Em janeiro de 1917, o conjunto da oposição resolver adotar postura mais clara contra a política do governo, respondendo assim à pressão popular pela paz, e convoca uma conferência nacional. Apesar das divergências entre centristas e spartakistas, estes comparecem à conferência. A direção do SPD, em nome da disciplina partidária, expulsa a oposição em bloco e em abril é fundado o Partido Social Democrata Independente (USPD), ao qual os spartakistas se filiam formalmente, conservando, entretanto, sua autonomia organizativa e linha política própria: "Até o último ano da guerra, todos esses líderes da oposição permaneceram generais sem exércitos" (Barrington Moore, 1987, p.396).

Os autores comunistas, entre eles Lukács,[39] criticam a esquerda alemã por não ter, já na época da guerra, fundado um partido-vanguarda da classe operária, único meio, no seu entender, de subtrair as massas à influência reformista da social-democracia e pré-requisito para a vitória da revolução socialista.

É verdade que Luxemburgo, apesar das divergências táticas em relação à direita e ao centro, recusa-se até o início de 1917 a deixar o SPD, por considerar a luta dentro da organização a maneira mais eficaz de reconquistar os trabalhadores sob influência da social-democracia. A esquerda como um todo é movida pela ideia de salvar o partido contra Ebert/Scheidemann. O maior temor de Rosa é fazer parte de uma seita isolada, sem influência sobre os trabalhadores:

> Por mais louváveis e compreensíveis que sejam a impaciência e a cólera amarga provocadas nos dias de hoje pela fuga do partido de muitos de seus melhores elementos, fuga é fuga, e para nós é uma

---

que não se exagere o alcance dessas conferências, uma vez que as massas proletárias continuam adormecidas.

39 Observações críticas... e Observações de método acerca do problema da organização (Lukács, 1975b).

traição às massas que se debatem e sufocam no nó corredio dos Scheidemann e Legien, abandonadas à mercê da burguesia. Pode-se "sair" de pequenas seitas e conventículos quando eles não nos convêm mais, para fundar novas seitas e conventículos.[40]

Justo o que ela rejeita.

Mas isso não a impede, assim como a Liebknecht, de exigir sempre, desde 1915, a clara demarcação dos campos no interior da oposição: denuncia insistentemente a indecisão e as meias-medidas do centro social-democrata, sem pensar contudo numa organização separada. Ironizando os centristas (os futuros independentes) que, na sua moderação gostariam de recuperar o partido tal como era antes da guerra, escreve: "Aquela social-democracia alemã d'antanho, com sua 'antiga e comprovada tática', jaz esmagada sob as rodas do carro triunfante do imperialismo" (*RL*, p.154, v.II).

Malgrado esse juízo severo, os spartakistas não pensaram em fundar outro partido. Aliás, nenhuma das duas correntes de oposição cogitou em deixar o SPD. Foram expulsas. E em dezembro de 1918, quando as divergências entre independentes e spartakistas se tornam irreconciliáveis, Luxemburgo e Jogiches ainda hesitam em abandonar o USPD para criar uma nova organização.[41]

Se, por um lado, tal comportamento revela o medo de ficar isolada, por outro, dá mostras do *pathos* iluminista que a domina. Rosa pensa ser possível fazer o partido voltar à razão por meio de bons argumentos e da pressão das massas. Não escrevera ela outrora a Henriette Roland Holst-van der Schalk (1937, p.221):

---

40 Carta aberta aos amigos políticos, assinada Gracchus, pseudônimo de Luxemburgo (*RL*, p.155, v.II).
41 Eram também contra a utilização do termo "comunista" e contra a criação de uma nova Internacional sob a égide do bolchevismo, o que veio a ocorrer em março de 1919 (ver Broué, 1971, p.213 et seq.).

"O pior dos partidos operários é melhor que partido nenhum", acrescentando ser necessário continuar combatendo no interior do SPD, à espera da revolução, por mais estéril que o combate pareça?

Em parte, o resultado dessa ruptura tardia foi que, durante a revolução, os trabalhadores não distinguiam entre as posições dos independentes e as da social-democracia majoritária, assim como em novembro-dezembro de 1918 não diferenciavam as posições dos spartakistas e as dos independentes,[42] pelo próprio fato de serem membros do mesmo partido. Só em Berlim, onde a oposição de extrema esquerda era mais ativa, essa distinção era possível, e mesmo assim, como veremos depois, recusada pelos trabalhadores. A respeito, é significativo o que diz um marinheiro, na época das revoltas de junho de 1917, perguntando sobre o que faria se fosse Deus: "Nomear Scheidemann chanceler e Liebknecht ministro da guerra" (apud Badia, 1975b, p.80). Essa simples frase demonstra, por um lado, a enorme popularidade de Liebknecht entre os soldados, por outro, a incompreensão das divergências no interior da social-democracia que, levando os trabalhadores a reivindicar a unidade dos partidos operários, teve peso decisivo no desenrolar da revolução alemã.

De qualquer maneira, não faz sentido comparar Luxemburgo e Lenin no que se refere à cisão partidária. Não podemos esquecer que Lenin militava num partido de quadros, novo e clandestino, ao passo que Rosa entrou em 1898 numa forte organização com 35 anos de existência, considerada *o* partido da classe operária. Cindi-lo teria resultado em clamoroso fracasso.[43]

---

42 Os historiadores da antiga RDA pretendem, equivocadamente, ter havido uma nítida distinção entre Spartakus e o Centro, com o objetivo de exaltar Spartakus como embrião revolucionário do KPD e, por conseguinte, do SED (Partido Socialista Unificado da Alemanha).

43 É a opinião de Basso (1976, p.157).

Durante a guerra, os spartakistas optam pela propaganda de massa, com o objetivo de esclarecer e agitar – palavras-chave nesse período –, e não por fundar uma organização clandestina. Nesse sentido, constituem um "clube de propaganda", um "grupo de iguais", intelectualmente próximos, confiante no poder da palavra e negligenciando a organização. Não têm uma liderança no sentido clássico, com uma estrutura de decisões hierárquica, mas constituem antes "uma rede informal" (Schütrumpf, 2018, p.51). Essas características os assemelham à Social-Democracia do Reino da Polônia (SDKP), fundada por Rosa Luxemburgo, Leo Jogiches, Adolf Warski e Julian Marchlewski em 1893 em Zurique, que, com a adesão em 1899 dos socialistas da Lituânia, passa a chamar-se Social-Democracia do Reino da Polônia e Lituânia (SDKPiL).

Os socialistas poloneses, embora calcados no programa de Erfurt, adotado em 1891 pela social-democracia alemã, distinguiam-se dela como partido, assim como dos grupos de conspiradores disciplinados, de tipo bolchevique. O que os caracterizava, acima de tudo, era o pouco caso pelas questões de organização, a flexibilidade quanto ao funcionamento do grupo e a autonomia intelectual, características que, segundo Nettl (1972, p.260), acabaram por inspirar "inconscientemente" os spartakistas.

A Liga Spartakus pode ser assim caracterizada como um núcleo de ativistas que põe as massas em movimento, consistindo sua principal tarefa em "esclarecer durantes as oposições. O sentimento de autoridade não deve obrigar a seguir este ou aquele; cada um deve pensar, refletir, agir por conta própria, por livre decisão". Na prática, isso significava não colaborar

> com quem se coloca no terreno da defesa nacional [...] São necessárias reuniões secretas etc. No Parlamento, trata-se, em primeiro lugar, de utilizar as ocasiões que se apresentam. Não temos o direito

de colaborar com essa gente [os centristas], eles nos esmagariam. No interesse de um sadio desenvolvimento do partido, precisamos seguir nosso caminho, ir em frente, mesmo correndo o risco de ficarmos provisoriamente escondidos [...] Devemos dirigir-nos aos indiferentes. De que maneira agir? Ações de massa [...] Nossa tarefa particular é instigar as massas [...] Nossa palavra de ordem é esclarecer o espírito das massas com base em nossos princípios, conduzi-las à ação, apoiar as ações existentes e, assim, fazer da época atual uma época revolucionária, transformar uma contrarrevolução em ação revolucionária.[44]

Se a classe operária não agir, não ditar as regras da paz, se "representar bravamente até o fim o papel de bucha para canhão, ela deverá arrastar depois, como burro de carga, todos os custos e ônus da guerra e, ainda por cima, levar o pontapé da reação" (GW 4, p.224).

Encontramos condensada nessas passagens a concepção de partido já exposta em *Greve de massas, partido e sindicatos* e retomada em *A crise da social-democracia*. A função do partido, independentemente da conjuntura, consiste em esclarecer e agitar, não em organizar as massas. O partido tem acima de tudo papel pedagógico. Entretanto, pode-se observar uma ligeira mudança de ênfase entre

---

[44] Discurso de Liebknecht em 19 de março de 1916, na conferência nacional do grupo Spartakus (in Badia, 1967, p.347-9). Sonia Liebknecht conta que seu marido, preso, enviava por ela a Leo Jogiches, na época dirigente do grupo, clandestina e continuamente, bilhetes implorando-lhe "agir, agir, agir". Leo ficava furioso com a impaciência e a falta de bom senso de Karl: "Como pode um homem atrás das grades dar conselhos? Como pode não entender que fazemos tudo que é possível? Eu não preciso de conselhos, preciso é refletir cuidadosamente sobre tudo". Karl queria que todas as possibilidades de "acordar as massas" fossem aproveitadas, que fossem "instigadas", "forçadas a agir" (Depoimento de Sonia Liebknecht, in VV.AA., 1971, p.158).

o que Rosa defendia numa conjuntura revolucionária, como a de 1905-1906 na Rússia, ou de grandes mobilizações (de 1910 a 1913 na Alemanha), e noutra de refluxo. Se em 1906 dizia que o partido tinha por papel exprimir a posição do proletariado na luta, ser porta-voz da vontade das massas, e se de 1910 em diante opõe sistematicamente a atividade das massas ao imobilismo do partido, no pós-guerra a ênfase recai no esclarecimento e na agitação.

De qualquer maneira, em nenhum momento Rosa se inclina para o vanguardismo, para uma ideia de partido substituindo a classe, nem de separação entre liderança e base partidária. O papel dos dirigentes é destruir a "cegueira da massa" para que ela se dirija a si mesma, abolir a base histórica da dominação de classes – a separação entre dirigentes e dirigidos.[45] Como na sua concepção não é possível a substituição da classe pelo partido é necessário esperar que a classe desperte e assuma seu papel emancipador. Para isso é necessário convencê-la, persuadi-la. Daí os apelos constantes à honra e coragem:

> Cada trabalhador e cada trabalhadora precisa saber agora o que escolher: ou a luta decidida, corajosa pela libertação dos trabalhadores e pela paz, tal como fez Liebknecht, ou curvar-se pacificamente ao jugo do imperialismo, subjugar e trair o socialismo, sua própria libertação, sua própria honra de classe. (GW 4, p.225)[46]

Sobretudo no momento da revolução de 1917 na Rússia, quando Rosa faz todos os esforços para defender o internacionalismo, os apelos intensificam-se. Porém, a "estupidez inquebrantável das massas populares alemãs" (GW 4, p.375), "o perseverante

---

45 Ver RL, p.144, 146-7, v.I.
46 Liebknecht tinha sido condenado a trinta meses de prisão por causa do comício de 1º de maio de 1916.

comportamento de cadáver do proletariado alemão" (ibid., p.377) condenam a Revolução Russa a "uma atordoante derrota – caso uma revolução proletária internacional não venha apoiá-la a tempo" (ibid., p.279), convicção compartilhada por toda a esquerda da época.

Assim como em *A crise da social-democracia*, quando ao analisar o presente sombrio do início da guerra, Luxemburgo abandonava seu anterior otimismo revolucionário e lançava a palavra de ordem "socialismo ou barbárie" como símbolo da alternativa enfrentada pela humanidade, no momento em que a Europa se encontra totalmente esgotada pela guerra, com mais forte razão o mundo se vê perante o mesmo dilema: "ou continuação da guerra mundial até o massacre geral ou revolução proletária – imperialismo ou socialismo" (ibid., p.264).

O chauvinismo das massas proletárias fortaleceu ainda mais a convicção de que a consciência de classe se funda no agir, não é uma essência imutável, pura, uma característica natural, consequência de sua situação no processo produtivo. O proletariado torna-se revolucionário na luta e não por acaso ela repete com tanta frequência o verso do Fausto, *"am Anfang war die Tat"* ["no princípio era a ação"]. Da ação revolucionária depende um futuro humano para a humanidade, ou, uma vez mergulhada na barbárie – o imperialismo e a guerra –, a possibilidade de saída. Desde 1914 o proletariado, sobretudo o alemão, só contribuiu para a permanência da barbárie ao manter-se escravo, dócil bucha para canhão, adepto das boas maneiras. Rosa consegue assim nuançar suas posições em relação às do período do pré-guerra. Sua inabalável confiança na ação criadora das massas populares tornou-se, com a sinistra experiência daqueles anos, um otimismo mitigado.

A guerra foi sem dúvida a "implacável parede divisória", a grande prova para as ideias ingenuamente otimistas de nossa autora sobre o proletariado alemão. Anteriormente, o partido e os sindicatos, adeptos da moderação e de uma política de resultados, eram acusados como os únicos responsáveis pelo reformismo dominante na social-democracia antes do conflito mundial, época em que Rosa defendia com obstinação o *élan* vital das massas contra o conservadorismo e a paralisia das organizações.

Cabe, entretanto, uma pergunta. Era o proletariado alemão revolucionário no período anterior à guerra? Agora, Rosa é forçada a responder de maneira negativa:

> A guerra mundial desencadeou, em particular na Alemanha, a orgia da reação, revelou a onipotência do imperialismo, desmascarou a força aparente da classe trabalhadora alemã, demonstrou que o fundamento da assim chamada "liberdade política" nada vale, tanto quanto tornou as perspectivas do lado de cá ao mesmo tempo inquietantes e trágicas. (*GW* 4, p.263)

Por que "força aparente"? Tinha organizações e uma imprensa poderosas, era o mais politizado da Europa. E no momento decisivo abandonou a luta de classes, sucumbindo à política imperialista da burguesia alemã.

Dois anos e meio depois, dissipada a atmosfera de histeria chauvinista coletiva, quando as manifestações contra o conflito se tornam cada vez mais frequentes, o proletariado alemão continua a morrer docilmente no campo de batalha e talvez passe a reprimir a Revolução Russa, hipótese que, com desprezo, ela não descarta. Nesse sentido, é obrigada a reconhecer, ainda que obliquamente, que o proletariado foi e não foi traído pela social-democracia. O que a seus olhos não justifica, de forma alguma, o abandono dos princípios, de uma postura moral por parte do SPD.

Em 1904, no famoso artigo polêmico contra o centralismo de Lenin, Rosa, com grande perspicácia, dera uma boa explicação para o "oportunismo" no interior do partido, adiantando que não podia ser combatido por meio de estatutos rígidos nem por medidas disciplinares, caminho direto para a burocracia. E isso porque as massas populares só podem formar sua

> *vontade* na luta quotidiana contra a ordem estabelecida, portanto dentro dos seus limites. A unificação da grande massa do povo com um objetivo que vai além de toda a ordem estabelecida, da luta quotidiana com a transformação revolucionária, nisto consiste a contradição dialética do movimento social-democrata [...] o oportunismo aparece também como um produto do próprio movimento operário, como um momento inevitável do seu desenvolvimento histórico. (*RL*, p.173-4, v.I)

De maneira bastante realista, reconhecera que o movimento operário social-democrata é determinado pelas condições sociais, não bastando a vontade de alguns líderes bem-intencionados para pô-lo na via revolucionária. Assim, com base nessa análise, teria podido concluir que a "traição" do movimento operário à causa revolucionária apenas exprimia a contradição em que se move continuamente a social-democracia como partido de massas, a qual, para usar as palavras de Rosa, "precisa avançar entre dois obstáculos: entre a perda do seu caráter de massa e o abandono do objetivo final, entre a recaída no estado de seita e a queda no movimento de reformas burguês" (ibid., p.174). Lutar dentro da ordem estabelecida significa não ser possível preservar de uma vez por todas a tática socialista contra "desvios oportunistas", dirigindo-se sempre para objetivos revolucionários. Essa argumentação, endereçada a Lenin, para quem o oportunismo no partido era provocado pela vacilação dos intelectuais, não foi utilizada por Rosa em 1914, sob pena de enfraquecer sua crítica à social-democracia. Mas teria certamente enriquecido e matizado sua compreensão dos eventos.

De todo modo, Luxemburgo compreende a "traição da social-democracia" e a "bancarrota da Internacional" de forma mais matizada que Lenin. Para ele,

> a bancarrota da Segunda Internacional é a bancarrota do oportunismo [...] que, nesses últimos anos, dominou praticamente a Internacional. Os oportunistas prepararam de longa data essa bancarrota, repudiando a revolução socialista para substituí-la pelo reformismo burguês [...]. (Lenin apud Haupt, 1965, p.11)

Embora a esquerda alemã, assim como Lenin, também criticasse os líderes reformistas, ao mesmo tempo dirigia sua análise "para o comportamento das massas. Para Rosa Luxemburgo, agosto de 1914 significava o fim de uma ilusão" (Haupt, 1965, p.11). Em que sentido?

A confiança inabalável nas massas "lendárias e incorruptíveis" dá lugar a uma visão das massas reais, integradas ao capitalismo, alienadas e submissas, tal como a guerra havia revelado. Agora não se trata mais de opor bem e mal, massas e partido, mas de *esclarecer* os proletários para que o socialismo seja viável, uma vez que o partido não poderá fazer a revolução em seu lugar. Precisamente porque o advento da sociedade socialista depende da consciência das massas, não só das contradições econômicas do capitalismo, Rosa não encara com a mesma tranquilidade de Lenin a solução para o desmoronamento do socialismo europeu.

Enquanto para ele tratava-se de extirpar o "oportunismo" que grassava nas fileiras da social-democracia, criando uma nova Internacional, altamente disciplinada e centralizada, Luxemburgo percebia que a saída era mais difícil. Não bastava uma mudança no plano organizativo, era preciso também que os trabalhadores, num gigantesco esforço de autoconscientização, fizessem brotar em si os germes da nova humanidade. Nesse sentido, escreve no início da Revolução Alemã:

> Isso [a revolução] requer autodisciplina interior, maturidade intelectual, seriedade moral, senso de dignidade e de responsabilidade, um completo renascimento interior do proletário. Com homens preguiçosos, levianos, egoístas, irrefletidos e indiferentes não se pode realizar o socialismo. (RL, p.278, v.II)

O que distingue Rosa e Lenin nesse tópico é uma interpretação diferente do que seja consciência de classe, o que pode ser explicado pelas respectivas situações históricas: enquanto na Alemanha existia um operariado forte, concentrado nos meios urbanos, organizado na social-democracia e nos sindicatos, na Rússia um proletariado industrial pouco desenvolvido via como necessário consolidar seu papel dirigente na organização, diante das massas camponesas e pequeno-burguesas. Eram essas circunstâncias diferentes que levavam Rosa a examinar o fenômeno revolucionário do ponto de vista da autonomia e da iniciativa das massas e Lenin do ponto de vista da organização,[47] e a terem um entendimento distinto do significado do partido operário: enquanto a organização bolchevique, de tipo jacobino, blanquista, leva de fora a consciência à classe, na perspectiva de Rosa o partido é "*o próprio movimento* da classe operária".

Como vimos, a obra política de Rosa Luxemburgo pode ser explicada pelo conceito de ação revolucionária, umbilicalmente ligado à noção de massas, cuja supremacia sobre os dirigentes fazia sentido quando elas eram a favor da ação e estes permaneciam

---

[47] Ver Negt (1984, p.23). A clandestinidade, por outro lado, também explica a constituição desse partido homogêneo, centralizado e altamente disciplinado, quase militarizado, características do partido bolchevique.

imobilizados. Durante a guerra, as massas adormeceram. Restava ao partido, no caso a esquerda radical, numa espécie de *attentisme* ativo, esperar que despertassem. Panfletos e comícios visavam a esclarecê-las, catalisar seu descontentamento e, assim, torná-las autônomas para que agissem de acordo com seus interesses de classe, indicados na teoria marxista.

Era necessário que a prática das massas se pusesse de acordo com a teoria revolucionária, mas deixemos bem claro que, nem por isso, Rosa passa a comungar numa teoria vanguardista do partido. Este tinha papel pedagógico, era *Aufklärer*, agitador, não organizador e, nesse sentido, a Liga Spartakus encarnava à perfeição seu ideal.

Que conclusões tirar da guinada de Luxemburgo em 1914? Se as massas obedientes, submissas, disciplinadas pela escola, partidos, jornais, exército preferiam a infâmia do *champ d'honneur* [campo de honra], a revolução era apenas uma "certeza metódica", a história não progredia em linha reta rumo ao paraíso socialista. Pelo contrário, para evitar a catástrofe despontando no horizonte – a vitória total do imperialismo –, era preciso acontecer o mais improvável: a ação revolucionária das massas trabalhadoras alemãs. No momento, nada apontava nesse sentido. Sobrava apegar-se às esperanças mais uma vez vindas do Leste, mas que não podiam ser ingenuamente acolhidas. Por um lado, porque se a revolução permanecesse restrita a um só país, e, ainda por cima, um país atrasado, não teria chances de vitória; por outro, os bolcheviques, apesar de sua ousadia, buscando assegurar o poder por meio de medidas antidemocráticas, também não representavam uma saída.

Restava temporariamente a política moral do "grupo de iguais". E essa, ao contrário do esperado por Luxemburgo, não lhe rendeu "juros compostos" na hora da revolução, apenas a continuidade de um isolamento que acabou em tragédia.

4
A revolução alemã

> A Alemanha possui uma curiosidade anatômica: escreve com a mão esquerda e age com a mão direita.
>
> *Kurt Tucholsky*

Vimos no capítulo anterior que durante a guerra Rosa Luxemburgo procura compreender, ainda que a contragosto, a integração do proletariado ao capitalismo. Essa ideia permanece durante o período da revolução na Alemanha, contrabalançada pela certeza de que em fases de agudo conflito de classes as contradições da sociedade capitalista ficam a nu, e o proletariado adquire rapidamente consciência de sua "missão histórica". A Rússia de 1905 está no horizonte. Além disso, entendendo a revolução como momento de ruptura num processo de acumulação de resultados ou, em outras palavras, como a intervenção espontânea das massas no curso objetivo da história, adota determinadas posições táticas que podem parecer, à primeira vista, incongruentes, contraditórias ou ambíguas.

Em virtude de sua análise do imperialismo – fase última do capitalismo –, imagina que a Revolução Alemã será socialista, conduzida pelos conselhos de trabalhadores e soldados, processo que uma vez iniciado se radicalizará de forma inexorável. Mas, ao mesmo tempo, julga as massas organizadas nos conselhos ainda "imaturas", não suficientemente politizadas para levar a cabo o famoso "objetivo final" socialista porque, em parte, ainda prisioneiras do reformismo da social-democracia majoritária.

Nesse período poderemos observar, por um lado, Rosa oscilar entre uma confiança ilimitada na rápida radicalização do processo revolucionário – donde os reiterados apelos sem conteúdo programático preciso à ação nas ruas, contra o imobilismo dos majoritários e dos independentes, no estilo do pré-guerra – e, por outro, a compreensão de que as classes subalternas precisam ser esclarecidas, o que necessariamente exige tempo. Nessa perspectiva, a tomada do poder seria tão-somente o arremate do processo de esclarecimento e arregimentação da maioria sob a bandeira spartakista-comunista, recusa explícita do blanquismo.

Nesses dois meses, Luxemburgo põe em prática as ideias políticas elaboradas e desenvolvidas durante toda a vida, sobretudo depois da Revolução Russa de 1905: a importância central das massas populares no processo revolucionário, a ideia de que a consciência de classe se cria na ação, de que o papel do partido é esclarecer e agitar.

Até novembro de 1918, quando sai da prisão, todas essas ideias não têm estatuto prático, no sentido de que ela ainda não enfrentara uma revolução real (descontando os dois meses em Varsóvia, quando a revolução já estava praticamente derrotada), tendo de participar no dia a dia, dar respostas, propor alternativas, sair do registro puramente teórico e propagandístico que tinha sido o seu até aquele momento. Como procede Luxemburgo, cuja vida foi inteiramente dedicada à revolução proletária, no momento em que ela bate à porta? Agora, ao analisarmos sua prática política concreta, poderemos pôr nos devidos termos a crítica formulada pelos autores mencionados no início do primeiro capítulo, qual seja, a de que o determinismo economicista de Luxemburgo a teria conduzido a um voluntarismo político de consequências desastrosas, defeito peculiar de qualquer esquerda radical sem base de massa.

Contrariamente a essa interpretação, penso que seu comportamento nesse período, quando a "força das coisas" faz valer seus direitos e não se contenta mais com respostas abstratas, decorre da compreensão do marxismo como unidade entre teoria e prática. Ao dizer isso, sei que estou abrindo o flanco à objeção de querer ingenuamente, como a própria Rosa na juventude, deduzir a prática política da teoria, não levando em conta a seguinte obviedade: o dia a dia da política, mesmo revolucionária, é muito mais determinado por uma intrincadíssima rede conjuntural, por afetos e desafetos políticos, relações de força nacionais e internacionais, entre muitos outros fatores, que por uma teoria. Não desconheço esse lado.

Mas precisamente por lidarmos com uma *teórica marxista revolucionária*, que durante toda a vida não só exigiu o acordo entre as duas instâncias, mas também "subordinava a tática a princípios teóricos" (Nettl, 1972, p.47), é que esse procedimento faz sentido. O marxismo, afinal, tinha a intenção de não deixar a política ao sabor do acaso, sob o domínio do imprevisto, pretendia ter uma visão "científica" do curso da história, o que permitiria prever o momento da explosão revolucionária. Sem querer reduzi-lo a uma técnica do revolucionamento social, que está longe de ser, pelo menos em sua versão clássica, sabe-se que no marxismo o papel do revolucionário na história é escolher o momento oportuno de entrar em ação: é preciso esperar as condições objetivas estarem maduras, mas, ao mesmo tempo, se esperar demais, a revolução será adiada para sempre. Qual o momento oportuno?, eis a questão que dilacerou Rosa e a esquerda alemã durante os meses de novembro-dezembro-janeiro.

Iluminando os dilemas enfrentados por ela num período de exacerbação da luta de classes, fui guiada pela pergunta, epígrafe do presente estudo: "Como resolver a contradição, evidente ao primeiro passo prático do revolucionário, entre, por um lado, a força do entusiasmo, a coerência radical dos princípios, e, por outro, o intelecto calculador, a necessária unilateralidade de toda política?" (Mehring, 1960, p.599).

Rosa optou pelo primeiro polo da contradição: a "coerência radical dos princípios", pois para ela não havia escolha possível entre "cometer uma baixeza ou morrer de dor". Abandonar as massas condenadas à derrota seria cometer uma baixeza. Era preferível morrer, deixando um exemplo sem mácula, a optar pela *Realpolitik* do "intelecto calculador".

Em outras palavras, a prática política de Luxemburgo, no período que passo a examinar, condensa de maneira dramática os "dilemas da ação revolucionária". Trocando em miúdos, o problema enfrentado por ela consiste no seguinte: como fazer a revolução numa conjuntura ao mesmo tempo revolucionária e conservadora? De que modo, recusando o golpismo, fazer brotar um futuro emancipado de um presente tão grávido de futuro quanto de passado, com uma classe trabalhadora de horizontes reformistas? Como veremos, são esses os problemas de que se dá conta confusamente e para os quais não encontra solução. Nessa perspectiva, seu exemplo continua atual, pois, em certa medida, os seus são ainda hoje os dilemas de uma esquerda ao mesmo tempo revolucionária *e* democrática.

Os conselhos

A nova sociedade só pode ser construída por homens livres, a mentalidade de súdito corrompe-a.

Ernst Toller

> A revolução viverá sem os conselhos, os conselhos sem a revolução estão mortos.
>
> *Rosa Luxemburgo*

Uma semana após a queda da monarquia, no primeiro número do jornal *Die Rote Fahne* [A Bandeira Vermelha], Luxemburgo faz um balanço perspicaz dos acontecimentos até aquele momento, concluindo ter havido apenas uma revolução política, uma troca de homens no poder, sem nenhuma mudança estrutural. Não foram adotadas medidas visando ao socialismo, a burguesia continua no poder, o governo de coalização SPD/USPD procura por todos os meios acalmá-la, não ameaçando a propriedade privada nem as relações capitalistas.

Os conselhos de trabalhadores e soldados, produtos da ação espontânea das massas, representam, no seu entender, o meio para se chegar ao socialismo, desde que adotem certas medidas que consistem no seguinte: confisco da propriedade dos nobres e da propriedade fundiária, aniquilação dos antigos órgãos administrativos, jurídicos e do exército, exercício do poder político pelos conselhos. Em resumo, contra o governo Ebert-Scheidemann que apregoa continuamente o fim da revolução, querendo convocar uma Assembleia Constituinte, está sendo proposta uma real mudança de poder.

Além disso, Luxemburgo esclarece que o motivo para a timidez da revolução alemã reside na insuficiente consciência das massas quanto aos seus fins socialistas:

> O Estado reacionário do mundo civilizado não se transforma em 24 horas num Estado popular revolucionário. Soldados, que ontem, como gendarmes da reação, matavam proletários revolucionários na Finlândia, na Rússia, na Ucrânia, nos países bálticos, e trabalhadores, que deixavam tranquilamente que isso acontecesse, não se

transformaram em 24 horas em portadores conscientes dos fins do socialismo. (*RL*, p.232, v.II)

Precisamente por isso, "A imagem da Revolução Alemã corresponde à maturidade interna da situação alemã. Scheidemann-Ebert são o governo dessa revolução adequado ao seu atual estágio" (ibid.). Mas, como a "lei vital" das revoluções é avançar rapidamente por meio de suas próprias contradições, a situação não pode parar no ponto em que se encontra. Rosa exorta as massas:

> A ordem do dia da história universal diz hoje: realização do objetivo final socialista. A Revolução Alemã entrou no caminho dessa brilhante constelação. Ela continuará passo a passo, com tempestade e ímpeto [*Sturm und Drang*], com luta e sofrimento, e miséria e vitória até atingir o objetivo. Ela deve! (ibid., p.233)

Num artigo posterior, essa posição é ainda mais nítida:

> O proletariado socialista, graças à teoria do socialismo científico, começa a sua revolução sem nenhuma ilusão, com perfeita compreensão das últimas consequências de sua missão histórica, de sua oposição inconciliável e de sua inimizade mortal em relação à sociedade burguesa como um todo. Ele não começa a revolução para perseguir quimeras utópicas *contra* o curso da história, mas, apoiado no mecanismo férreo do desenvolvimento, para cumprir o mandamento da hora histórica: efetivar o socialismo. Como massa, como imensa maioria dos trabalhadores, o proletariado socialista deve cumprir sua missão histórica. (ibid., p.251)

Eis um exemplo claro do estilo adotado pela autora nos dois meses seguintes: apelos, exortações, chamados à honra e à coragem dos trabalhadores para não perderem de vista sua "missão", críticas ao SPD e ao USPD que se tornam rápida e crescentemente mais incisivas. Além disso, ao caracterizar a revolução como socialista, apesar de os trabalhadores não se colocarem esse objetivo *ainda*, Rosa dá-nos um exemplo inequívoco de teoria *para* a prática. Independentemente da ação "reformista" das massas organizadas nos conselhos, o objetivo final socialista já está dado, cabendo à vanguarda revolucionária spartakista esclarecer o proletariado sobre seus objetivos históricos, de que não tem consciência, em parte por "culpa" da social-democracia majoritária e dos independentes, que se recusam a adotar uma clara política classista.

Rosa, mais uma vez, raciocina em termos de princípios, posição decorrente de uma concepção moral da política. Não por acaso, toma para si as palavras de Lutero, *"hier stehe ich, ich kann nicht anders"* ["aqui estou, não posso agir de outro modo"], maneira heroica de resolver o dilema da eficácia e dos princípios, mas muitas vezes de consequências desastrosas na prática, justamente por não levar a eficácia em consideração.

É preciso, entretanto, olhar o reverso da medalha. Embora os artigos na *Rote Fahne* sejam a fiel aplicação de seu arsenal teórico à conjuntura alemã do pós-guerra e, nessa medida, revelem todo o seu talento e sagacidade ao realizar o mais difícil, a análise dos eventos políticos no calor da hora, aí se encontra, ao mesmo tempo, o limite desses textos. Com isso quero dizer que também aqui, com maior razão, as ideias de Luxemburgo nascem na polêmica e, nesse caso preciso, na mais acirrada e perigosa polêmica de sua vida.

Ela percebe claramente, já no início da revolução, que as forças do antigo regime e a burguesia, escondidas num primeiro momento, à espera do desenrolar dos acontecimentos, não perderam o poder. Pelo contrário, voltam lentamente à cena, com a ajuda da social-democracia. É contra esse pano de fundo – as ameaças da contrarrevolução à espreita do momento oportuno de dar o bote – que sua defesa da "vitória inevitável" da revolução proletária, com um claro sentido propagandístico, não teórico, deve ser entendida.

"Nesse sentido, somente os combates da revolução levarão o proletariado à total maturidade" (*RL*, p.273, v.II): esta sim constitui a ideia-mestra de Luxemburgo iluminando a meia-revolução de novembro. Em outras palavras, a revolução socialista exigirá um longo processo de conscientização das massas trabalhadoras durante o qual os conselhos terão papel decisivo. Enquanto em *A Revolução Russa*, polemizando com os bolcheviques, defendera a coexistência de conselhos e parlamento, agora, no fervilhar da Revolução Alemã, muda de ideia: a alternativa é entre conselhos e Assembleia Nacional, ou, no seu entender, entre revolução e contrarrevolução. Para compreendermos essa mudança radical, determinada pela conjuntura, voltemo-nos para a situação alemã.[1]

Em janeiro de 1918, poderoso movimento grevista toma conta da Alemanha. Um milhão de trabalhadores cruza os braços exigindo paz. Brutal reação do exército e a pressão dos social-democratas[2] põem fim à greve. Em agosto, a situação militar do país agrava-se consideravelmente e no fim de setembro Hindenburg e Ludendorff informam que o exército não pode mais garantir as fronteiras. O Alto Comando do Exército, vendo ser impossível vencer a guerra, propõe ao imperador formar um governo de união nacional e começar negociações de paz. O novo chanceler, príncipe

---

1 Para uma exposição mais detalhada da conjuntura alemã nessa época, ver Loureiro (2005).

2 Em dezembro de 1924, Ebert explicará à direita que os acusa de terem participado da greve, minando assim a resistência do exército: "A greve explodiu sem que soubéssemos. Sob a pressão de nossos camaradas forçados a participar, entrei no comitê de greve com a intenção deliberada de acabar com ela o mais rápido possível e impedir qualquer prejuízo para o país" (apud Badia, 1975b, p.87-8).

Max de Bade, forma um gabinete de acordo com a maioria no Reichstag, do qual participam dois membros do SPD, Scheidemann e Bauer. Acuada pela derrota militar, a Alemanha se torna uma monarquia parlamentar.

Mas essa tentativa de canalizar os protestos populares não tem sucesso. Em 28 de outubro, os marinheiros de Wilhelmshaven, recusando-se a combater os ingleses, revoltam-se e são presos. No dia 3 de novembro, uma manifestação de marinheiros em Kiel, pela libertação dos presos, é brutalmente reprimida. A partir daí os motins de soldados alastram-se pelo norte da Alemanha; como consequência, formam-se espontaneamente conselhos de marinheiros, de trabalhadores e soldados que, num curto espaço de tempo, se espalham por todo o país. Greves e manifestações exigem a renúncia do imperador, visto pela opinião pública como o principal responsável pela guerra, além de obstáculo à paz que, como o presidente dos Estados Unidos, Wilson, dera a entender, não seria assinada pelos aliados caso Guilherme continuasse no governo.

No dia 9 de novembro, explode em Berlim uma greve geral, organizada pelos delegados revolucionários,[3] com apoio dos

---

3 Ver Luban (2008b, p.165 et seq). Os delegados revolucionários (*revolutionäre Obleute*) eram militantes sindicais que, em 1917, haviam formado uma organização clandestina nas fábricas de Berlim. Tiveram papel importante nas greves do início de 1918 e na revolução de novembro. Politicamente próximos do USPD, afastavam-se da direção desse partido em todas as questões fundamentais. Eram dirigidos por Richard Müller, líder da oposição radical no sindicato dos metalúrgicos de Berlim. No verão de 1918, Ernst Däumig assumiu a liderança. Os delegados revolucionários contribuíram muito para a difusão do pensamento conselhista na Alemanha. Mas como, em virtude de sua tática conspirativa, só eram conhecidos em pequenos círculos, seu significado para a revolução "não deve ser superestimado, mesmo que a história do pensamento conselhista na Alemanha não seja concebível sem eles" (Tormin, 1954, p.44).

independentes e dos spartakistas. O imperador renuncia; Scheidemann, do Reichstag, proclama a República, enquanto Liebknecht, do palácio imperial, proclama a República socialista. Ebert, presidente do SPD, assume a chefia do governo, passando o poder a ser exercido por uma coalizão dos partidos operários, SPD e USPD, decisão ratificada por uma assembleia dos conselhos de trabalhadores e soldados no dia seguinte.

Nessa assembleia, a esquerda conseguiu aprovar a formação de um Comitê Executivo dos Conselhos (*Vollzugsrat*), cuja função – que nunca conseguiu exercer – seria controlar o Conselho dos Comissários do Povo (*Rat der Volksbeauftragten*) (três majoritários/três independentes), encarregado do poder executivo.[4]

Em poucos dias, quase sem combate, a Alemanha mudava de regime,[5] "mas o antigo aparelho de Estado permaneceu ao lado do

---

4 Com a revolução surgiram dois organismos de poder, o *Rat der Volksbeauftragten*, composto pelos majoritários do SPD e os independentes do USPD, três membros de cada partido, e o *Vollzugsrat*. Na realidade, os independentes eram relegados a segundo plano e o *Vollzugsrat*, instalado em 11 de novembro na Câmara Alta, um organismo numeroso demais para ser eficaz: 28 membros, dos quais 14 representantes de soldados. No *Vollzugsrat*, a ala esquerda dos independentes era representada por Richard Müller, Ledebour e Däumig. O SPD era representado por Hermann Müller, futuro presidente desse organismo. Tanto Badia quanto Broué enfatizam a ineficiência desse organismo (confirmando o que diz Luxemburgo no artigo "Sobre o Comitê Executivo dos Conselhos", de 11 de dezembro de 1918, *RL*, p.281-5, v.II), ignorado, inclusive, pela grande imprensa. Após 20 de dezembro, o *Vollzugsrat* transformou-se no *Zentralrat*, de maioria SPD, que agia em estreita colaboração com o governo. O Conselho dos Comissários do Povo estava teoricamente sob controle do *Vollzugsrat* (Badia, 1966, p.137-9; Broué, 1971, p.193).

5 Scheidemann (1923, p.233), insuspeito de simpatias pela revolução, diz o seguinte: "Nada prova melhor a necessidade lógica do colapso, nada mostra melhor como o antigo regime era vazio e como sua queda

novo" (Flechtheim, 1972, p.61). Os historiadores são unânimes em afirmar que,

> como um todo, a Alemanha permaneceu, como formação política, após o 10 de novembro, tal como fora em outubro do mesmo ano: um Estado democrático-burguês [...] A revolução de novembro eliminou as dinastias, mas não mudou nada decisivo na estrutura do Estado alemão. (Rosenberg, 1983, p.5-6)

A economia capitalista também não foi atingida, como o próprio Scheidemann (1923, p.236) reconhece: "A propriedade privada não foi nem sequer tocada, mesmo durante essas primeiras semanas de desordem". Ou nas palavras irônicas de Tucholsky (apud Bornebusch, 1985, p.56): "Mudamos a firma. Mas a loja continuou a mesma".

A grande novidade da Revolução Alemã estava do lado das massas populares com seus conselhos. Estes, com poucas exceções, foram formados "por meio de eleições democráticas ou por delegação, isto é, representavam o movimento em toda a sua extensão e, por isso, na sua grande maioria, não constituíam instrumento de dominação de minorias no interior do movimento como um todo".[6] Os conselhos surgiram de forma improvisada, indepen-

---

era por conseguinte historicamente legítima, do que a covardia e o desaparecimento, sem dizer uma palavra, de todos os que até aí, por tradição e profissão, tinham sido os defensores do trono. Nenhum mexeu um dedo".

6 Feldman et al. (1972, p.95); Kolb (1972, p.170). Badia (1975b, p.110-1) afirma existirem mais de 10 mil conselhos em todo o país. E acrescenta que participavam os militantes mais ativos, não se podendo dizer que "tenham sido eleitos; sua composição é, na maioria das vezes, aprovada, ratificada no decorrer de grandes manifestações". São dirigidos pelos social-democratas majoritários e sindicalistas, mais bem organizados.

dentemente de quaisquer iniciativas partidárias, como "expressão da auto-organização das massas" (Feldman et al., 1972, p.95). Não foram imitação do modelo russo, mas criação espontânea das massas alemãs que, no entanto, viram nos sovietes a forma apropriada para sua revolta contra o poder estatal (Tormin, 1954, p.27; Kolb, 1972, p.169). Mesmo que a forma do *Rat* [conselho] como comitê revolucionário tenha se inspirado nos sovietes russos, o exemplo alemão pouco tinha em comum com eles, "que se tornaram aos poucos órgãos do Estado e do partido bolchevique" (Tormin, 1954, p.61).

Os conselhos eram na sua maioria compostos por social-democratas majoritários e independentes, e os conselhos de soldados tinham, inclusive, influência de elementos burgueses. Em contrapartida, a extrema-esquerda (Liga Spartakus e a esquerda radical de Bremen que juntas fundaram o KPD) possuía alguns representantes em pouquíssimos conselhos de trabalhadores e sua influência era forte em apenas três cidades (Bremen, Braunschweig, Düsseldorf).

> A extrema-esquerda, que desejava uma República conselhista alemã nos moldes bolcheviques [...], estava isolada no interior do movimento revolucionário de novembro/dezembro de 1918 e, segundo o número de partidários e o grau de organização, era extraordinariamente fraca, bem mais fraca do que muitos contemporâneos pensavam e do que foi afirmado em análises anteriores da revolução. (Kolb, 1984, p.306-7)

Em suma, o programa político da extrema-esquerda "não era o programa do movimento em seu conjunto" (Feldman et al., 1972, p.96).

Justamente por serem compostos por uma maioria de social-democratas moderados e de sindicalistas, os conselhos não se viam como adversários, e sim como administradores do governo de coalizão SPD/USPD, lutando por uma política socialista e para destruir o Estado autoritário. No entanto, embora nas primeiras semanas da revolução tivessem o poder político e militar, não souberam utilizá-lo para pôr em prática suas reivindicações sociais e políticas, tais como: reforma do exército, socialização das indústrias "maduras para isso" (minas, sobretudo), "democratização da administração", isto é, ocupação de altos cargos administrativos por partidários do novo governo. Ficaram à espera de que o governo dos Comissários do Povo tomasse a iniciativa das reformas, porque viam como sua principal tarefa manter a ordem e a segurança pública, reprimir a contrarrevolução, assegurar o abastecimento e a desmobilização do exército (Kolb, 1984, p.311-2).

Os conselhos chegaram a ser oficialmente reconhecidos, o que poderia ter dado início à sua institucionalização. Tal não aconteceu porque nesses dois meses a grande maioria de seus membros não os via como instituições duradouras, mas apenas fenômenos transitórios que dariam lugar à República parlamentar, a mais importante "conquista" da Revolução (Kolb, 1972, p.173).

É fato sobejamente conhecido que a grande maioria dos membros dos conselhos não queria uma ruptura radical; seu programa não era a revolução socialista, a ditadura do proletariado, a continuidade da revolução. Seus objetivos eram extremamente moderados, "reformistas e radical-democráticos" (Feldman et al., 1972, p.96), como veremos pelo resultado do Primeiro Congresso dos Conselhos.

O testemunho de um contemporâneo, muito sensível à mentalidade submissa das camadas populares do povo alemão às classes dominantes, parece-me bem sugestivo a respeito do comedimento dos conselhos:

> A princesa real estava sentada no palácio de Potsdam, reunira os filhos à sua volta, pensa no destino de Maria Antonieta, no destino do tzar, logo os revolucionários vão assaltar o palácio e matá-la junto

com os filhos. Um velho serviçal anuncia, com voz apagada, que o conselho revolucionário de soldados de Potsdam gostaria de falar com Sua Alteza Imperial; o conselho de soldados entra no aposento, à porta bate o tacão, não anuncia a prisão, respeitosamente diz: "Em nome do Conselho de Soldados de Potsdam devo perguntar a Sua Alteza Imperial se Sua Alteza Imperial se sente suficientemente segura; em todo caso, o Conselho de Potsdam determinou que dez soldados revolucionários assumam a proteção de Sua Alteza Imperial". Disse isso, bateu o tacão e foi-se. Uma lenda? O segundo filho da princesa contou-me. "Essa é a cara da revolução de vocês", disse ele. Em Hamburgo, os independentes ocuparam o prédio do jornal da direita socialista, os socialistas de direita, gritando, correm para o antigo juiz imperial que decreta uma sentença judicial provisória; com o papel na mão correm para o jornal, os independentes leem o papel, veem o carimbo do funcionário, empalidecem e rangendo os dentes deixam a casa conquistada. (Toller, 1990, p.80-1)

Qual a reação dos partidos operários a esse movimento espontâneo das massas trabalhadoras?

Os majoritários consideravam os conselhos como órgãos transitórios que deviam ceder lugar o mais rápido possível à Assembleia Nacional, única fonte legítima de poder. Seu objetivo sempre fora transformar a Alemanha numa República parlamentar. "Os funcionários da social-democracia majoritária viam no governo dos conselhos a ditadura violenta de uma minoria sobre a maioria do povo, pois pensavam que os conselhos só poderiam apoiar-se nos trabalhadores das grandes empresas, excluindo o restante das massas populares." Não percebiam que "conselhos e bolchevismo não são de forma alguma idênticos" (Rosenberg, 1983, p.20).[7]

---

7 Rosenberg constituía exceção na historiografia alemã, ao caracterizar positivamente os conselhos, vendo-os como a base de uma

Esse comportamento negativo em relação aos conselhos foi sobretudo representado por Ebert e Scheidemann[8] que conseguiram,

> "democracia popular ativa". Sua interpretação influenciou fortemente a pesquisa dos anos 1960 que, questionando a fundo a visão tradicional dos conselhos, concluiu o seguinte: em 1918-1919, a Alemanha não se encontrava às portas do bolchevismo porque, diferentemente do que parecia a muitos contemporâneos, a uma parte da imprensa e dos políticos, os defensores da ditadura proletária não tinham objetivamente força para impor seu programa. Essa constatação teve sérias consequências na análise do comportamento político da social-democracia. Percebeu-se que ela não estava aprisionada entre a bolchevização do país e a aliança com as antigas elites para garantir a ordem interna e instituir uma República democrática. Havia, portanto, uma considerável margem de manobra que teria permitido ao governo social-democrata enfrentar as lideranças do exército imperial e dar "passos preparatórios para uma socialização das minas, pelo menos, e pôr o potencial dos conselhos de trabalhadores e soldados a favor de uma reforma política social-democrata". Mas sobretudo a direção do SPD recusou-se a adotar essas medidas, por um lado, porque confiava na lealdade das antigas elites ao novo poder, por outro, porque temia o movimento espontâneo das massas que, entretanto, em novembro/dezembro era controlado por ela e cujas reivindicações não ultrapassavam o quadro do programa social-democrata. Em suma, o SPD é responsável pelo fato de um movimento que começou em novembro de 1918 como "movimento popular democrático" ter acabado, na primavera de 1919, em "radicalização e resignação" (Kolb, 1988, p.159). "A jovem democracia perdera a oportunidade de criar um fundamento político sólido" (Kolb, 1984, p.315). Segundo Kolb, essa interpretação "revisionista" tem como alvo crítico os dirigentes do SPD, sobretudo Ebert. No entanto, distingue-se da polêmica comunista contra a social-democracia, na medida em que não ataca o SPD por este ter combatido a ditadura proletária, ou porque não tinha a perspectiva revolucionária de Lenin, mas por não ter realizado, com os meios de que dispunha, nem mesmo seu próprio programa.

8 O discurso de Scheidemann, durante o congresso dos conselhos em dezembro, é representativo da posição dos majoritários: "Estou

por meio da máquina partidária, controlá-los e destruí-los. Mas milhares de funcionários do partido em toda a Alemanha pensavam o mesmo. Os conselhos eram para eles organismos de transição, produtos da desordem revolucionária, que deviam desaparecer assim que a Assembleia Nacional fosse eleita. Consequentemente, para a social-democracia majoritária, a revolução acabara em 9 de novembro.

Por sua vez, os comissários do povo independentes, entre grandes hesitações, defendiam a coexistência entre democracia parlamentar e sistema de conselhos e queriam o adiamento das eleições para a Assembleia Nacional.

Em contrapartida, a ala esquerda dos independentes (Richard Müller, Ledebour, Däumig, Eichhorn, e Eisner na Baviera) aproximava-se da Liga Spartakus e dos delegados revolucionários, mantinha posições revolucionárias radicais, reivindicava o poder dos conselhos e, contrariamente aos spartakistas, estava ligada à militância nos sindicatos tradicionais. Os delegados revolucionários, por seu lado, influenciados pela Revolução Russa, defendiam o socialismo, eram a favor de um governo conselhista e rejeitavam a Assembleia Nacional.

Também o grupo Spartakus, já no começo de 1918, defendia os conselhos como comitês revolucionários. Entretanto, a palavra de ordem de "todo o poder aos conselhos", isto é, conselhos de trabalhadores como nova forma de poder estatal, só foi reivindicada

---

firmemente convencido de que manter os conselhos de trabalhadores e soldados como organismos permanentes significaria – digo-o após madura reflexão – a ruína inevitável do nosso comércio e da nossa indústria, o declínio absolutamente certo do *Reich*. Os conselhos não poderiam dar-nos nem o pão nem a paz, mas é fatal que, se essa política continuar, eles nos trarão a guerra civil" (apud Badia, 1966, p.176).

pela primeira vez num panfleto do verão de 1918.[9] Mas como por uma série de razões o grupo era fraco, sua ideologia conselhista, nos dois primeiros meses da revolução, não encontrou eco no movimento de massas. Seus objetivos eram apenas proclamações atrás das quais não havia nenhum poder (Kolb, 1962, p.55). Os spartakistas, ardorosos defensores de "todo o poder aos conselhos", estavam fora deles: seu programa "ameaçava tornar-se uma farsa" (ibid., p.145).

A burguesia alemã, temerosa das possíveis repercussões que a revolução provocaria no plano econômico, procurava fazer concessões secundárias para não tocar no principal, a propriedade privada e o capitalismo. Com esse objetivo, em 15 de novembro é assinado um acordo entre os industriais e os sindicatos, conhecido como *Arbeitsgemeinchaft* (Comunidade de Trabalho), em que os patrões aceitam todas as reivindicações até então rejeitadas: reconhecem os sindicatos como representantes dos trabalhadores, jornada de oito horas sem diminuição de salário, contrato coletivo, comissões paritárias para regular os conflitos trabalhistas. Os trabalhadores, de sua parte, abandonavam as antigas reivindicações de socialização. De fato, a burguesia procura proteger-se contra um certo impulso socializante relativo às minas e usinas metalúrgicas, rejeitado pelos majoritários e independentes, temerosos de desorganizar a produção. O máximo que fazem é criar uma "comissão de socialização", que significará, para os proprietários, "ganhar um tempo precioso" (Broué, 1971, p.175).

---

9 Lembremos que Luxemburgo escreve a brochura contra os bolcheviques porque, entre outras coisas, não concorda naquele momento com essa palavra de ordem.

Assembleia nacional versus conselhos

> Ah, como é alemã esta Revolução Alemã!
> Como é prosaica, pedante, sem entusiasmo, sem brilho, sem grandeza.
>
> *Rosa Luxemburgo*

No fim de novembro, começa a campanha para a convocação da Assembleia Nacional. Luxemburgo, com os spartakistas, considera que naquele momento a Assembleia Nacional representa um desvio no tocante aos fins socialistas da revolução, com o objetivo de fortalecer a burguesia, confundir o proletariado, degradar a revolução proletária a um movimento democrático-burguês. Contra a Assembleia Nacional, "uma herança obsoleta das revoluções burguesas" (*RL*, p.246, v.II), reivindica o "parlamento do proletariado urbano e rural no *Reich*", único meio de fortalecer a consciência das massas, "um instrumento poderoso para sacudir as massas proletárias do povo" (ibid.).

Em relação ao folheto escrito na prisão criticando os bolcheviques por terem dissolvido a Assembleia Constituinte em janeiro de 1918, há uma mudança de 180 graus. Lá, quando, para defender a Constituinte, se refere às revoluções inglesa e francesa, salienta a influência das camadas populares revolucionárias sobre os organismos representativos, o que também leva o Parlamento a aderir à revolução.

Agora, a ênfase recai em outro ponto: o destino das revoluções burguesas foi decidido, não no terreno parlamentar, mas nos campos de batalha, com a ditadura de Cromwell, dos jacobinos e o reinado do terror. Se nem mesmo a revolução burguesa encontrou a solução na maioria parlamentar, o que dizer da revolução proletária? Só são possíveis "direitos públicos iguais, democracia" quando acabar a exploração econômica. "E 'democracia', governo do povo, só começará se o povo trabalhador tomar o poder político" (ibid., p.314). Ou seja, trata-se de concretizar a "liberdade, igualdade, fraternidade" de 1789 por meio da aniquilação de classe da burguesia.

Rosa reconhece que o Parlamento serviu como arena de luta para o proletariado, tribuna para educar as massas, meio auxiliar da revolução. Mas como o alvo da revolução proletária é aniquilar pela raiz a exploração capitalista, "*o parlamentarismo burguês* [...] *perdeu o direito à existência*" (ibid., p.313, grifos meus). Nessa luta de vida ou morte entre capital e trabalho, os conselhos constituem a arma do proletariado. Numa palavra, agora conselhos e Assembleia Nacional são excludentes.

A defesa intransigente dos conselhos contra a Assembleia Nacional durante a Revolução Alemã significaria, como pretendem os comentadores comunistas da época do "socialismo real", que Rosa Luxemburgo corrigiu sua posição e se converteu ao bolchevismo? De forma alguma. Mas como explicar mudança tão abrupta?

Para Rosa é preciso distinguir a Revolução Alemã da Revolução Russa. Enquanto esta última se dá num país sem tradições democráticas, em que o mecanismo parlamentar serve de apoio para a formação política de massas pouco esclarecidas, recém-saídas da servidão, a Revolução Alemã ocorre no país capitalista mais desenvolvido da Europa, dotado de instituições democráticas burguesas, maduro para o socialismo. Daí a reivindicação dos conselhos como nova forma de soberania popular. Ao insistir que a democracia socialista requer a participação de grandes massas populares, num *espaço público* irrestrito, pré-requisito para a superação da democracia representativa em direção à democracia direta e ao autogoverno dos trabalhadores, Luxemburgo estaria atenta a essa distinção entre Oriente e Ocidente. Ela teria, assim, indicado a "*via ocidental do socialismo*" e apresentado uma alternativa para os impasses da esquerda contemporânea (Muhlmann, 2016, p.103).

Além disso, é preciso observar que, ao pôr-se do lado dos conselhos, como órgãos de poder dos trabalhadores, contra a Assembleia Nacional, ela não realiza uma defesa de princípio de um organismo em detrimento do outro, mas naquele momento concreto da luta de classes, os conselhos representam o lado revolucionário e a Assembleia Nacional, a contrarrevolução. Não há oposição de princípio, apenas mudança tática. Rosa sabe que uma Constituinte alemã terá forte presença burguesa, ao passo que na Rússia a Constituinte exprimia "muito adequadamente a verdadeira situação histórico-social do país" (Amodio, 1976, p.271).

Sobretudo, é necessário frisar que Luxemburgo se volta contra a Assembleia Nacional por ver nitidamente de que modo todas as forças conservadoras do país se arregimentavam sob essa palavra de ordem. Nesse sentido, escreve:

> Começou uma enorme campanha contra os Conselhos de Trabalhadores e Soldados. Cada pequeno equívoco, que em tempos agitados é natural, e que no antigo regime era um hábito cotidiano, enquanto hoje é apenas falta de experiência, é exagerado como crime capital e qualificado como a prova decisiva da incapacidade do sistema conselhista. (*RL*, p.301, v.II)

Nesse contexto, era preciso defender a revolução das ameaças da direita que se reorganizava rapidamente com a ajuda da social-democracia. Por isso mesmo, as "medidas imediatas para assegurar o triunfo da revolução", preconizadas pelo programa spartakista, rezavam ser necessário desarmar a polícia e os membros do exército pertencentes às classes dominantes e formar milícias operárias (ibid., p.293-4).

Aliás, desde 9 de novembro, a imprensa burguesa, aliada à social-democrata, desencadeia contra os spartakistas uma campanha de difamações, transformando-os em "seres sem fé nem lei, ávidos de desordem e sangue" (Badia, 1982, p.263). Rosa, com grande lucidez, detecta nessa campanha um plano organizado pela social-democracia para criar um

> clima de pânico, para confundir a opinião pública, intimidar e desorientar os trabalhadores e soldados, para criar uma atmosfera de *pogrom* e apunhalar politicamente a tendência spartakista, antes que tenha a possibilidade de levar sua política e seus objetivos ao conhecimento das grandes massas. (*RL*, p.236, v.II)

Ao fazer esse diagnóstico, ela põe o dedo na ferida aberta da Revolução Alemã: a odiosa campanha sistemática do governo e da imprensa, criando um clima de caça às bruxas, tornou os spartakistas responsáveis, perante a opinião pública, por todas as desordens e motins que ocorriam e, por isso, os mais expostos à vingança dos corpos francos quando da insurreição de janeiro.

Se na *Rote Fahne* Rosa adota muitas vezes uma linguagem desabrida, um tom estridente, sem conciliação, é porque a luta de classes está no auge. Trata-se de uma corrida contra o tempo, um combate sem tréguas em que todas as armas são válidas. No caso dos spartakistas, propaganda escrita e falada e manifestações de rua – "a rua deve, em toda parte, dominar e triunfar" (ibid., p.340) –, no dos adversários, posições de mando, imprensa poderosa, aparelho partidário, sindicatos, exército, forças paramilitares. Para a direita e a social-democracia majoritária, o grande espantalho eram o terror e a "desordem" bolcheviques, a quem associavam os spartakistas. Donde os constantes apelos à ordem nos discursos de Ebert que, já em 9 de novembro, implorava: "Cidadãos, peço-lhes insistentemente, deixem a rua. Garantam a calma e a ordem". E, no mesmo dia, ao assumir o cargo: "Não fazer nada que possam nos censurar. Calma, ordem, segurança: eis aquilo de que precisamos" (apud Badia, 1975b, p.112). Os majoritários acreditavam que, para evitar uma revolução proletária na Alemanha, supostamente portadora de anarquia e fome, era preciso derrotar os spartakistas. Por conseguinte, a estes foi atribuído, no calor da hora, um peso que de fato não tinham.

É nessa atmosfera intensamente conflituosa de cores carregadas, sem meias-medidas, sem paliativos — Luxemburgo e Liebknecht com a cabeça a prêmio —, que a campanha de Rosa contra a Assembleia Nacional deve ser entendida. Mas a própria Rosa, por motivos compreensíveis, também não colaborou muito para desfazer o mito do spartakismo desordeiro, para o qual, é bem verdade, as próprias bases da Liga Spartakus contribuíram. Os comícios e as manifestações forneciam "frequentemente a ocasião aos elementos duvidosos para violências ou incidentes inúteis e mesmo nefastos" (Broué, 1971, p.207).

Apenas um exemplo. No dia 21 de novembro, ocorre em Berlim a primeira grande manifestação pacífica. Após o discurso de Liebknecht, um desconhecido sobe à tribuna, exige a libertação de supostos "presos políticos" e a prisão do chefe de polícia, Eichhorn. É muito aplaudido; um grupo de spartakistas dirige-se à chefatura, tentando invadi-la. Resultado: um policial morto e vários feridos. Foi o primeiro combate sangrento desde 9 de novembro, que apareceu em toda a imprensa como prova das intenções golpistas da Liga. Episódios assim eram comuns, e Rosa, em seus artigos, jamais criticou a ação desses elementos aventureiros, a que não dava muita importância. A revolução, no seu trabalho purificador, haveria de varrê-los para longe.

O fato é que, dada a exacerbação dos ânimos, o antigolpismo do programa da Liga não era de molde a acalmar a burguesia. Esta, posta no banco dos réus — a "verdadeira culpada pela guerra mundial" —, era mostrada como incapaz de "retirar a sociedade do terrível caos econômico" que acarretara a destruição em massa dos meios de produção, o massacre dos trabalhadores na guerra, a miséria e a bancarrota financeira do Estado. Em oposição a esse caos sem saída, a "revolução mundial do proletariado", instaurando o socialismo, poderia "dar a todos pão e trabalho [...] dar à humanidade maltratada paz, liberdade e uma verdadeira civilização".[10]

Em que consistia o socialismo, de acordo com o programa da Liga Spartakus, "testamento de Rosa e resumo conciso da obra de sua vida inteira" (Nettl, 1972, p.729)? Do ponto de vista econômico, no fim da propriedade privada dos meios de produção, no planejamento da produção e na distribuição dos produtos, segundo o interesse da coletividade. Em resumo, no domínio dos interesses coletivos sobre os privados, o trabalho cooperativo substituindo o trabalho assalariado, que teria com consequência o fim das classes sociais e a paz entre os homens.

A realização do socialismo implicaria não somente uma mudança econômica radical, mas também uma transformação total do Estado e da sociedade. Isso significa que a sociedade socialista seria criada pela "atividade", pela "experiência" da "própria massa popular" (não por decreto de qualquer autoridade, Parlamento ou comissão), que fixaria "claramente o objetivo e a orientação da revolução". Em outras palavras, socialismo significava autogoverno dos trabalhadores no plano político, econômico e cultural, que, naquele momento, parecia dar seu pontapé inicial na proposta de República conselhista.

Reafirmava-se, mais uma vez, que a revolução socialista descartava o terror, porque não era golpe de uma minoria, mas a "ação da grande massa dos milhões de homens do povo", cumprindo sua "missão histórica" e realizando a "necessidade histórica". Nesse ponto, o programa era ambíguo. Por um lado, é dito que a massa

---

10 Essas citações e as que vêm a seguir, quando não houver indicação em contrário, provêm de "O que quer a Liga Spartakus?" (*RL*, p.286-98, v.II).

fixará o objetivo da revolução, ou seja, ele não é prévio, mas produzido pela "atividade" e "experiência" da classe; por outro, há uma "missão histórica", uma "necessidade histórica" a ser cumprida, quer dizer, o objetivo final existe *a priori*.

Rosa fica continuamente enredada na mesma teia: como é possível assegurar um futuro emancipado com um sujeito histórico alienado? Ou, em outras palavras, de que modo fazer os escravos desejarem a liberdade? Recusar as massas reais significaria cair no mais arbitrário vanguardismo, eficiente como *Realpolitik*, mas de resultados desastrosos como política emancipadora. Donde um pé na canoa da necessidade histórica – "garantia" da vitória contra ventos e marés – e outro na da atividade da massa popular, oscilante, submetida aos caprichos da fortuna. Para forçar a fortuna a favor dos revolucionários, é essencial o trabalho infatigável do *Aufklärer*, aliado à "necessidade histórica", a chamar à razão as forças emancipadoras, passageiramente iludidas. É o mesmo velho dilema, em novo contexto.

Um período de ruptura revolucionária apresenta justamente as condições para lançar os fundamentos de um mundo novo e livre. Por isso, Luxemburgo ataca com tanta veemência os conservadores de todos os calibres, com sua campanha a favor da Assembleia Nacional, insistindo em que apenas o poder dos conselhos representa a verdadeira democracia e a única maneira de realizar o socialismo naquele momento histórico, pois apenas eles apontam uma abertura para o futuro.

A extrema-esquerda, partidária da República conselhista, posição absolutamente minoritária no movimento operário, no entanto, foi definitivamente derrotada no Primeiro Congresso Nacional dos Conselhos de Trabalhadores e Soldados, reunido em Berlim de 16 a 21 de dezembro de 1918. A composição do Congresso dá-nos uma ideia aproximada do que ocorria em todo o *Reich*: de 500 delegados, por volta de 300 eram do SPD, 100 do USPD (dez spartakistas), 26 do Partido Democrático; desse total, 26 operários e 49 soldados não deram informações sobre sua filiação partidária (Kolb, 1972, p.172). Rosa Luxemburgo e Karl Liebknecht não foram eleitos para o Congresso, sob a alegação de não serem trabalhadores nem soldados. Uma proposta da mesa de convidá-los a participar sem direito a voto foi rejeitada sem discussão (Broué, 1971, p.188). Entretanto, a decisão de só admitir "trabalhadores manuais" tinha sido tomada em Berlim, sob pressão dos spartakistas e independentes que buscavam assim evitar a presença maciça de funcionários sindicais de direita (Nettl, 1972, p.700, 723).

Restava aos spartakistas influenciar de fora o Congresso: manifestações e comícios sucedem-se, sem sucesso. Apesar de numericamente fracos, com sua agitação, os radicais conseguem grande notoriedade junto à opinião pública, e suas forças são superestimadas nas primeiras semanas da revolução (Tormin, 1954, p.73). A esquerda evidentemente não era ingênua a ponto de desconhecer o peso dos majoritários nos conselhos. Mas, como em épocas de crise há mudanças rápidas na opinião pública, esperava, com sua agitação, alcançar a maioria nos conselhos.

Na polêmica Assembleia Nacional *versus* conselhos havia, como já vimos, três posições: a primeira, defendida pelos majoritários, reconhecia os conselhos como órgãos revolucionários transitórios, que se dissolveriam com a instalação da Assembleia Nacional; a segunda, dos independentes moderados, defendia o adiamento da Assembleia Nacional, o que permitiria aos conselhos permanecerem por um tempo determinado para realizar as tarefas revolucionárias, ou, quando a revolução acabasse, deviam permanecer como representantes dos interesses dos trabalhadores; e a terceira, dos spartakistas, delegados revolucionários e ala esquerda dos independentes, rejeitava a Assembleia Nacional e defendia o governo dos conselhos como a mais alta forma de democracia social.

Em nome dos socialistas majoritários, Cohen-Reuss (ala esquerda do SPD) apresentou ao Congresso a proposta de convocação rápida da Assembleia Nacional em substituição aos conselhos, que, assim, concluiriam sua tarefa de evitar o caos e poderiam futuramente representar um papel importante na produção. Era necessário evitar, na Alemanha, uma ditadura proletária nos moldes bolcheviques, para afastar os problemas ocorridos na Rússia:

> Pergunto-lhes, companheiros [...] o que o *bolchevismo*, a ditadura do proletariado *conseguiu na Rússia*? Na minha opinião, nada que possa ajudar o socialismo, mas apenas desacreditá-lo por décadas. (Calorosos muito bem! e palmas.) A Rússia passa frio e fome. (Grito: de quem é a culpa? – Da guerra!) Muito bem! Quero aproveitar essa interrupção. A guerra – sem dúvida, isso nós sabemos! Mas, companheiros, não esqueçam que justamente na Rússia o bolchevismo não realizou o que se poderia ter alcançado em condições normais, se as velhas formas não tivessem sido destruídas [...] Por que isso aconteceu? Porque se quis, num abrir e fechar de olhos, pôr a nova ordem econômica no lugar da velha como se fosse um edifício pronto, porque se destruíram as velhas formas de produção e troca, antes que as novas tivessem começado a funcionar. (Muito bem!) Queremos nos livrar disso e sei que os socialistas do USPD que refletem têm a mesma opinião, também têm medo da destruição da atual forma econômica antes que a nova funcione, como meus amigos e eu. (apud Ritter & Miller, 1983, p.375)

Däumig (ala esquerda dos independentes), apresentando a contraproposta, defende o "sistema conselhista como expressão organizativa" da "democracia proletária" (ibid., p.379):

> Companheiros e camaradas, quando o companheiro Cohen defendeu tão vivamente a Assembleia Nacional dentro do mais breve

prazo, uma parte de vocês aplaudiu calorosamente. Mas com isso vocês pronunciaram sem dúvida nenhuma *sua própria sentença de morte*. (Muito bem! e contestações.) Pois as concessões feitas pelo companheiro Cohen e outros, de que o sistema conselhista poderia permanecer junto com a Assembleia Nacional, não passam de ruído e fumaça. (Muito bem!) [...] Não, um não pode unir-se à outra; é preciso querer um ou a outra [...] a Assembleia Nacional que agora se reúne não tem vontade nem energia para realizar o socialismo [...] Quero dizer-lhes que esta *Revolução Alemã tem uma maldita falta de autoconfiança*, que este espírito submisso e corporativo, herança de décadas, permanece naturalmente ainda muito arraigado nela (Muito bem!), e que este espírito não pode ser eliminado com campanhas ou panfletos eleitorais jogados às massas a cada dois ou três anos, mas só pode ser eliminado com uma tentativa corajosa e enérgica de manter o povo alemão sempre politicamente ativo, e isso só pode acontecer com o sistema conselhista [...] Em vez de ser governado, o povo alemão deve ter cada vez mais como tarefa a *autoadministração* [...] Sei que o que digo aqui hoje é impopular, como tudo que é novo. Mas isso não me desvia do caminho. Mesmo que vocês rejeitem o sistema conselhista – ele virá, apesar de tudo e de todos. (Assentimento da minoria.) (ibid., p.379-83)

A assembleia não se deixou convencer e rejeitou por 344 votos a 98 a proposta de que o poder fosse exercido pelos conselhos, convocando as eleições para o dia 19 de janeiro. A fragilidade da posição dos partidários da República conselhista ficava evidente. O artigo do *Vorwärts*, de 16 de dezembro, usava contra eles até mesmo suas próprias armas:

> Mas não foi ela [a extrema-esquerda] que lançou a palavra de ordem "todo o poder aos conselhos de soldados e trabalhadores"? Pois bem, admitiu como instância suprema os conselhos de

trabalhadores e soldados e deverá submeter-se ao seu veredicto, mesmo que eles [os conselhos] não lhe agradem! (apud Nettl, 1972, p.721)

O Congresso significou uma clara vitória do SPD e a derrota da esquerda radical, ou, nas palavras insuspeitas de Scheidemann (1923, p.242), o fim de "todo esse romantismo revolucionário".

A partir desse momento, Rosa Luxemburgo, numa série de artigos para *Die Rote Fahne*, critica asperamente a decisão do Congresso como "vitória do governo de Ebert, uma vitória total da contrarrevolução" (*RL*, p.321, v.II). Opondo as massas revolucionárias ao Congresso dos Conselhos, escreve:

> Os conselhos de trabalhadores e soldados, como poder político, não *estão* extintos, eles não *podem* ser extintos. Eles não existem graças a nenhum Congresso, eles nasceram da ação revolucionária das massas em 9 de novembro. A massa revolucionária *não* cometerá o suicídio que se espera dela. (ibid., p.318)

Mais uma vez, não desconsiderando o evidente tom propagandístico do artigo que visa, acima de tudo, a modificar uma situação dada, vemos a dificuldades de Luxemburgo em aceitar os objetivos moderados do movimento operário alemão, pois isso poria em risco a revolução socialista. A saída, portanto, é explicar a decisão dos próprios delegados de liquidar os conselhos como reveladora, não apenas da "insuficiência geral do primeiro e imaturo estágio da revolução, mas também [d]a dificuldade particular dessa revolução proletária, a especificidade de sua situação histórica" (ibid., p.322). Que dificuldade? Diferentemente das revoluções burguesas anteriores, em que a contrarrevolução aparecia às claras, ela surge aqui sob a capa da social-democracia, confundindo as massas. Voltamos ao velho problema, já detectado obliquamente nas entrelinhas da *Brochura de Junius*: a social-democracia é o partido da classe trabalhadora alemã.

Os resultados negativos do Congresso dos Conselhos eram assim explicados pelas manobras mesquinhas dos dirigentes que, explorando a "incultura e a incompetência" (ibid., p.315) dos representantes populares, mais uma vez iludiram as massas. Os trabalhadores eleitos, nas palavras de Liebknecht,

> são apenas imperfeitamente esclarecidos, têm apenas uma fraca consciência de classe, são mesmo hesitantes, pouco decididos, sem energia, e consequentemente eles [os conselhos] não têm quase nenhum caráter revolucionário, ou sua luta política contra os elementos do antigo regime é apenas visível. (*Die Rote Fahne*, 20.11.1918, apud Broué, 1971, p.196)

Luxemburgo espera que esses trabalhadores "imperfeitamente esclarecidos" cheguem à "total maturidade" na luta, dando conteúdo revolucionário aos conselhos. O trabalho pedagógico dos spartakistas contribuirá para acelerar essa tomada de consciência. A contragosto, portanto, os radicais são forçados a reconhecer a moderação dos conselhos. O que fazer? Continuar a agitação nas ruas, na tentativa de ganhar as grandes massas para a causa do socialismo.[11]

Vemos aqui novamente, com inequívoca clareza, o dilema a que já nos referimos. O sujeito teoricamente revolucionário é iludido

---

11 Eis como Kautsky encarava essa tática: "Os meios de combate da Liga Spartakus tornam-se cada vez mais primitivos: domínio dos desorganizados sobre os organizados. Desiludida pelos sindicatos assim como pelo Parlamento, põe suas esperanças nos conselhos de trabalhadores e soldados; também por estes enganada em suas expectativas, nada mais lhe resta a não ser a rua!" (*Freiheit*, 29/12/1918, apud Kolb, 1962, p.207).

pelo SPD e USPD a serviço da burguesia. Porém, independentemente dessa circunstância, passageira no seu entender, o objetivo final continua a iluminar o presente, dando-lhe conteúdo e sentido. O presente alienado não se fecha em si mesmo – as massas mudam, e tanto mais rapidamente quanto maior a crise –, mas traz em si a possibilidade da mudança radical.

Assim, segundo Luxemburgo, os conselhos reais são conservadores por votarem a favor da democracia parlamentar; sabe-se, porém, que, ao mesmo tempo, fizeram uma lista de reivindicações na linha do programa social-democrata, tendo por objetivo uma reforma completa da ordem estatal e social existente.[12] Ou seja, apesar de sua posição politicamente conservadora, Rosa tinha em mente que os conselhos reivindicavam mudanças substanciais. Concretizá-las era uma questão de tempo e de tomada de consciência por parte da grande maioria. Aquilo que é pode tornar-se sempre o outro de si mesmo, eis a renovada esperança de nossa autora.

Nunca perdendo de vista a função pedagógica da vanguarda, uma vez derrotada a proposta da República conselhista, Luxemburgo passa a apoiar a participação nas eleições para a Assembleia Nacional, com um objetivo tático muito preciso: utilizar a tribuna do Parlamento para fazer agitação a favor dos conselhos: "A ação eleitoral e a tribuna desse parlamento contrarrevolucionário devem ser um meio para a educação, a concentração, a mobilização da massa revolucionária, uma etapa na luta pelo estabelecimento da ditadura proletária" (RL, p.327, v.II). Justamente porque o 9 de novembro "foi uma revolução cheia de insuficiências e fraquezas

---

12 O Congresso dos Conselhos reivindicava a "democratização" da administração, a transformação substancial da composição do exército, a socialização das "indústrias maduras para isso" (Kolb, 1988, p.157).

[...] muito mais o colapso do imperialismo existente do que a vitória de um princípio novo" (ibid., p.353-4) é que se torna mais do que nunca necessário esclarecer as massas, ocupar todos os espaços, agitando palavras de ordem socialistas.

No final de dezembro, ao fazer o balanço dos acontecimentos, conclui que acabou a primeira fase – política – da revolução, na qual houve apenas mudança de governo, e que a etapa propriamente revolucionária, "o período da atividade direta das mais amplas massas" (ibid., p.262), que põe em xeque a dominação econômica do capital, acaba de começar com as greves. Terminada a revolução política, começa a revolução social. No discurso ao Congresso de fundação do KPD, declara:

> A luta pelo socialismo só pode ser levada a cabo pelas massas, num combate corpo a corpo com o capitalismo, em cada empresa, opondo cada operário a seu patrão. Só assim será uma revolução socialista.
>
> Certamente, por falta de reflexão, tinha-se outra ideia da marcha das coisas. Pensava-se que bastava derrubar o antigo governo e substituí-lo por um governo socialista; publicar-se-iam então decretos para instaurar o socialismo. Mais uma vez isso não passava de ilusão. O socialismo não é feito, não pode ser feito por decretos, nem mesmo de um governo socialista, por mais perfeito que seja. O socialismo deve ser feito pelas massas, por cada proletário. (ibid., p.360)

Luxemburgo continua, desse modo, a defender vivamente a ideia de que revolução socialista não significa mudança de governo levada a cabo por uma minoria, mas uma transformação radical da antiga sociedade, em todos os planos, pela ação autônoma das massas. Por isso mesmo, carece de tempo. Trata-se de minar progressivamente o governo de Ebert-Scheidemann pela luta coletiva dos trabalhadores, de tal forma que quando ele ou outro parecido for derrubado, isso será apenas o ato final. Assim, a conquista do poder não deve ser feita de uma vez, mas ser progressiva: nós nos introduziremos no Estado burguês até ocuparmos todas as posições, que defenderemos com unhas e dentes [...] Os conselhos de trabalhadores devem ter todo o poder no Estado. (ibid., p.368)

Coerente com sua reiterada crítica ao blanquismo, Rosa assume uma tática resolutamente antigolpista, enfatizada no programa da Liga Spartakus, adotado no final de dezembro pelo KPD: "A Liga Spartakus nunca tomará o poder a não ser pela vontade clara e inequívoca da grande maioria da massa proletária em toda a Alemanha. Ela só tomará o poder se essa massa aprovar conscientemente seus projetos, objetivos e métodos de luta" (ibid., p.298).

Ela frisa incansavelmente a necessidade de conquistar progressivamente o poder pela base, o que naquele momento preciso significava não só transferir o poder aos conselhos de trabalhadores e soldados, mas também aumentar o próprio sistema de conselhos, incorporando os trabalhadores agrícolas e os pequenos camponeses. O fim do discurso ao Congresso de fundação do KPD consiste numa profissão de fé na democracia conselhista:

> Exercendo o poder, a massa deve aprender a exercer o poder [...] Eles [os proletários] são educados quando passam à ação [...] No princípio era a ação, é aqui a divisa; e a ação consiste em que os Conselhos de Trabalhadores e Soldados se sentem chamados a tornar-se o único poder público em todo o Reich e aprendem a sê-lo. Só dessa maneira podemos minar o solo, a fim de que se torne maduro para a transformação que deve coroar nossa obra [...] devemos conquistar o poder político não por cima, mas por baixo [...] Tal como o descrevo, o processo parece talvez mais demorado do que se estava inclinado

a ver num primeiro momento. Penso que é saudável para nós encararmos com plena clareza todas as dificuldades e complicações dessa revolução. (ibid., p.369-70)

Vimos, no Capítulo 2, que os conselhos, reconhecidos como nova forma de soberania popular, como um antiestado, dão o conteúdo concreto da proposta socialista democrática de nossa autora. Segundo o programa spartakista, os conselhos constituiriam organismos inteiramente democráticos, pois seus membros seriam eleitos nos locais de trabalho (empresa e exército) e seu mandado revogável a qualquer momento.

Haveria um Conselho Central (*Zentralrat*), composto por delegados eleitos nos conselhos em todo o país, o qual, por sua vez, elegeria um Comitê Executivo (*Vollzugsrat*), "organismo supremo dos Poderes Legislativo e Executivo". A função do Conselho Central seria "exercer um controle permanente sobre a atividade do Comitê Executivo e estabelecer um contato vivo entre a massa dos Conselhos de Trabalhadores e Soldados de todo o Reich, e o organismo governamental supremo que os representa" (ibid., p.295)

O Comitê Executivo, por sua vez, nomearia e deporia os Comissários do Povo, as autoridades de maneira geral e os funcionários. Num sistema assim, as bases estariam diretamente representadas no governo, exercendo sobre ele forte controle e dando-lhe seu conteúdo democrático.

Esse é o máximo de concretude a que chega a proposta conselhista de Luxemburgo.[13] É importante frisar que na sua perspectiva

---

13 Arnold (1985, p.307), estudioso dos conselhos, reconhece que as propostas conselhistas no período de 1918-1920 eram abstratas, sem conteúdo prático nem organizativo para o período de transição. Hoje o debate sobre os conselhos se traduz na oposição entre democracia direta e representativa, que, colonizada pelo dinheiro, está cada vez mais em questão. O problema não é simples e não basta recorrer à

os conselhos dependem da revolução, e não o contrário: "A revolução viverá sem os conselhos, os conselhos sem a revolução estão mortos" (ibid., p.303).

Para que os conselhos venham a tornar-se efetivamente os novos órgãos do poder popular, para levar a cabo esse longo processo de transformações políticas, econômicas, sociais, culturais, o fator mais importante é o tempo. Isso é reconhecido no discurso no momento da fundação do KPD, o qual, entretanto, não deixa de mostrar certas ambiguidades. Rosa está dividida entre o entusiasmo revolucionário, compartilhado pelos militantes spartakistas, e que se revela numa avaliação excessivamente otimista a respeito do isolamento do governo, e o realismo político, oriundo da análise da correlação de forças desfavorável à esquerda, de que tem plena consciência.

Já vimos que, desde a guerra, ela apontava o socialismo como a única alternativa à barbárie. Finalmente, o tão esperado momento de ruptura surge das entranhas de uma sociedade em decomposição, o proletariado, que, durante quatro anos, apodrecera docilmente na dança macabra das trincheiras, parece resolvido a tornar-se sujeito da própria história. Pelo menos aos olhos de

---

palavra mágica "conselhos" como panaceia. Em sociedades complexas, a concepção conselhista radical, fundada no mandato imperativo, é problemática. Como lembra Daniel Bensaïd (2010, p.205-6), sempre existirá uma forma de delegação e representação, mesmo naquilo que se chama de democracia direta. A alternativa ao conselhismo radical e à democracia representativa burguesa seria uma espécie de "democracia mista" em que conviveriam duas assembleias, conselhos e parlamento, em equilíbrio. Cidadania e sufrágio universal não seriam eliminados. É a posição de Rosa Luxemburgo na brochura *A Revolução Russa* e também de Kurt Eisner, presidente da efêmera República dos Conselhos da Baviera, para quem os conselhos seriam os representantes diretos da vontade popular e teriam a função de codirigir o parlamento.

Rosa e da esquerda radical, os acontecimentos apontam nesse sentido. Os conselhos surgem espontaneamente por toda parte mostrando a criatividade das massas; o governo social-democrata, ao reprimir duramente manifestações de trabalhadores e soldados, mostra seu conteúdo contrarrevolucionário; as massas na rua, enfrentando a repressão governamental, deixam de ser a dócil bucha para canhão da época da guerra e vêm confirmar a ideia de que elas, assim como "*Thalassa*, o mar eterno", contêm em si "todas as possibilidades latentes: calmaria mortal e tempestade ruidosa, a mais baixa covardia e o heroísmo mais feroz. A massa é sempre aquilo que tem de ser, dependendo das condições do tempo, e está sempre pronta a tornar-se algo diferente do que parece", como escreve numa carta já mencionada.[14] As massas guardam em si potencialidades insuspeitas que se desenvolvem conforme o clima político em que vivem. Um agudo período de ruptura oferece justamente a atmosfera propícia para o "heroísmo mais feroz" entrar em ação. Como nos momentos revolucionários a história está contraída, o processo de aprendizagem é rápido.

Mas, ao mesmo tempo, Rosa não perde de vista que a revolução é uma tarefa longa e difícil. Aliás, desde o início do Congresso de fundação do KPD, não esconde sua divisão interna ao dizer que encara a atmosfera inflamada da assembleia com "um olho que ri, outro que chora" (*RL*, p.336, v.II). O ímpeto revolucionário dos militantes spartakistas alegra-a e preocupa-a. Para os jovens trabalhadores membros da Liga Spartakus, ação e mais ação era o único meio de romper radicalmente com a velha sociedade. Por isso, opõem-se a participar nas eleições para a Assembleia Nacional, marcadas para 19 de janeiro.

Lembremos que, quando se tratava de defender os conselhos contra a Assembleia Nacional, Rosa atacou vivamente a

---

14 Carta a Mathilde Wurm, de 16 de fevereiro de 1917 (*RL*, p.236, v.III).

social-democracia majoritária por ter manobrado a favor do Parlamento. Porém, uma vez essa posição vitoriosa e dado o grau de "imaturidade das massas", ela evita cair num esquerdismo infantil, defendendo a proposta de participação nas eleições, por fim derrotada no Congresso de fundação do KPD por 72 votos a 23. Comparando a situação russa e a alemã, declara no seu discurso aos delegados:

> vocês se esqueceram de que antes da dissolução da Assembleia Nacional, em novembro, algo diferente ocorrera – a tomada do poder pelo proletariado revolucionário? Vocês já têm hoje porventura um governo socialista, um governo Lenin-Trotski? A Rússia já tinha antes uma longa história revolucionária que a Alemanha não tem. (ibid., p.337)

Constatando a "imaturidade das massas que até aquele momento não souberam levar à vitória o sistema conselhista", Rosa defende uma posição moderada contra os esquerdistas dentro do novo partido. Dirigindo-se à assembleia, diz:

> As eleições representam um novo instrumento da luta revolucionária. Vocês permanecem presos aos velhos modelos. Para vocês existe apenas o Parlamento do *Reichstag* alemão. Vocês não conseguem imaginar a utilização desse meio em sentido revolucionário. Nós queremos um radicalismo um pouco mais refinado, não apenas esse grosseiro uma coisa ou outra. Ele é mais confortável, mais simples, mas é uma simplificação que não serve para a formação, nem para a educação das massas. (ibid., p.338)

O desenvolvimento da situação na Alemanha evidenciava que a tarefa dos revolucionários ainda era educar as massas populares, e a participação nas eleições a tática correta para alcançar esse objetivo. Rosa voltava assim à velha concepção da esquerda social-democrata, segundo a qual o Parlamento era um meio auxiliar da revolução. Nessa perspectiva, podia temporariamente conviver com os conselhos, mas o objetivo mesmo era a República conselhista. Uma vez que a "contrarrevolução" impusera as condições, era preciso tirar partido delas.[15] Aliás, já na época da polêmica contra o revisionismo, Rosa vira como duas formas de ação igualmente válidas a luta de massas e a luta parlamentar, explicando-se sua crítica posterior em virtude da obsessão parlamentarista do SPD.[16]

Isso posto, acrescente-se que a Liga Spartakus não tinha unidade ideológica. Queria a revolução, mas não havia clareza quanto aos objetivos políticos dessa revolução, nem que forma o Estado deveria assumir. "Primeiro pensou-se numa forma radical de democracia, mais tarde uma parte da Liga Spartakus voltou-se para o pensamento conselhista bolchevique" (Tormin, 1954, p.36), como acabamos de ver. Rosa, contudo, ao adotar a concepção conselhista como forma de soberania popular, se distingue dos bolcheviques num ponto crucial: ela rejeita incisivamente a subordinação dos conselhos ao partido. Vesti-la com os trajes bolcheviques na Revolução Alemã não passa de equívoco.

Nesse momento preciso, sua posição moderada, decorrente da análise da correlação de forças, contrasta vivamente com o tom exaltado dos artigos da *Rote Fahne* em que conclama continuamente

---

15 Donde essa virada súbita, que, segundo Roland Holst-van der Schalk (1937, p.199), as bases não entendem.
16 Haffner (1988, p.175) considera que o único revolucionário realista na época teria sido Kurt Eisner, por defender simultaneamente o poder dos conselhos e do Parlamento, uma vez que a alternativa democracia burguesa ou ditadura conselhista, em que se enredaram tanto a direita quanto a esquerda, não foi posta pela própria revolução.

o proletariado a agir.[17] Isso significaria que Rosa assume posições contraditórias, como afirma Badia (1975a, p. 377, 381, 383)? Por que esse comportamento?

Eis uma primeira resposta: a Liga Spartakus, grupo reduzido de militantes aguerridos, sem chance de chegar ao poder, via na agitação – uma vez que a organização era incipiente – o meio por excelência de influenciar as massas. O jornal é precisamente o veículo utilizado para isso. Nessa perspectiva, não haveria nenhuma contradição no comportamento de Luxemburgo: as posições moderadas expostas no programa e no discurso no Congresso de fundação do KPD dirigiam-se aos militantes do partido, ao passo que os artigos exaltados constituíam um apelo às massas trabalhadoras. Aos primeiros tratava de lembrar a difícil tarefa a enfrentar, às outras buscava instigar, para que arrastassem as direções.

As consequências de tal esquizofrenia, no entanto, foram graves, como o próprio Nettl (1972, p.711) reconhece: "essa alegre exaltação, esse entusiasmo pelo movimento de massa, o apelo constante à ação e à clarificação – tudo isso contribuiu para criar a atmosfera propícia ao levante desesperado de janeiro no qual Liebknecht e Rosa Luxemburgo foram mortos". Os spartakistas, centrando toda sua energia no trabalho de agitação, multiplicando comícios e manifestações de massa, mostravam um poder que na realidade não tinham. Segundo Kolb (1962, p.145), a tática propagandística da Liga acabou por criar uma resistência maior contra ela, impedindo-a de mostrar suas verdadeiras posições.[18]

---

17 Diz Radek em seu depoimento: "lancei-me febrilmente sobre a *Rote Fahne*. No carro que me levava ao hotel, passei os olhos pelo jornal. Tive medo. Pelo tom da *Rote Fahne*, parecia que se estava às vésperas da última batalha. Era quase impossível erguer ainda mais a voz" (apud Badia, 1967, p.399).

18 Em Berlim, a hostilidade contra os spartakistas, em janeiro de 1919, era notória. A esse respeito temos o testemunho de Käte Duncker

Nesse ponto, Luxemburgo e a Liga Spartakus até que foram coerentes. Vimos no capítulo anterior que o papel do partido, sobretudo a partir da guerra, era esclarecer, fazer a propaganda da posição politicamente correta, mesmo correndo o risco do isolamento. Consequentemente, os spartakistas não procuraram organizar-se como tendência ou facção no interior do USPD nem dos conselhos, o que fragilizou em demasia seu trabalho, pois não tinham penetração no movimento operário. Pelo testemunho de Radek, os spartakistas não tinham mais que 50 homens em Berlim no começo da revolução (Schütrumpf, 2018, p.53).

Uma segunda resposta, que será dada no fim deste capítulo, pode ser encontrada na própria concepção que Luxemburgo tem da política, a qual contém elementos que permitem essas oscilações.

Se compararmos as posições defendidas em *A Revolução Russa* e as que acabamos de analisar, no que Rosa Luxemburgo mudou? Quando da aparente alternativa entre Assembleia Nacional e conselhos, ela fez nas páginas da *Rote Fahne* a apologia calorosa dos

---

(VV.AA., 19/1, p.41), dirigente da Liga Spartakus. No dia 11 de janeiro, a caminho da casa em que se encontravam Rosa Luxemburgo e Karl Liebknecht, passa por soldados de baioneta em punho. "No bonde, uma mulher disse em voz alta: 'Em cada uma dessas baionetas, vocês deviam espetar um spartakista' – 'E a senhora, uma mulher, não tem vergonha de dizer isso?', retruquei eu. Quase todos os passageiros se voltaram contra mim. Agarraram-me e queriam atirar-me para fora. Só a intervenção de um senhor de idade me permitiu ir até a próxima parada." Segundo Schütrumpf (2018, p.57-8), a decisão da maioria no Congresso de fundação do KPD de não participar das eleições para a Assembleia Nacional enfraqueceu o partido ao impedir o uso da tribuna do Parlamento como meio de denúncia das arbitrariedades contra a esquerda, além de permitir a repressão contra o KPD, que custou a vida a muitos de seus militantes, começando por Luxemburgo, Liebknecht e Jogiches.

conselhos como órgãos democráticos do poder popular. Sua posição é clara: espera, por meio da palavra escrita (já que ela e Liebknecht não tinham sido eleitos para o congresso dos conselhos), convencer os delegados. Uma vez vencedora a proposta da Assembleia Nacional, Rosa passa a adotar uma tática moderada: uso da tribuna parlamentar como instrumento de propaganda dos conselhos. É de perguntar até que ponto ela não adotara essa posição radical contra a Assembleia Nacional arrastada pelos "seus amigos, reencontrados numa efervescência pró-russa ou pró-soviética" (Amodio, 1976, p.251).

A derrota dos conselhistas reforça em Rosa Luxemburgo a convicção de que na Alemanha as massas ainda precisam ser esclarecidas. Nesse sentido, declara no Congresso de fundação do KPD: "Nossa próxima tarefa consiste em formar as massas [...]. Queremos chegar a isso por meio do parlamentarismo. A palavra deve decidir" (*RL*, p.337, v.II). Recua ao ver que a maioria ainda não acompanha as propostas spartakistas, pois de nada adianta uma vanguarda solta no vácuo, feito um general sem soldados. Tanto que no Congresso de fundação do KPD, Rosa e todos os outros dirigentes recusam-se a aderir às posições esquerdistas das bases.

O esquerdismo dos militantes spartakistas, em sua grande maioria muito jovens, é encarado por vários autores como uma das razões da derrota da Revolução Alemã, sem esquecer é claro o papel determinante desempenhado pela aliança dos majoritários com as elites do antigo regime. Não só se recusaram a participar das eleições, como também saíram dos sindicatos dirigidos pelos reformistas por acreditarem que, em quinze dias, um governo proletário seria constituído em Berlim.

Segundo Rosenberg (1983, p.24), em contrapartida, a

> direção da Liga Spartakus não tinha nada em comum do ponto de vista teórico ou prático com a maioria de seus militantes. Onde a

direção, de maneira realista, queria orientar-se de acordo com a situação existente na Alemanha, os militantes, irrefletidamente, queriam avançar. Onde a direção contava com uma longa evolução, os partidários queriam logo, em poucos dias e semanas, ver o resultado.

Também para Broué (1971, p.198), essa tendência "esquerdista [...] rejeita em bloco todo trabalho comum com os 'social-traidores' e seus cúmplices – uma noção muito ampla – e pensa finalmente que o poder político está ao alcance dos fuzis dos trabalhadores armados num prazo de algumas semanas ou mais".

Broué considera que o mais grave, no momento da fundação do KPD, foi o fracasso das conversações entre spartakistas e delegados revolucionários, o único grupo de esquerda com base de massa nas fábricas de Berlim. Estes propuseram uma série de condições para aderir ao novo partido, que não foram aceitas pelo Congresso, "hostil, desde o início, à fusão com os delegados" (ibid., p.225). Estes eram a favor da participação nas eleições, rejeitavam as táticas golpistas e tinham a confiança do proletariado berlinense. Ao não aceitarem a fusão com eles, os spartakistas ficavam isolados dos trabalhadores das fábricas. "O partido comunista, acabado de nascer, já isolado das massas, tinha se condenado à impotência antes de ter começado a agir. Os acontecimentos de janeiro e o assassinato de Liebknecht e Rosa Luxemburgo acabariam com ele" (ibid., p.226).

Mas quem são, afinal, os militantes spartakistas? Operários que rejeitam qualquer forma de organização, militantes pacifistas,

> jovens que só acreditam na força das armas, toda uma camada de revoltados, rebeldes, combatentes, puristas, que veem nos aparelhos burocráticos o principal obstáculo à vitória da revolução. Estão fascinados pela Revolução Russa: a longa experiência dos bolcheviques, que conhecem mal, resume-se para eles unicamente à insurreição

armada, unicamente ao emprego da violência revolucionária concebida como panaceia ante a violência imperialista e militarista. (ibid., p.200)

Mais tarde, Paul Levi, no Segundo Congresso da Internacional em Moscou, em 1920, explicaria aos delegados de que modo se originou a Liga Spartakus:

> Grupos que no decorrer do processo revolucionário se formaram espontaneamente em todas as regiões da Alemanha, a maior parte do tempo sem ideias políticas claras, frequentemente atraídos pelo nome de Karl Liebknecht [...] grupos de pessoas que não estavam antes organizadas no plano político. (ibid.)

O mesmo Levi, ainda em 1920, dirá:

> Os delegados que representavam essas massas até então desorganizadas, vindas a nós somente na ação, por ela e para ela, não podiam absolutamente compreender que uma nova ação, facilmente previsível, poderia levar não à vitória, mas a recuar. (apud Mendes de Almeida, 1980, p.178)

A própria Rosa, em carta a Clara Zetkin de 11 de janeiro de 1919,[19] comentando a derrota sofrida pela direção spartakista no Congresso do KPD, explica quem são os militantes spartakistas:

> Nossa "derrota" foi apenas o triunfo de um radicalismo um tanto infantil, imaturo, linear [...] Não se esqueça de que os "spartakistas" são em grande parte uma nova geração, livre das tradições emburrecedoras do "velho e experimentado partido" – isso tem de ser aceito

---

19 Carta a Clara Zetkin, 11 de janeiro de 1919 (*RL*, p.359-60, v.III).

com seus lados de sombra e de luz. Todos nós decidimos por unanimidade não transformar o caso numa questão de gabinete nem tomá-lo pelo lado trágico.

Os dirigentes da Liga Spartakus, em contrapartida, faziam parte do "pequeno círculo de marxistas revolucionários coerentes" (Rosenberg, 1983, p.23) e, por isso, frontalmente contra o radicalismo inconsequente que acabou culminando na derrota. Mas essa é apenas meia-verdade. Não podemos esquecer os artigos incendiários de Rosa na *Rote Fahne* exortando abstratamente à ação, sem propostas claras, sobretudo a partir do dia 7 de janeiro, quando conclama as massas a agir contra os chefes hesitantes, a fim de derrubar o governo Ebert-Scheidemann.

Para podermos entender essa posição aparentemente golpista, é necessário esclarecer que a situação se radicalizara rapidamente desde o episódio da Divisão Popular de Marinha,[20] levando os independentes a romperem a coalizão no final do mês. A partir desse momento, o operariado berlinense pende rapidamente para a esquerda, o que implica um relativo isolamento do governo:

> Homens como Haase, Dittman e Hilferding, que uma semana antes estavam prontos a colaborar com os socialistas majoritários, explicavam agora que Ebert e Scheidemann eram prisioneiros da contrarrevolução militar e que não se devia ter nada em comum com eles. (ibid., p.48)

A saída dos independentes do governo levou o SPD a fortalecer a aliança com os militares e a burocracia, e no *Reichstag* a uma aproximação cada vez maior com os liberais e o Centro. Acabou

---

20 Em 24 de dezembro, Ebert deu permissão ao general Groener para cercar o prédio da Divisão Popular de Marinha, que tinha se revoltado. Houve grande resistência e muitos marinheiros morreram.

vencendo a "coalização da ordem" contra os conselhos e contra a esquerda radical, defensora da continuidade da revolução. Por conseguinte, a derrota do levante de janeiro foi apenas o desfecho de circunstâncias anteriormente preparadas.

Os conselhos, enquanto tiveram poder, não fizeram uso dele, foram "teórica e politicamente ingênuos". Ao perderem o poder, perderam também a ingenuidade, pendendo para a esquerda, e, assim, "reagiram ao desenvolvimento da revolução até aquele momento" (Feldman et al., 1972, p.98), que não realizara nem sequer suas reivindicações democráticas.

Se na primeira fase da revolução a exigência de democracia era o mais importante, agora a socialização passava a ser vista como pré-requisito da democratização. Ou seja, a radicalização do movimento operário e, por conseguinte, dos conselhos deu-se "*no* decorrer e *por causa* da revolução" (Kolb, 1988, p.158), fruto da desilusão com a timidez do processo revolucionário, e não porque a Alemanha estava, desde a queda da monarquia, às portas do bolchevismo.

A insurreição de janeiro

> Revoluções não conhecem meias medidas, não fazem compromissos, não rastejam, não se curvam. Revoluções precisam de intenções explícitas, princípios claros, corações decididos, homens completos.
>
> *Rosa Luxemburgo*

A situação a partir do final de dezembro de 1918 viria confirmar a arraigada convicção de Luxemburgo de que a lei das revoluções é radicalizarem-se. Os acontecimentos precipitavam-se. Multidões desfilavam continuamente pelas ruas de Berlim. Manifestações, incidentes, pequenos ou importantes, ocorriam a todo momento.

Em 4 de janeiro, um sábado, o governo decidiu finalmente afastar o chefe de polícia, Eichhorn, um independente da ala esquerda do USPD, politicamente próximo dos delegados revolucionários, e substituí-lo por um social-democrata de direita, Ernst, em quem o partido confiava. A notícia de sua demissão é vista por todas as forças de esquerda como uma provocação, que desencadeia uma vaga de resoluções, greves, manifestações. Eichhorn, que encarava seu posto como uma posição de poder do proletariado revolucionário, nega-se a sair, alegando ser responsável apenas perante o Comitê Executivo dos conselhos de trabalhadores e soldados de Berlim (*Vollzugsrat*), sendo apoiado por toda a esquerda.

Na noite de 4 de janeiro, os delegados revolucionários reúnem-se e decidem que não é mais possível recuar. A fim de avaliar o ânimo das massas, convocam uma manifestação de protesto para o dia seguinte. A direção do KPD, também reunida, propõe chamar à greve geral. Rosa Luxemburgo sustenta limitarem-se a uma greve de protesto, pois é preciso saber até onde chegará Ebert e como reagirão os trabalhadores do resto do país. Um ano e meio depois, Paul Levi, um dos participantes da reunião, explicará:

> Na noite de 4 de janeiro, a central do KPD deliberou sobre a situação criada pelo golpe contra Eichhorn. Sobre a avaliação da situação havia completa unanimidade. Todos os presentes pensavam ser insensato aspirar ao "governo": um governo sustentado por aquele proletariado não viveria mais de catorze dias. Consequentemente, os membros da central eram unânimes na questão de que deviam ser evitadas todas as reivindicações que tivessem necessariamente por consequência a derrubada do governo dessa época. Nossas reivindicações foram especificadas da seguinte maneira: retirada da demissão de Eichhorn, desarmamento das tropas contrarrevolucionárias [...], armamento do proletariado. Nenhuma dessas

exigências envolvia sem mais a derrubada do governo, nem mesmo a exigência de armamento do proletariado, num momento em que parte considerável deste ainda aderia àquele governo. (Levi, 1920, apud Schütrumpf, 2018, p.58-9)

Em reunião nessa mesma noite, com a presença de Karl Liebknecht e Wilhelm Pieck como representantes do KPD, os delegados revolucionários decidem convocar uma manifestação para o dia seguinte, contra a exoneração de Eichhorn. Pelos documentos disponíveis não se sabe se Liebknecht e Pieck obtiveram o consentimento dos outros membros da Central do KPD para aderir à manifestação. Em todo caso, na edição da *Rote Fahne* de domingo, 5 de janeiro, não aparece nenhuma convocação. Já o órgão central do USPD, *Die Freiheit*, conclama às ruas os trabalhadores de Berlim, que, em resposta, participam em massa da manifestação de domingo (Schütrumpf, 2018, p.61). No final, os oradores, cautelosos, pedem que os presentes voltem para casa e convocam outra manifestação para o dia seguinte, na Siegesallee [Alameda da Vitória]. Apesar da água na fervura, alguns manifestantes ocupam espontaneamente o prédio do órgão central da social-democracia majoritária, o *Vorwärts*,[21] e alguns jornais burgueses (Luban, 2008a, p.76).[22]

---

21 O *Vorwärts*, até outubro de 1916, quando a direção, numa manobra, assume seu controle, era o órgão da oposição em Berlim. Por isso, a retomada do jornal era tão importante para a esquerda.

22 "Perante um tribunal insuspeito, a comissão de inquérito do Parlamento prussiano, foi estabelecido que todas essas ocupações de jornais haviam sido feitas sob a direção de agentes provocadores da *Kommandantur* de Berlim ou de elementos extremamente duvidosos. Chefiando a coluna que ocupou o *Vorwärts*, encontrava-se o garçom Alfred Roland, mais tarde desmascarado como perigoso provocador" (Frölich, 1965, p.354).

Enquanto Rosa Luxemburgo e outros dirigentes do KPD veem a manifestação de domingo como uma das muitas contra o governo, os delegados revolucionários ficam eufóricos e decidem, nessa mesma noite, com apenas seis votos contrários (entre eles, Ernst Däumig e Richard Müller), convocar uma greve geral a partir do dia seguinte, com o objetivo de derrubar o governo Ebert-Scheidemann (Liebknecht e Pieck a favor, agindo à revelia do restante da liderança do KPD).[23] É constituído um "comitê revolucionário" de 33 membros, dirigido pelas três tendências, representadas por Liebknecht (KPD), Ledebour (USPD) e Scholze (delegados revolucionários).

Na segunda-feira, 6 de janeiro, ocorre a maior manifestação dos trabalhadores berlinenses nessa época. Paul Levi assim descreve aquele dia:

> O que se viu segunda-feira em Berlim foi talvez a maior ação proletária de massa jamais vista na história. Não acreditamos que na Rússia tenham ocorrido manifestações de massa dessa envergadura. De Roland até a Vitória[24] só havia proletários, colados uns aos outros. Até muito longe, no Tiergarten, lá estavam eles. Tinham trazido as armas, faziam flutuar as bandeiras vermelhas. Estavam prontos a tudo e a dar tudo, até a vida. Um exército de duzentos mil homens, como nenhum Ludendorff havia visto. E então aconteceu o inacreditável. As massas estavam lá desde as 9 da manhã, no frio e na neblina. E os chefes reuniam-se em algum lugar e deliberavam. A neblina aumentava e as massas continuavam lá. Mas os chefes deliberavam. Chegou meio-dia e, além do frio, a fome. E os chefes deliberavam. As massas deliravam de excitação; elas queriam um ato, uma

---

23 A decisão foi tomada "sem que tivéssemos em vista métodos determinados para a derrubada do governo" (Ledebour-Prozess apud Kolb, 1962, p.229).
24 Ou seja, do Tiergarten ao *Reichstag*.

palavra que lhes acalmasse o delírio. Ninguém sabia o quê. Os chefes deliberavam. A neblina continuava aumentando e com ela o crepúsculo. Tristes, as massas voltaram para casa: elas queriam algo grande e não fizeram nada, porque os chefes deliberavam. Tinha deliberado no Marstall, depois continuaram na chefatura de polícia, e deliberavam ainda. Lá fora os proletários, na Alexanderplatz vazia, empunhando fuzis, ou metralhadoras leves e pesadas. E dentro os chefes deliberavam. Na chefatura, canhões apontados, marinheiros em todos os cantos e em todos os compartimentos que davam para fora, um formigamento, soldados, marinheiros, proletários. E no interior os chefes reuniam-se e deliberavam. Reuniram-se toda a noite, toda a madrugada, e deliberavam. E reuniram-se na manhã seguinte quando o dia surgia cinzento, e isto, e aquilo, e deliberavam ainda. E os grupos retornavam à Alameda de Vitória e os chefes reuniam-se ainda, e deliberavam. Eles deliberavam, deliberavam, deliberavam. Não! Essas massas não estavam maduras para tomar o poder, senão teriam decidido por conta própria colocar homens na direção cujo primeiro ato revolucionário teria sido fazer com que os dirigentes na chefatura de polícia parassem de deliberar. (Levi apud Schütrumpf, 2018, p.66-7)[25]

Na realidade estava em pauta um problema complicado. O recuo levaria a decepcionar o proletariado berlinense e à sua consequente desmobilização. Em caso de luta, ela seria decisiva.[26] Como enfrentá-la? A direção do KPD via-se num dilema: o partido, que mal tinha começado a existir, devia ficar junto dos combatentes ou

---

25 Noske, nas suas memórias, dirá a respeito da manifestação de 6 de janeiro: "Se essa multidão tivesse tido chefes que soubessem exatamente aonde ir, naquele dia, ao meio-dia, teria tido Berlim nas mãos" (apud Badia, 1967, p.251).
26 Notícias, que depois se relevaram falsas, diziam estar os regimentos de Berlim ao lado dos revolucionários (Kolb, 1962, p.228).

abandoná-los? Qualquer das respostas era um equívoco, como sabiam Leo Jogiches, Rosa Luxemburgo e Paul Levi.[27]

Dilemas à parte, a enorme manifestação do dia 6 de janeiro, na Alameda da Vitória, apresentava a circunstância ideal para Luxemburgo trazer à baila sua concepção da superioridade das massas populares sobre os dirigentes. Os resultados desastrosos do Congresso dos conselhos, que teriam conduzido ao desnorteamento do proletariado, haviam sido superados e o "aparente poder" de Ebert-Scheidemann desmoronara da noite para o dia.[28]

Via-se agora o crescimento político do operariado e a consciência do seu poder, de que só falta "fazer uso": "Ele não é mais o mesmo de 9 de novembro, ele *sabe* o que quer e o que deve fazer" (ibid., p.376). Mas os dirigentes – os "delegados revolucionários e homens de confiança das grandes empresas, os elementos radicais do USPD" – não estão à altura da tarefa. Rosa censura-os por

> deliberar profunda e abundantemente. Contudo, chegou a hora de *agir* [...] Não há tempo a perder. É preciso tomar medidas enérgicas [...] Ajam! Ajam! Corajosa, decidida, consistentemente – eis o dever e a obrigação absolutos dos delegados revolucionários e dos dirigentes partidários socialistas sinceros. Desarmem a contrarrevolução, armem as massas, ocupem todas as posições de poder. Ajam *rapidamente!* (ibid., p.378)

Mas a própria Rosa, no artigo, limita-se a exortar à ação, sem indicar concretamente que medidas deveriam ser tomadas.

Sua posição moderada do início sofre uma inflexão e vai se radicalizando a partir do artigo de 8 de janeiro (Deveres não

---

27 Ver Schütrumpf (2018, p.67 et seq.).
28 Rosa Luxemburgo, O que fazem os dirigentes?, *Die Rote Fahne*, 7 de janeiro de 1919, v.II, p.376.

cumpridos, *RL*, p.379-83, v.II) em que apoia a destituição do governo pelo movimento espontâneo das massas. Mas, apesar disso, fica longe de qualquer proposta golpista[29] ao insistir que se trata de saber "*como* conduzir a luta pelo afastamento do governo de Ebert" e acrescenta: "Afastar o governo Ebert-Scheidemann não significa assaltar o palácio do governo e prender ou perseguir algumas pessoas, mas significa, sobretudo, tomar de fato todas as posições de poder, *conservando*-as e *utilizando*-as" (ibid., p.380-1). É evidente que, num momento de conflitos exacerbados, essa nuança ficava soterrada sob a avalanche da confusão geral. O fato é que nos dias 5 e 6 de janeiro parecia que o proletariado berlinense apoiava os radicais que propunham a derrubada do governo. Só a partir do dia 8, quarta-feira, fica claro que a massa do proletariado de Berlim estava preparada para greves e manifestações, não para a luta armada. Mesmo a Divisão Popular de Marinha, a única tropa revolucionária, declara-se neutra.

> Só um pequeno grupo de amigos pessoais de Eichhorn, reunidos por ele na chefatura de polícia, alguns milhares de spartakistas utopistas-radicais, entrincheirados nos jornais e, finalmente, uma pequena parte dos delegados revolucionários e seus amigos pessoais, sob a direção de Ledebour e Scholze, estavam verdadeiramente decididos a combater. As tropas de Berlim eram em geral neutras ou simpatizavam com o governo [...] Já na noite de 6 de janeiro era evidente a lamentável derrota da ação revolucionária lançada com tanta paixão. (Rosenberg, 1983, p.57)

A demissão de Eichhorn é confirmada. Noske, chefiando os corpos francos – tropas de fanáticos, formadas por aventureiros,

---

29 É a posição de Schütrumpf (2018, p.64-5), com a qual concordo inteiramente.

oficiais, estudantes, soldados desmobilizados, decididas a não poupar ninguém –, prepara a contraofensiva. Comunistas e independentes entram em crise. Os chefes independentes e os delegados revolucionários, sentindo a derrota próxima, pressionam o governo a fazer negociações. No dia 6 à tarde, o governo aceita a mediação oferecida pela ala direita do USPD (Breitscheid, Dittmann, Kautsky). O comitê revolucionário também aceita a mediação, e na noite desse mesmo dia começam as negociações (dirigidas por Ledebour e o grupo mediador do USPD) entre os Comissários do Povo, os membros do Conselho Central (*Zentralrat*) e os representantes do comitê revolucionário. Tudo o que se conseguiu foi uma trégua, servindo apenas para o governo ganhar tempo: "Quando Noske tiver acabado seus preparativos, as negociações serão interrompidas e os canhões terão a palavra" (Badia, 1967, p.253-4). Ao mesmo tempo, negociar representava, para os insurretos, uma saída para uma situação quase sem saída (Kolb, 1962, p.232).

Nesse momento, as divergências entre os spartakistas se atenuam: todos concordam que não se deve negociar com o inimigo (Badia, 1967, p.254)[30] nem abandonar os trabalhadores, mesmo que tenha sido um equívoco lançá-los ao combate.

No dia 8, quarta-feira, quando as negociações são rompidas,[31] o governo recorre à população para "pôr fim à opressão e à anarquia".

---

30 Eis o depoimento de Scheidemann (1923, p.260): "Na madrugada de segunda para terça, os primeiros independentes, Kautsky, Breitscheid e Dittmann, assustados pelo terrorismo sanguinário dos golpistas, vieram oferecer sua mediação. Mas, enquanto conferenciavam conosco, a Liga Spartakus continuava seus combates de rua, ocupava a impressora do Reich, a direção dos caminhos de ferro e de duas lojas de abastecimento. Berlim inteira estava sob o terrorismo da rua [...] A Liga Spartakus não queria nem ouvir falar em negociação".

31 As negociações fracassaram, porque os majoritários, em nome da "liberdade de imprensa", impuseram como precondição a desocupação dos jornais, o *Vorwärts* em primeiro lugar. A diferença entre o SPD

No dia 9, os delegados revolucionários, o KPD e os dirigentes da executiva berlinense do USPD soltam nova convocação contra o governo, chamando à greve geral e às armas. Mas a maioria dos operários berlinenses, recusando-se a participar de uma guerra civil "entre dois campos que falam igualmente em nome do socialismo" (Broué, 1971, p.247), lança novo e poderoso movimento pela unidade dos trabalhadores, apoiado pelo USPD, reivindicando a formação de um governo dos três partidos.

De 8 a 12 de janeiro, a violência das tropas do governo e dos *Freikorps* (corpos francos) liderados por Noske desencadeia-se pela cidade. Os jornais são brutalmente retomados, muitos revolucionários fuzilados. Eis o relato insuspeito de Scheidemann (1923, p.261):

> Num sábado chuvoso [11 de janeiro], ele [Noske, ministro da defesa] entrava em Berlim com tropas completamente heterogêneas e, já naquela manhã, as tropas de Potsdam libertavam o prédio do *Vorwärts*. Domingo à noite os bandidos eram igualmente expulsos da chefatura de polícia e de todas as outras gráficas de jornais, e, nesse mesmo domingo, o velho partido social-democrata protestava, com importantes manifestações, contra as sanguinárias tentativas spartakistas da semana que passara. Foi preciso ainda uma semana para acabar com todas as ilhas de resistência que se tinham constituído aqui e ali. Mas, exatamente uma semana antes de nossa vitória nas eleições para a Assembleia Nacional, o governo Liebknecht-Ledebour e seu séquito de fanáticos e bandidos tinham sido definitivamente liquidados.

---

e o USPD é que este desejava, sobretudo, evitar um banho de sangue, ao passo que aquele não queria perder prestígio, pouco se importando com a divisão entre os trabalhadores (ver Kolb, 1962, p.238).

A contraofensiva acaba por desorganizar o comitê revolucionário e também a central do KPD; esta perdera contato com Liebknecht, que ficava com os delegados revolucionários. Na realidade ele atuava à revelia do restante dos dirigentes do KPD, para quem a insurreição era uma aventura condenada ao fracasso. Em 14 de janeiro, quando Rosa leu no *Vorwärts* a proclamação assinada por ele, dizendo que "o comitê revolucionário assumia provisoriamente as funções governamentais", teria dito, aterrada: "Karl, é esse o nosso programa?". Só que publicamente essa posição moderada nunca apareceu.

Mesmo quando Rosa defende a substituição do governo, não tem em mente invadir o "Palácio de Inverno" e trocar um grupo por outro, e sim, naquele momento preciso, utilizar os jornais ocupados, como o *Vorwärts* e a agência de notícias Wolff, para difundir o ponto de vista revolucionário e alcançar a "coordenação ideológica" (*RL*, p.381, v.II) entre os trabalhadores de Berlim e os do resto da Alemanha. Caso contrário a revolução não poderia vencer. Eis o que as lideranças deveriam ter feito, em vez de negociar com o governo.

Apesar de ver o espectro da derrota rondando, Rosa considerava negociar uma traição ao velho estilo do SPD. Ela entende que as massas, ocupando espontaneamente os jornais, revelaram toda a sua energia e coragem, diferentemente dos dirigentes, fracos e pusilânimes, que nada fizeram para utilizar as posições conquistadas, limitando-se a deliberar. Mais uma vez o erro cabia às direções e não às massas. O que fazer daí por diante?

> Quando se está na mais acerba luta contra o governo Ebert-Scheidemann não se entabulam imediatamente "negociações" com esse mesmo governo [...] Será que se entabulam negociações com um inimigo mortal? Essas negociações só podem conduzir a duas coisas distintas: ou a um compromisso, ou – o que é mais

certo – simplesmente a um adiamento que será usado pelo pessoal de Ebert para preparar as mais brutais e violentas medidas [...] Mas as massas não devem somente ser convocadas, elas devem também ser politicamente atuantes [...] As massas estão dispostas a apoiar toda ação revolucionária, a atravessar fogo e água pela causa do socialismo. Deve-se dar-lhes palavras de ordem claras, mostrar uma atitude consequente, decidida [...] E hoje existe uma política que não conhece nenhuma vacilação, nenhuma meia medida, que só conhece um *leitmotiv*: abaixo Ebert-Scheidemann! Mais uma lição! A Alemanha era o país clássico da organização e, mais ainda, do fanatismo da organização, sim, da arrogância da organização. Por causa da "organização" abandonaram-se o espírito, os objetivos e a capacidade de ação do movimento. E o que vivenciamos hoje? Nos momentos mais importantes da revolução, fracassa em primeiro lugar, da maneira mais lamentável, o célebre "talento organizativo" [...] A organização de ações revolucionárias só deve e só pode ser aprendida na revolução, assim como só se aprende a nadar na água. A experiência histórica está aí para isso! Mas deve-se também justamente *aprender* com a experiência. A experiência dos últimos três dias clama em voz alta aos órgãos dirigentes do operariado: não falem! Não deliberem eternamente! Não negociem! Ajam! (ibid., p.381-3)

A palavra de ordem lançada pelos dirigentes para fazer avançar a revolução seria "Abaixo o governo Ebert-Scheidemann"; palavra de ordem não golpista, no seu entender, pois não significava "assaltar o palácio do governo", e sim utilizar as posições de poder ocupadas espontaneamente pelos trabalhadores para divulgar o programa revolucionário. Mais uma vez Luxemburgo quer esclarecer, convencer, para ter ao seu lado uma maioria consciente. Convenhamos, entretanto, que a sutileza do raciocínio dificilmente seria compreendida naquele momento tumultuoso, como de fato não foi. Isso, por um lado. Por outro, ao condenar a falta de organização dos revolucionários, Luxemburgo acaba por reconhecer, tardiamente, uma falha grave de seu próprio programa, que sempre apostara no tirocínio das massas contra a organização.

No dia 9, a central do KPD reconhece que a derrota é inevitável. Paul Levi defende a retirada estratégica – posição de Radek (Nettl, 1972, p.745) –, Jogiches quer que a *Rote Fahne* desautorize publicamente Liebknecht e Pieck por terem agido à revelia do restante da direção. Segundo Levi, Rosa concordava com Jogiches, mas essa declaração pública nunca será feita. Pelo contrário, no dia 10, Pieck manda uma carta aos delegados revolucionários e ao comitê revolucionário, anunciando a retirada dos comunistas desse comitê. "A carta censura aos delegados revolucionários sua 'incerteza e irresolução', assim como o fato de terem 'iniciado negociações desmoralizadoras, desorganizadoras, paralisadoras', dando, pois, a entender que o combate deve continuar" (Broué, 1971, p.251).

Esse é o pano de fundo do artigo de Rosa do dia 11, "O fracasso dos dirigentes", em que a crítica ao USPD sobe violentamente de tom. Ela condena a retomada das negociações com o governo feita desde a noite do dia 9 *sob pressão das massas*, que querem a unidade do movimento. Rosa encara esse desejo de unidade como pura manipulação, demagogia por parte dos dirigentes do USPD.

Aliás, ela cai numa posição insustentável ao afirmar que o operariado de Berlim, defensor da unidade (Schwarzkopf, AEG, Knorr-Bremse), pertence às "tropas mais importantes do proletariado revolucionário de Berlim, e não há nenhuma dúvida de que suas intenções são as melhores" (*RL*, p.386, v.II), mas, apesar disso, é manipulado pelos dirigentes do USPD. Se mesmo uma tropa de elite é manipulável, convenhamos que a revolução não passa de utopia. Não seria mais correto reconhecer como legítimo o movimento espontâneo do proletariado berlinense em prol da unidade?[32]

Mas não. Sempre com o objetivo de demarcar posições, esclarecer, Rosa prefere atacar violentamente o USPD,

> o anjo salvador da contrarrevolução. Haase-Ditmann demitiram-se do governo Ebert, mas continua na rua a mesma política da folha de vinha dos Scheidemann. E a ala esquerda do USPD apoia essa política e colabora com ela! [...] É evidente que o Partido Comunista não colabora com essa vergonhosa política e rejeita qualquer responsabilidade por ela. Tanto antes quanto depois consideramos nosso dever levar adiante a causa da revolução, opormo-nos com energia férrea a todas as tentativas confusionistas e, mediante uma crítica implacável, advertir as massas contra os perigos da política vacilante dos delegados revolucionários e da política pantanosa do USPD [...] Mas, antes de tudo, os próximos tempos devem ser dedicados à liquidação do USPD, esse cadáver putrefato cujos produtos em decomposição envenenam a revolução. (ibid., p.387-8)

No artigo do dia 13 de janeiro, "Castelos de cartas", volta à carga contra a negociação e os compromissos em nome da revolução proletária:

> Mesmo que camadas isoladas se deixem momentaneamente embriagar e capturar pela demagogia e fraseologia da "unidade", tanto mais amanhã, depois de novas decepções e desenganos, elas voltarão,

---

32 No resumo de Ottokar Luban (2008a, p.116): "A fixação em sua polêmica de longa data com o centro da social-democracia e, naquele momento, com o USPD, a interpretação equivocada e ilusória do estado de consciência das massas levaram a dirigente do KPD, nesses dias de janeiro, a uma tática e a um objetivo políticos enganosos".

firme e fielmente, ao único partido que não conhece nenhum compromisso, nenhuma vacilação, que segue seu caminho historicamente traçado, sem olhar para a direita nem para a esquerda, sem contar os inimigos nem os perigos – até a vitória. (ibid., p.393)

Transformar a derrota em vitória num momento em que a repressão mais bárbara corre à solta[33] pode parecer o único consolo para uma situação sem saída. É a estratégia de Rosa no seu último artigo, "A ordem reina em Berlim", de longe o melhor desse período, em que, ao fazer o balanço da "semana spartakista", procura as razões da derrota.

Em primeiro lugar, a revolução fracassou pela "imaturidade política da massa dos soldados", que apenas traduz a "imaturidade geral da Revolução Alemã" (ibid., p.397).[34] Em segundo lugar, por causa do isolamento de Berlim em relação ao campo e ao restante do país, assim como pela falta de "ação comum" entre os vários núcleos revolucionários. Em terceiro lugar, as lutas econômicas, a alavanca da desestruturação do capitalismo, encontram-se ainda em seu estágio inicial. E, por último, uma razão histórica, à qual sempre alude: a inexistência de tradição revolucionária na Alemanha, exemplificada pela "Revolução de Março [de 1848] alemã, [cujas ridicularias] são como uma bola de ferro presa aos pés de todo o moderno desenvolvimento alemão" (ibid., p.400).

Essa avaliação no calor da hora justifica o comportamento radical das massas – e, por conseguinte, a tática dos comunistas/

---

33 Apenas um exemplo: no dia 11, quando as tropas do governo retomam o *Vorwärts*, deputados que queriam negociar a rendição, com a bandeira branca na mão, têm a cabeça esmagada a coronhadas.
34 Lembremos como quinze dias antes ela ainda tinha esperança de que os soldados se convertessem rapidamente ao socialismo, deixando o governo isolado.

spartakistas. Tal comportamento foi apenas resposta a "uma brutal provocação do governo", a exoneração de Eichhorn:

> Posto diante da grosseira provocação dos Ebert-Scheidemann, o operariado revolucionário era *compelido* a pegar em armas. Sim, para a revolução era uma *questão de honra* rechaçar imediatamente o ataque com toda a energia, se não se quisesse encorajar o contínuo avanço da contrarrevolução, se não se quisesse que as fileiras revolucionárias do proletariado e o crédito moral da revolução alemã na Internacional fossem abaladas. (ibid., p.398, grifo do original)

O instinto das massas levou-as a resistir à contrarrevolução, de tal maneira que desde o começo "a vitória moral ficou do lado da 'rua'." (ibidem) Porém, os dirigentes não souberam canalizar essa energia revolucionária lançando palavras de ordem claras. O alvo, recorde-se, são os delegados revolucionários e, sobretudo, os independentes. Poderia ser também uma autocrítica. Além de abstratas exortações à ação, que mais ela fez como dirigente de um partido político revolucionário?

Mas justamente essa é uma pergunta exterior ao ideário spartakista, cujo traço fundamental consiste na "fidelidade, mais romântica que realista, [na] vontade de compartilhar a sorte das massas, de sempre estar onde elas estão, mesmo quando se enganam" (Badia, 1967, p.254). Luxemburgo e Liebknecht comportam-se que nem capitão de navio naufragando: a honra exige afundar junto. Na sua concepção, partido e classe não se separam, se a classe é derrotada, a vanguarda não a abandona.

Como a lei das revoluções é radicalizarem-se, Rosa entende que não havia alternativa para os trabalhadores senão manter as posições conquistadas de armas na mão. No caso presente, a lógica interna dos acontecimentos fez todos os fios convergirem para um único ponto: a derrubada do governo que, "com a fatalidade de uma lei natural" (ibid., p.399), ressurgiu em cada episódio da luta.

No momento, porém, há uma contradição insolúvel entre "o agravamento da tarefa" – a derrubada do governo – "e a falta de condições prévias para sua solução". Daí

> resulta que as lutas isoladas da revolução acabem formalmente em *derrota*. Mas a revolução é a única forma de "guerra" – esta é também uma de suas peculiares leis vitais – em que a vitória final só pode ser preparada por uma série de "derrotas"! [...] Onde estaríamos nós hoje sem essas "derrotas" das quais extraímos experiência histórica, conhecimento, poder, idealismo? Hoje, que estamos no limiar da batalha final da luta de classes proletária, nós nos apoiamos precisamente nessas derrotas, sem poder prescindir de nenhuma delas, pois cada uma faz parte de nossa força e de nossa clareza de objetivos. (ibid., p.399-400)

Antevendo as críticas dos partidários da democracia parlamentar – solução menos penosa e mais eficaz –, lembra que, embora no plano parlamentar parecesse que na Alemanha do pré-guerra a política do SPD tivera um saldo vitorioso, o resultado da "grande prova histórica" de 4 de agosto de 1914 foi na realidade "uma esmagadora derrota política e moral [...] As revoluções trouxeram-nos até agora derrotas gritantes, mas essas derrotas inevitáveis são justamente a garantia reiterada da futura vitória final" (ibid., p.400).[35]

---

35 Karl Liebknecht, em seu último artigo, num tom verdadeiramente apocalíptico, escreve: "É verdade, eles foram derrotados [os operários berlinenses]. E a lei da história queria que o fossem. Pois os tempos não estavam maduros. E, contudo [...] a luta era inevitável [...]. Mas há derrotas que são vitórias, e vitórias mais fatais que derrotas [...].

Ela acaba por concluir que o fracasso da "semana spartakista" teve uma dupla origem: a "impetuosidade da energia revolucionária e da insuficiente maturidade da situação" e a "fraqueza e [...] irresolução da ação". "O duplo caráter dessa crise, a contradição entre a atitude vigorosa, resoluta, ofensiva das massas berlinenses e a indecisão, a hesitação, as meias medidas da direção, eis as características particulares desse último período" (ibid.).

Evidentemente, para não desestimular as massas derrotadas, Rosa evita tirar *todas* as conclusões dos dados por ela mesma expostos. Embora se refira à "ausência de condições prévias", à "insuficiente maturidade da situação" para levar a bom termo a exigência revolucionária naquele momento – derrubar o governo –, acaba no fim explicando a derrota só pela "contradição" entre a "ação audaz" do proletariado e os dirigentes hesitantes que, esquivando-se a uma clara orientação política, teriam impedido a formação de uma maioria favorável aos revolucionários.

Como sempre, para não desautorizar o proletariado e não fazê-lo esmorecer numa luta que temia (ou sabia?) destinada ao fracasso, explica que a falha cabe às direções, abstendo-se de enfatizar o óbvio: a "insuficiente maturidade da situação". Num arroubo retórico, mas não só, conclui com a imagem da revolução reerguendo-se das ruínas, clamando com as palavras de Freiligrath: "Eu fui, eu sou, eu serei!".

Haveria ideia mais otimista que a da revolução seguindo seu caminho necessário, lógico, traçado pela história, utilizando as derrotas para delas renascer, revivificada? Qual fênix ressuscitando das próprias cinzas, a revolução proletária ressurge das ruínas, "até que se cria uma situação que torna impossível qualquer retrocesso e na qual as próprias condições gritam: *Hic Rhodus, hic*

Por agora, o Gólgota da classe operária não acabou [...] mas o dia da redenção aproxima-se" (in Badia, 1966, p.245-9).

salta!" (Marx, 1977, p.21). Mas, ao mesmo tempo, nesse último artigo, ela exprime um otimismo mitigado. Uma sombra de dúvida paira no horizonte. Rosa escreve derrota entre aspas, deixando evidente considerá-la um fracasso contingente, passageiro, mera sombra no caminho luminoso da revolução. Mas a palavra aparece também sem aspas. Lendo nas entrelinhas, pode-se pensar que ela não está assim tão segura da inexorabilidade da vitória final.

Rosa bem que poderia ter analisado seu comportamento durante a Revolução Alemã com as palavras outrora aplicadas a Lassalle:

> A "ação audaz" acabou tendo razão perante a "necessidade de bronze da história" que, em curtos períodos de tempo, deixa espaço bastante para desvios de rumo à direita ou à esquerda, para os estéreis erros de Sickingen ou os frutíferos erros de Lassalle. (*GW* I/2, p.157-8)

Sickingen simboliza os independentes e os delegados de fábrica com suas negociações, Lassalle os spartakistas audazes.

Sem dúvida, outra leitura pode ser feita: os delegados de fábrica e os independentes, ao negociarem, apenas levaram em conta a "insuficiente maturidade da situação", inteiramente desfavorável a "desvios de rumo à esquerda". Mas uma atitude política realista – no caso, frente única das esquerdas em resposta ao desejo de unidade das massas –, em vez do *hier stehe ich, ich kann nicht anders* [aqui estou, não posso agir de outro modo], não era o forte de Luxemburgo nem dos spartakistas.[36]

---

36 Essa é a posição de Broué (1971). Badia (1980, p.1006), por seu lado, pensa que a derrota deve ser creditada ao tempo breve, que ia contra os revolucionários, uma vez que nem o aparelho estatal nem as forças econômicas tradicionais tinham sido tocadas, permitindo-lhes

A derrota da insurreição de janeiro em Berlim teve resultado trágico: Rosa Luxemburgo e Karl Liebknecht foram assassinados no dia 15 de janeiro, Leo Jogiches no começo de março de 1919.

"Um olho que ri, outro que chora"

> Não se faz história sem grandeza de espírito, sem páthos moral, sem gestos nobres.
>
> Rosa Luxemburgo

Testemunhos mostram-nos, durante a "semana sangrenta", uma Rosa "abalada pelo curso dos acontecimentos",[37] dividida entre o apoio à ação de uma minoria revolucionária, que quer derrubar o governo, e a compreensão da falta de condições objetivas para tanto.

Essa divisão interna, como vimos, é verbalizada pela própria Rosa quando, no discurso durante o Congresso de fundação do KPD, encara o entusiasmo revolucionário dos militantes spartakistas "com um olho que ri, outro que chora". Essa pequena frase condensa todo o conflito dos seus últimos dias, a tensão entre as posições políticas estruturais e as conjunturais, entre a "necessidade de bronze da história" e a "ação audaz". Rosenberg (1983, p.217-8) tem razão ao observar que Rosa caiu numa "situação penosa e ambígua [...] ao apoiar publicamente a ação de janeiro e, ao mesmo tempo, ao desaprová-la a portas fechadas". Porém, cabe uma pergunta: por que agiu dessa maneira? O que teria permitido essa ambiguidade?

---

reagruparem-se facilmente. Badia acredita que o choque entre conservadores e revolucionários era inevitável, e que a aliança entre as forças de esquerda apenas teria retardado o choque para um momento menos desfavorável.

37 Depoimento de Käte Duncker (VV.AA., 1971, p.40). Luban (2008a) refere-se a uma "Rosa perplexa".

Tentemos uma primeira resposta. Na realidade, ela vê-se confrontada com algumas de suas próprias ideias políticas – as de viés "esquerdista" – postas em prática: a importância das massas desorganizadas como estopim do processo revolucionário, a ideia de que a consciência é produto da luta, a crítica às organizações como obstáculo à emancipação do proletariado. Os acontecimentos de novembro a janeiro obedeceram, até certo ponto, ao figurino em que a confiança nas massas é o fio condutor:

> nada dissemos contra a agitação e o *phatos* selvagem das massas nem quando, naquela primeira assembleia geral dos Conselhos de Trabalhadores e Soldados no Circo Busch, toda essa agitação se voltou contra nós, quando os soldados encostaram as armas no camarada Liebknecht. Nós combatíamos aqueles cuja reles demagogia levava a vontade titânica das massas por falsos caminhos; nós procurávamos e procuramos dar às massas o conhecimento claro de sua situação e de seus objetivos, deixando-lhes, porém, todo o seu entusiasmo, toda a sua tempestade e ímpeto (*Sturm und Drang*) para as gigantescas tarefas que devem levar a cabo. Procedendo assim tínhamos em mente que só com entusiasmo se podem realizar grandes coisas. (As massas "imaturas", *RL*, p.270, v.II)

Como podemos ver por esse exemplo, entre inúmeros outros, os militantes spartakistas apenas puseram em prática o que liam nos artigos de Rosa Luxemburgo na *Rote Fahne*. Uma prática unilateral, com certeza, mas na qual ela não podia deixar de reconhecer suas próprias concepções, ainda que deformadas. "Assim como o aprendiz de feiticeiro de Goethe", para usarmos as palavras de Luise Kautsky (s. d., p.43), "Rosa invocara espíritos que não podia dominar e que, seguindo suas próprias ideias, iam muito além do objetivo que havia fixado para ser provisoriamente atingido".

É verdade que o problema – da distância entre as ideias nuançadas das lideranças intelectuais e a prática dos seguidores – não lhe era estranho. Numa carta de 5 de março de 1917 a Hans Diefenbach, explicara que sentia grande atração pelo livro de Gerhart Hauptmann, *Emanuel Quint* (1911), porque o autor aborda um problema

> que não vi representado em nenhum outro lugar e que sinto profundamente como parte de minha própria vida: a tragédia do ser humano que prega à multidão e sente como cada palavra, mal saída de sua boca, se torna grosseira e enrijece e se transforma, no cérebro dos ouvintes, em uma caricatura; e então o pregador é pregado nessa caricatura de si mesmo e, ao final, se vê cercado por seus discípulos que se põem a gritar ferozmente: "Mostre-nos o milagre! Você assim nos ensinou. Onde está o seu milagre?".[38]

Se minhas observações estão certas, pode-se dizer que Luxemburgo faz, ao mesmo tempo, uma avaliação correta e incorreta da correlação de forças, misturando em doses quase iguais prudência e audácia. Considera acertadamente que os acontecimentos de novembro são um movimento espontâneo, popular, pela paz, que explode contra o antigo estado de coisas: o autoritarismo, a burocracia, a inexistência de mecanismos democráticos, ou seja, reivindicações moderadas, sem questionar ainda o sistema capitalista. Novembro foi apenas uma revolução política.

Os conselhos, organismos da luta proletária nascidos no bojo desse movimento, no entanto, apontam para o futuro, para a possibilidade de radicalização: esse movimento popular moderado poderá adotar objetivos socialistas, se não for derrotado antes pela contrarrevolução. Porém, com ou sem os conselhos, Luxemburgo

---

38 Carta a Hans Diefenbach, de 5 de março de 1917 (*RL*, p.244, v.III).

crê firmemente que a transformação da revolução política parcial em revolução socialista ocorrerá na certa, pois revoluções nunca se contentam com os objetivos parciais alcançados, avançam impetuosamente, até verem destruída a antiga ordem de coisas.

Aliás, na conjuntura imediata, a ideia da "inexorável" radicalização dos movimentos revolucionários mostrou-se acertada. A partir de janeiro de 1919, reagindo contra a desilusão pelo não cumprimento das reivindicações populares, as massas penderam para a esquerda, e o movimento operário alemão, até então unido, cindiu-se em dois campos para sempre irreconciliáveis. Ambos derrotados pelo nazismo.

No espectro das posições políticas de novembro-dezembro de 1918, Rosa Luxemburgo e os spartakistas, defensores da República conselhista – ou ditadura do proletariado –, aparecem aos olhos da opinião pública e dos outros agrupamentos políticos como partidários dos métodos bolcheviques, confundidos com ditadura e terror.

Contra tal equívoco, Luxemburgo procura sem descanso esclarecer que a revolução proletária, obra da maioria dos trabalhadores, diferentemente da revolução burguesa, é um movimento democrático, não precisando de métodos terroristas para impor-se. É evidente que os adversários não se deixaram convencer, muito menos depois das tentativas insurrecionais dos spartakistas. O próprio programa da Liga Spartakus era ambíguo: por um lado, tomava posição contra o terror, por outro, explicava, com razão, que a revolução proletária era a maior guerra civil já vivida pela história, defendia o desarmamento da burguesia e o armamento do proletariado, medidas implicando inevitavelmente violência naquelas circunstâncias, uma vez que seria necessário defender-se de uma burguesia forte, armada, disposta a tudo para conservar o poder.

Em suma, nos meses de novembro a janeiro, Rosa permaneceu fiel ao seu ideário político: a ação de massas cria as próprias organizações e permite o desenvolvimento da consciência de classe, processo no qual seriam resolvidos os problemas da tomada do poder e do que fazer com ele após a vitória. A ação supre planos, organização, falta de clareza sobre as tarefas a cumprir: à medida que os problemas surgem, com eles nascem as respostas, desde que haja total liberdade de movimento. A "vida", a "dialética histórica" é a "varinha mágica" que levará os trabalhadores pelo bom caminho.

Nettl (1972, p.526) considera que essa concepção está na raiz do fracasso dos spartakistas, pois fez que perdessem todo sentido de realismo a respeito da técnica revolucionária. Desse modo, Spartakus não poderia vencer, mesmo que a situação objetiva tivesse sido favorável. Mas, como vimos, problemas organizativos e de técnica revolucionária não estavam no seu horizonte.

A ação livre é esclarecedora, eis o lema de Luxemburgo. Até certo ponto ela tem razão. Mas a ação livre não resolve tudo (embora seja *conditio sine qua non* de uma sociedade emancipada), principalmente num momento de luta de classes aberta, em que está em jogo a tomada do poder. A tática bolchevique, ao ver no partido um contrapoder de assalto ao poder, é, no que tange a esse problema, mais eficaz.

Os comentadores, independentemente de posição política, de maior ou menor simpatia pelos spartakistas, são unânimes em apontar a falta de organização da Liga Spartakus, seus laços frouxos, sua falta de coordenação com base em um centro, por ter inviabilizado previamente o sucesso da empreitada. A própria Rosa, em artigos já mencionados, também aponta o problema. Não esqueçamos, porém, que não só os spartakistas não raciocinavam em termos de eficácia,[39] mas sim de heroísmo e princípios,

---

39 Nesse sentido, é sintomático o modo como Karl Liebknecht vê a organização: "Devemos antes de mais nada persuadir-nos de que

como também que o programa afirmava explicitamente ser a tomada do poder o ápice do processo revolucionário, apoiado pela maioria do proletariado alemão. Em outras palavras, a tomada do poder não significava assaltar o palácio do governo, mas o seu exercício pelos conselhos, sendo assim claramente democrático.

O fato, entretanto, de a ação de rua estar no centro da tática da Liga Spartakus – forma de alcançar a maioria – levava os conservadores de todos os calibres a vê-la como golpista. Na verdade, entramos aqui no terreno móvel do agir revolucionário, incompreensível para o ponto de vista liberal: se é na ação que o proletariado se convence da necessidade imperiosa de transformar radicalmente as estruturas da velha sociedade, que os conflitos de classe surgem sem máscara, que se cria uma maioria a favor do socialismo, ela deve ser incentivada, apoiada, instigada. E, como um incêndio, se alastrará, tomando conta dos trabalhadores ainda imobilizados.

Uma concepção heroica, dramática, de revolução – espécie de sinfonia de Beethoven crescendo impetuosamente até a apoteose[40]

---

a capacidade de ação de um partido não depende em nada do número de seus partidários, mas está relacionada com o grau de concordância de seus membros no que toca aos princípios; a tática está em relação direta com a energia, a vontade inflexível que foi inculcada nas próprias massas" (Discurso na Conferência Nacional do grupo spartakista, 19 de março de 1916, in Badia, 1967, p.347).

40 No artigo de 18 de novembro de 1918 para *Die Rote Fahne*, intitulado "Uma questão de honra" (*RL*, p.241, v.II), escreve Rosa: "Peguemos qualquer livro de história da grande Revolução Francesa, por exemplo, o árido Mignet. É possível ler esse livro sem o coração palpitante e a fronte em brasa? Quem abriu qualquer página ao acaso pode largá--lo antes de ter ouvido, empolgado, sem fôlego, o último acorde desse grandioso acontecimento? É como uma sinfonia de Beethoven, intensamente poderosa, uma tempestade trovejando no órgão dos tempos, grande e soberba, tanto nos erros quanto nos acertos, tanto na vitória quanto na derrota, tanto em seu primeiro grito ingênuo de júbilo

— leva Luxemburgo a caracterizá-la como avanço irresistível, tensão ofensiva constante, sem alianças, negociações, recuos táticos, culminando na insurreição pela tomada do poder. Na sua perspectiva, a revolução socialista "É o grande combate final, que consiste no 'ser ou não ser' da exploração, em uma guinada da história da humanidade; um combate em que não pode haver nenhuma tergiversação, nenhum compromisso, nenhuma misericórdia" (RL, p.313, v.II). Ao caracterizar esse evento grandioso, sem retorno, como o desfecho de um demorado percurso de maturação econômica, política, social, Luxemburgo inspira-se nas revoluções inglesa e francesa, processos de longa duração culminando em insurreições.

Desse ponto de vista, não há oposição entre revolução como processo lento e como insurreição armada. Tanto que, nos meses de novembro-janeiro, defende simultaneamente uma tática radical quando apela às massas trabalhadoras, e outra, moderada, ao dirigir-se às bases esquerdistas do recém-fundado KPD. Em outras palavras, vemos conviver a teórica marxista, para quem o momento da ruptura revolucionária está relacionado a um complexo conjunto de fatores, impossível de determinar com precisão, e a agitadora, querendo criar condições para tornar possível a ruptura. Sob esse aspecto, talvez sua tática possa ser caracterizada como voluntarista.

Tal "voluntarismo", entretanto, não se fundaria, como pretendem certos autores, numa concepção fatalista da história, mesmo porque dificilmente se pode caracterizar sua concepção

---

quanto em seu último suspiro. E o que acontece agora na Alemanha? A cada passo, pequeno ou grande, sente-se que são sempre os velhos e bem-comportados companheiros da defunta social-democracia alemã, para quem as carteirinhas de filiação eram tudo, os homens e o espírito, nada. Não devemos nos esquecer contudo de que não se faz história sem grandeza de espírito, sem páthos moral, sem gestos nobres".

de história como fatalista ou mesmo determinista. Ela navegou a vida inteira, foi o que pretendi mostrar, entre dois escolhos, procurando insistentemente manter unidos os dois polos da teoria revolucionária. Ou, dito de outro modo, ela está sempre focada no problema de como se dá a intervenção revolucionária no processo evolutivo da história.

Essa unidade é elaborada, já na juventude, quando explica que tanto Marx quanto Lassalle adotam a concepção materialista da história, embora com ênfases diferentes: enquanto para Marx os homens fazem a história, mas *não arbitrariamente*, para Lassalle os homens não fazem arbitrariamente a história, mas *fazem-na eles mesmos*. Ambos têm razão. Marx, para longos períodos de tempo, em que as condições objetivas determinam fundamentalmente a ação subjetiva, Lassalle, para curtos períodos, quando é essencial instigar a vontade das classes subalternas, levando-as a agir.

A "ação audaz", a "decisão individual", isto é, a "política prática", vale mais, num espaço de tempo breve, que a consideração das leis da história. Mas, *simultaneamente*, elas não podem ser ignoradas, sob pena de se cair no aventureirismo. Vemos uma Rosa bifronte: de um lado, a articulista da *Rote Fahne*, tendo por modelo as revoluções burguesas com seu ritmo irresistível e assumindo plenamente seu *alter ego* Lassalle, que via na agitação a tarefa precípua do revolucionário. De outro, a dirigente do partido, enfatizando a célebre passagem de *O 18 Brumário* de que os homens fazem a história em condições herdadas do passado, guarda-se de entusiasmo excessivo quanto à vitória da revolução num país conservador como a Alemanha.

Lukács (1975a, p.47), no ensaio "Rosa Luxemburgo como marxista", elabora a mesma ideia com as seguintes palavras:

> Não pode haver garantia "material" dessa certeza [do fim do capitalismo]. Só metodicamente – pelo método dialético – nos está

garantida. E essa garantia não pode provar-se nem conseguir-se a não ser mediante a ação, mediante a revolução, mediante a vida e a morte pela revolução. Não pode haver marxistas no sentido da objetividade de laboratório, do mesmo modo que não pode haver uma segurança da vitória da revolução mundial com a garantia das "leis naturais" [...] A chamada fé religiosa não é neste caso senão certeza metódica acerca do fato de que, apesar de todas as derrotas e retiradas momentâneas, o processo histórico segue seu caminho até o final *em nosso atos, por nossos atos.*

Precisamente porque na sua concepção de história sujeito e objeto se determinam reciprocamente, não se tratava de esperar pela maturidade das massas nem pela maioria, mas de criá-las na ação revolucionária. Daí o dilema em que vive o materialista histórico: é preciso agir, mesmo correndo o risco da derrota, pois o resultado não pode ser previsto de antemão. Porém, não se pode perder de vista que é preciso escolher o momento oportuno para intervir, caso contrário, a revolução estará condenada ao fracasso. Mas, como o momento oportuno é ao mesmo tempo produto da espontaneidade e da consciência, essa escolha depende de um conjunto de fatores imponderáveis, e o revolucionário não possui nenhuma garantia. É nesse plano de imprevisibilidade que Luxemburgo se move, e só assim podemos entender suas oscilações naquela conjuntura.

Aquilo que parecia resolvido no plano teórico, a reconciliação do divino com o mundo, a unidade entre teoria e prática pela mediação da consciência de classe, permanece como problema no momento da ação. Isso leva-me a concluir que os dilemas existentes na prática de Rosa Luxemburgo, na realidade, não podem ser resolvidos pela "vida", nem por quaisquer "varinha mágica" ou "dialética histórica". Eles estão no cerne do próprio projeto revolucionário.

Resta uma observação. No período culminante de sua carreira política pudemos observar, mais uma vez, a tensão entre a ideia de socialismo como objetivo final *a priori*, que a classe trabalhadora, em princípio, atualizaria pela práxis, e como resultado de um processo que vai adquirindo sentido nos embates cotidianos entre as classes. A crítica aos conselhos realmente existentes (por serem insuficientemente esclarecidos) ou a recusa do desejo de unidade das massas proletárias berlinenses (visto como manipulação das lideranças reformistas) explica-se por essa quase impossibilidade (ou recusa?) por parte de Rosa de compreender a integração do proletariado à sociedade burguesa. Teríamos assim uma teoria revolucionária pretendendo falar em nome de uma classe que, na realidade, não visava à transformação radical da sociedade.

No limite, Luxemburgo, num rasgo característico de qualquer revolucionário de esquerda, diz-nos: as massas não conhecem seus verdadeiros interesses. Entretanto, distingue-se dos bolcheviques ao se recusar a pôr a vanguarda esclarecida no lugar da massa ignorante, mas esperar a "varinha mágica" da "vida" fazer a classe despertar, a unidade teoria/prática dar-se de maneira "orgânica" e não "mecânica": o tempo e a derrota seriam os grandes aliados da revolução socialista. Aliás, ela considerava a paciência uma das primeiras qualidades do revolucionário. É como se Rosa nos dissesse, opondo-se a Rousseau que, paradoxalmente, queria obrigar os homens a serem livres: eles precisam desejar a liberdade. Tanto que, logo no início da revolução, fazia seus os versos de Richard Dehmel: "Não nos falta nada, minha mulher, meu filho, para sermos livres como os pássaros, nada, a não ser tempo".

Epílogo

É chegada a hora de explicitar minha dívida para com o ensaio de Lukács, "Rosa Luxemburgo como marxista", sem dúvida a mais instigante interpretação do pensamento da autora, ponto de partida de um diálogo fecundo e ainda atual. Ao identificar-se com o pensamento de Rosa, tanto no plano metodológico (categoria da totalidade) quanto no político (relação partido/massas), o filósofo húngaro elabora uma interpretação de tal forma imanente da obra de Luxemburgo que, por vezes, parece ser ela mesma quem fala. Donde a dificuldade de separarmos as posições de ambos. A mesma tensão assinalada na obra de Rosa ressurge na interpretação de Lukács. Vejamos do que se trata.

Segundo essa leitura, Rosa, ao compreender o real como totalidade, evitaria simultaneamente dois obstáculos: o fatalismo economicista e o socialismo ético, faces da mesma moeda. Num mundo regido por leis férreas, aparecendo como destino incompreensível a que só resta submeter-se, haveria apenas duas saídas no plano da ação: o emprego técnico dessas "leis imutáveis" ou a ética kantiana dos imperativos. Em contrapartida, entender o real como totalidade significa ir à gênese do modo de produção capitalista, expondo sua constituição como resultado da luta de classes, procedimento de Luxemburgo em *A acumulação do capital*. Justamente por isso ela conseguiria mostrar "a necessidade histórica objetiva do final do capitalismo", descartando assim o socialismo ético.

A compreensão do real como totalidade, entretanto, só é possível por "um sujeito que seja ele mesmo totalidade" (Lukács, 1975a, p.42), o proletariado, único capaz de destruir "o dilema entre o fatalismo das leis puras e a ética da pura intenção" (ibid., p.43). Fazendo suas as ideias de Luxemburgo, explica que o proletariado, ao tomar consciência das contradições do capitalismo, age no sentido de apressar seu fim. Portanto, "o proletariado é, ao mesmo tempo, produto da crise permanente do capitalismo e executor das tendências que levam o capitalismo à crise" (ibid., p.44). Haveria assim, tal como vimos em Luxemburgo, circularidade entre consciência e ação: a consciência cria-se na luta, e a luta é, por seu lado, produto da consciência.

Uma vez, porém, que a consciência de classe, na maior parte do tempo, permanece "teórica e latente", o partido surge como figura necessária para intervir na prática. Nesse momento, o filósofo ainda abraçava a concepção luxemburguista da organização, entendida mais como resultado que pressuposto do processo revolucionário. Nessa perspectiva, o partido não pode desencadear nem impedir a revolução, ele é *"portador da consciência de classe do proletariado, consciência de sua missão histórica"* (ibid., p.45, grifos de Lukács).

Embora tal formulação possa implicar (o que de fato ocorreu depois) a separação ou substituição da classe pelo partido, ainda não é o caso nesse momento. O partido não é aqui uma instância externa à classe trabalhadora, mas nasce e se alimenta de suas lutas espontâneas, ideia-chave do ideário luxemburguista, sintetizada por Lukács com as seguintes palavras: "O partido vive do sentimento que as massas têm de que é a objetivação de sua mais íntima vontade, que elas mesmas não têm claro, a forma visível e organizada de sua própria consciência de classe" (ibid., p.46).

Igualmente, a missão histórica não transcende a classe, mas, pelo contrário, encontra-se indissoluvelmente ligada à sua ação revolucionária. Nesse sentido, inexiste um fim da história, rumo ao qual a humanidade se dirige, exterior e imposto, uma vez que o sujeito se forma ao se formarem os objetivos para ele. Em outras palavras, não há uma história esotérica, a desenrolar-se nos bastidores e da qual os homens seriam meros suportes passivos. Se o proletariado não intervir, inexiste também a possibilidade de ação para o partido; este nada é sem aquele, ambos se fundem, pois, como vimos, para Rosa o partido é "o próprio movimento da classe operária". Sem a intervenção prática do partido-classe na história, o futuro será apenas barbárie. Nessa perspectiva, não há garantia de vitória, mas classes em luta, em que umas ganham, outras perdem.

Consequentemente, Lukács opõe-se aos críticos "oportunistas" que alegam que, se os comunistas estão prevendo a "derrota", devem abster-se de agir. Num tom verdadeiramente apocalíptico, compreensível naquela época de agudo conflito de classes, tom que é também o de Luxemburgo e Liebknecht em seus últimos artigos, diz serem os "oportunistas" "incapazes de ver a 'derrota' como caminho necessário até a vitória". E isso porque não compreendem "a si mesmos e ao instante de sua ação como momentos da totalidade, do processo" (ibid., p.47). O fim trágico de Rosa seria assim uma espécie de "coroamento consequente de seu pensamento e de sua vida" (ibid., p.48), cujo fio condutor sempre foi a unidade entre teoria e prática.

A interpretação de Lukács é engenhosa, convincente e dramática. A categoria da totalidade é de tal forma abrangente que não deixa espaço para escolhas individuais. Luxemburgo estava acorrentada à história e à revolução. Fora desse universo, a vida não fazia sentido, e para ser consequente ela tinha que perecer – eis o sentido da leitura do filósofo. Precisamente por Rosa não defender a separação entre partido e classe, se esta é derrotada, caso da revolução alemã, a vanguarda segue o mesmo destino: "em momentos em que os proletários conscientes se lançam à luta, Rosa Luxemburgo era totalmente consciente de que a luta não tem saída [...]" (Lukács, 1978, p.163). Desse ponto de vista, a política não é cálculo, talvez seja tragédia. O que conta não é a eficácia – por isso, ela não foge de Berlim pensando em preservar-se para futuras batalhas[1] –, mas o exemplo moral.

A meu ver, é esse páthos heroico – sinal dos tempos – traduzido tão magistralmente pelo filósofo em seu ensaio, que explica, entre outras razões, por que Luxemburgo permanece até hoje ponto de referência para a esquerda. Afinal, não é pouco, nos dias que correm, agir segundo princípios, mesmo ao preço da própria vida.

Mas a despeito de Lukács, forçoso é concluir que não basta "ver-se a si mesmo e ao instante de sua ação como momento da totalidade" para na esfera da prática superar a contradição entre os princípios e a realidade. O comportamento de Luxemburgo na

---

[1] Mathilde Jacob, secretária de Rosa Luxemburgo, conta um episódio que matiza ligeiramente essa impressão. Na época em que Rosa e Karl eram obrigados a pernoitar em lugares diferentes para não serem descobertos, Mathilde pediu a Karl que deixasse Rosa viver sozinha, que as reuniões com muita gente (por exemplo, na penúltima casa que os abrigou), insuportáveis para Rosa, chamavam a atenção e punham em risco a segurança de ambos. Karl respondeu que isso era impensável, que precisavam ficar juntos para tomar decisões rapidamente. Conta também que numa noite em que acompanhava até a estação uma Rosa morta de cansaço, esta lhe perguntou: " 'Você pode me dizer por que vivo sempre desta maneira para a qual não tenho a mínima inclinação? Eu queria pintar e viver num pedacinho de terra onde pudesse alimentar e amar os animais. Queria poder estudar ciências naturais, mas sobretudo viver em paz sozinha e não nesta eterna caçada.' Contei isso a Leo Jogiches. 'Não se preocupe, Mathilde. Se Rosa vivesse de outra maneira, não ficaria satisfeita. Ela não pode viver de outro modo.'" (Jacob, 1988, p.494-5)

Revolução Alemã, oscilante entre os dois polos, tendendo a inclinar-se para o *hier stehe ich, ich kann nicht anders* [aqui estou, não posso agir de outro modo], é exemplo cristalino da dificuldade em solucionar a contradição. Isso, por um lado.

Por outro, ter "certeza metódica" da vitória proletária significa interpretar o marxismo como teoria para a práxis. Caberia perguntar: já que essa certeza não tem o estatuto de uma lei natural, que a vitória do socialismo depende da ação de uma classe de horizontes reformistas (como mostram as pesquisas dos historiadores alemães), a teoria não tem necessariamente que se alterar para poder dar conta da prática efetiva da classe, sendo assim teoria da práxis? Porém, tanto Rosa (com todas as oscilações mencionadas) quanto Lukács nesse ensaio, ao não questionarem o objetivo final, incorporam a derrota da Revolução Alemã como momento necessário no caminho da vitória, minimizando assim o terrível fracasso dos spartakistas em janeiro de 1919, prenúncio de fracassos maiores. Em outras palavras, a tensão entre o objetivo final socialista e a prática reformista da classe encontra-se aqui também presente. Lukács irá resolvê-la teoricamente aderindo à concepção leninista do partido-vanguarda ao passo que em Luxemburgo ela permanece sem solução.

Na verdade, Rosa, firmemente ancorada na tradição marxista, procurou na sua teoria e na sua prática resolver a antinomia entre necessidade e liberdade. A solução, pensou tê-la encontrado na consciência de classe das massas trabalhadoras, compreendida simultaneamente de duas maneiras: como consciência prática da classe tal qual existe nos momentos revolucionários — traduzida historicamente na greve de massas e nos conselhos — e consciência possível, latente. Por isso, a sua é ao mesmo tempo uma teoria *da* práxis e *para* a práxis, na medida em que tenta dar conta do presente e do futuro e visto que suas análises são constantemente atravessadas pela tensão entre o existente e o possível.

Rosa não dá receitas, não codifica a teoria em alguns pontos programáticos, mas deixa-a em aberto, à mercê da ação da classe. Entretanto, ao mesmo tempo, defende um programa revolucionário, "utópico" naquele tempo e naquela sociedade, ou seja, a teoria ergue-se acima da atividade das massas, na medida em que mostra possibilidades cujas linhas de força saem do presente e simultaneamente o transcendem. Nesse sentido, ela chama a si a alma do materialismo histórico, como já observava Merleau-Ponty (1947, p.195):

> O marxismo era em primeiro lugar a ideia de que a história tem dois polos, que há, de um lado, a audácia, a preponderância do futuro, a vontade de fazer a humanidade, de outro, a prudência, a preponderância do passado, o espírito de conservação, o respeito às "leis eternas" da sociedade.

Em outras palavras, a teoria e a prática de Luxemburgo representam de forma luminosa o dilema a dilacerar continuamente o materialista histórico que se recusa a ver no partido substituto da classe a encarnação da totalidade: a teoria é "guardiã última" da verdade revolucionária, aponta para a possibilidade de um outro mundo, a despeito dos percalços da prática; porém, igualmente, "A teoria segue a prática a todo momento, analisando a situação que se transforma e formulando seus conceitos de acordo com ela" (Marcuse, 1978, p.293). Se minha interpretação faz sentido, a grandeza de Rosa Luxemburgo consiste em ter posto no centro do palco algo que se encontra no coração de toda política revolucionária *e* democrática procurando ir além do mero pragmatismo, na medida em que o seu exemplo foi, acima de tudo, a tentativa dramática de manter unidos *o que é* e *o que pode ser*.

Referências bibliográficas

ABOSCH, H. Rosa Luxemburg dans la révolution allemande. *Les Temps Modernes* (Paris), n.282, jan.1970.

ADORNO, T. W. *Dialéctica negativa*. Madrid: Taurus, 1989.

AGUITTON, C. *O mundo nos pertence*. São Paulo: Viramundo, 2002.

AMODIO, L. La Révolution Russe: l'interprétation de Rosa Luxemburg. In: GRISONI, D. (Org.). *Histoire du marxisme contemporain*. Paris: Union Générale d'Editions, 1976, v. 2.

ARATO, A. The Second International: a Reexamination. *Telos*, n.18, inverno 1973-1974.

_____. A antinomia do marxismo clássico: marxismo e filosofia. In: HOBSBAWM, E. (Org.). *História do marxismo*. Rio de Janeiro: Paz e Terra, 1984, v.4.

ARENDT, H. *Sobre a revolução*. Lisboa: Moraes Editores, 1971.

_____. *Homens em tempos sombrios*. São Paulo: Companhia das Letras, 1987.

ARNOLD, V. *Rätebewegung und Rätetheorien in der Novemberrevolution*. Hamburgo: Edition SOAK im Junius Verlag, 1985.

BADIA, G. *Les Spartakistes*. Paris: Julliard, 1966.

_____. *Le Spartakisme*. Paris: L'Arche, 1967.

_____. *Rosa Luxemburg, journaliste, polémiste, révolutionnaire*. Paris: Éditions Sociales, 1975a.

BADIA, G. *Histoire de l'Allemagne contemporaine*. Paris: Éditions Sociales, 1975b.

_____. L'analyse du développement capitaliste chez Rosa Luxemburg. In: GRISONI, D. (Org.) *Histoire du marxisme contemporain*. Paris: Union Générale d'Éditions, 1976, v. 2.

_____. Rivoluzione tedesca (1918-1923). In: *Il mondo contemporaneo*. La Nuova Italia, 1980. V. 2.

_____ (Org.). *Rosa Luxemburg. Textes*. Paris: Éditions Sociales, 1982.

_____. L'essentiel, demeurer un être humain. In: BADIA, G.; WEILL, C. (Orgs.) *Rosa Luxemburg aujourd'hui*. Paris: Presses Universitaires de Vincennes, 1986.

BALABANOV, A. *Mi vida de rebelde*. Barcelona: Ediciones Martínez Roca, 1974.

BARRINGTON MOORE JR. *Injustiça, as bases sociais da obediência e da revolta*. São Paulo: Brasiliense, 1987.

BASSO, L. *El pensamiento político de Rosa Luxemburg*. Barcelona: Península, 1976.

BATTISTONI, A. Socialism or whole foods: luxemburgian answers to our climate crisis. In: EHMSEN, S.; SCHARENBERG, A. (Orgs.). *Rosa Remix*. Nova York: Rosa Luxemburg Stiftung, 2016.

BENSAÏD, D. Entrevista. In: MUHLMANN, D. *Réconcilier Marxisme et démocratie*. Paris: Seuil, 2010.

BERGER, M. *La Nouvelle Allemagne (enquetes et témoignages)*. Paris: B. Grasset, 1919.

BERNSTEIN, E. *Las premisas del socialismo y las tareas de la socialdemocracia*. México: Siglo Veintiuno, 1982.

BOLTANSKI, L.; CHIAPELLO, E. *Le Nouvel Esprit du capitalisme*. Paris: Gallimard, 1999.

BONACCHI, G. Autoritarisme et anti-autoritarisme chez Rosa Luxemburg. In: BADIA, G.; WEILL, C. (Orgs.) *Rosa Luxemburg aujourd'hui*. Paris: Presses Universitaires de Vincennes, 1986.

BORNEBUSCH, H. *Gegen Erinnerung*. Frankfurt: Peter Lang, 1985.

BROUÉ, P. *Révolution en Allemagne*. Paris: Minuit, 1971.

_____. *Histoire du parti bolchevique*. Paris: Minuit, 1972.

CHAUÍ, M. Democracia e socialismo: participando do debate. In: _____. *Cultura e democracia*. São Paulo: Moderna, 1981.
CORRÊA LEITE, J. *Fórum Social Mundial*. A história de uma invenção política. São Paulo: Fundação Perseu Abramo, 2003.
DENNING, M. Esquerda global? Os movimentos sociais na era dos três mundos. In: LOUREIRO, I.; CORRÊA LEITE, J.; CEVASCO, M. E. (Orgs.). *O espírito de Porto Alegre*. São Paulo: Paz e Terra, 2002.
DRACHKOVITCH, M. *Les Socialismes français et allemand et le problème de la guerre, 1870-1914*. Genebra: Imprimerie H. Studer, 1953.
EKSTEINS, M. *A sagração da primavera*. Rio de Janeiro: Rocco, 1991.
ETTINGER, E. *Rosa Luxemburg*. Rio de Janeiro: Zahar, 1989.
EVANS, K. *Rosa Vermelha*. São Paulo: Martins Fontes, 2017.
FELDMAN, G. et al. Die Massenbewegung in Deutschland am Ende des Ersten Weltkrieges (1917-1920). *Politische Vierteljahresschrift*, 13º ano, agosto de 1972.
FERRO, M. *La Grande Guerre*. Paris: Gallimard, 1969.
FLECHTHEIM, O. *Le Parti communiste allemand sous la République de Weimar*. Paris: Maspero, 1972.
_____ (Org.). Einführung. In: *Rosa Luxemburg. Politische Schriften I*. Frankfurt: Europäische Verlagsanstalt, 1975.
FRÖLICH, P. *Rosa Luxemburg, sa vie et son oeuvre*. Paris: Maspero, 1965.
_____. *Rosa Luxemburgo – Pensamento e ação*. São Paulo: Boitempo, 2019.
GALLO, M. *Une Femme rebelle*. Vie et mort de Rosa Luxemburg. Paris: Presses de la Renaissance, 1992.
HABERMAS, J. *Théorie et pratique*. Paris: Payot, 1975.
_____. Herbert Marcuse. In: _____. *Perfiles filosófico-políticos*. Madrid: Taurus, 1986.
_____. *Théorie de l'agir communicationnel*. Paris: Fayard, 1987.
HAFFNER, S. *1918/1919, Eine Deutsche Revolution*. Munique: Kindler Verlag, 1988.
HARVEY, D. *O novo imperialismo*. São Paulo: Edições Loyola, 2004.
HAUG, F. Rosa Luxemburg und die Politik der Frauen. In: HAUG, F.; HAUSER, C. (Orgs.) *Küche und Staat*. Hamburg: Argument-Verlag, 1988.

HAUG, F. *Rosa Luxemburg und die Kunst der Politik*. Hamburgo: Argument Verlag, 2007. [Ed. espanhola: *Rosa Luxemburg y el arte de la política*. Madrid: Tierradenadie Ediciones, 2013.]

HAUPT, G. *Le Congrès manqué*. Paris: Maspero, 1965.

_____. Guerre ou révolution? L'Internationale et l'union sacrée en août 1914. In: _____. *L'Historien et le movement social*. Paris: Maspero, 1980a.

_____. Rosa Luxemburg à l'orée de la recherche marxiste dans le domaine national. In: _____. *L'Historien et le mouvement social*. Paris: Maspero, 1980b.

HETMANN, F. *Rosa L., Die Geschichte der Rosa Luxemburg und ihrer Zeit*. Frankfurt: Fischer Taschenbuch Verlag, 1980.

HOBSBAWM, E. *A era dos impérios*. Rio de Janeiro: Paz e Terra, 1988.

HOLLOWAY, J. *Mudar o mundo sem tomar o poder*. O significado da revolução hoje. São Paulo: Boitempo, 2003.

HOWARD, D. Introduction. In: *Rosa Luxemburg. Selected Political Writings*. Nova York, Londres: Monthly Review Press, 1971.

_____. Theorie, Theoretiker und revolutionäre Praxis. In: POZZOLI, C. (Org.). *Rosa Luxemburg oder die Bestimmung des Sozialismus*. Frankfurt: Suhrkamp, 1974.

_____. O legado marxista e o problema da democracia. *Trans/Form/Ação* (*São Paulo*), v.16, 1993.

JACOB, M. Von Rosa Luxemburg und ihren Freunden in Krieg und Revolution 1914-1919. *Internationale wissenschaftliche Korrespondenz zur Geschichte der deutschen Arbeiterbewegung*. Berlim, dez. 1988.

KAUTSKY, K. Die Internationalität und der Krieg. *Neue Zeit*, v.1, p. 225--50, 1914-1915.

_____. A realização histórica de Karl Marx. In: _____. *Luxemburg, Lenin. O marxismo*. São Paulo: Unitas, 1933.

KAUTSKY, L. *Mon amie Rosa Luxembourg*. Paris: Spartacus, s. d.

KLEIN, N. Reclaiming the commons. *New Left Review*, maio/junho 2001.

_____. *Sem logo*. Rio de Janeiro: Record, 2003.

KOLB, E. *Die Arbeiterräte in der deutschen Innenpolitik 1918-1919*. Düsseldorf: Droste Verlag, 1962.

KOLB, E. Rätewirklichkeit und Räte-Ideologie in der deutschen Revolution von 1918/1919. In: _____ (Org.). *Vom Kaiserreich zur Weimarer Republik*. Colônia: Kiepenheuer & Witsch, 1972.

_____. SALEWSKI, M. (Org.) *Die deutschen und die Revolution*. Göttingen, Zurique: Muster-Schmidt Verlag, 1984.

_____. *Die Weimarer Republik*. Munique: R. Oldenburg Verlag, 1988.

KORSCH, K. *Marxismo e filosofia*. Porto: Afrontamento, 1966.

KRAUS, K. *Les Derniers Jours de l'humanité. Cahiers de l'Herne* (Paris), n.28, 1975.

LASCHITZA, A. Prefácio a Rosa Luxemburg. *Gesammelte Werke*/6. Berlim: Dietz, 2014.

_____. Prefácio a *Rosa Luxemburg und die Freiheit der Andersdenkenden*. Berlim: Dietz, 1990.

_____. Rosa Luxemburg-Edition und-Forschung in der DDR. Bilanz und Ausblick. *Beiträge zur Geschichte der Arbeiterbewegung*. Berlim, 1986a, v.4.

_____. Une marxiste éminente. In: BADIA, G.; WEILL, C. (Orgs.) *Rosa Luxemburg aujourd'hui*. Paris: Presses Universitaires de Vincennes, 1986b.

LASCHITZA, A.; RADCZUN, G. *Rosa Luxemburg, ihr wirken in der deutschen Arbeiterbewegung*. Berlim: Dietz Verlag, 1971.

LEFORT, C. La contradiction de Trotsky. In: _____. *Éléments d'une critique de la bureaucratie*. Paris: Gallimard, 1979.

LEO MAAR, W. Lukács e Rosa Luxemburg. In: LOUREIRO, I. M.; VIGEVANI, T. (Orgs.) *Rosa Luxemburg, a recusa da alienação*. São Paulo: Editora Unesp, 1991.

LEVI, P. Georg Ledebour, die Revolution und die anderen, *Die Rote Fahne*. Zentralorgan der Kommunistischen Partei Deutschlands (Spartakusbund), 3. Jg., n.14, 14 jan. 1920.

LOUREIRO, I. *A Revolução Alemã* [1918-1923]. São Paulo: Editora Unesp, 2005.

_____ (Org.). Rosa Luxemburgo. *Textos escolhidos* (1899-1914). São Paulo: Editora Unesp, 2011 (2.ed., 2017). v.I.

_____. Rosa Luxemburgo. *Textos escolhidos* (1914-1919). São Paulo: Editora Unesp, 2011 (2.ed., 2017). v.II.

LOUREIRO, I. Rosa Luxemburgo. *Cartas*. São Paulo: Editora Unesp, 2011 (2.ed., 2017).. v.III.
LÖWY, M. *Método dialético e teoria política*. Rio de Janeiro: Paz e Terra, 1975.
_____. *Marxisme et romantisme révolutionnaire*. Paris: Le Sycomore, 1979.
_____. Le communisme primitif dans les écrits de Rosa Luxemburg. In: BADIA, G.; WEILL, C. (Orgs.) *Rosa Luxemburg aujourd'hui*. Paris: Presses Universitaires de Vincennes, 1986.
LUBAN, O. Die ratlose Rosa. Die KPD-Führung im Berliner Januaraufstand 1919. Legende und Wirklichkeit. In: _____. *Rosa Luxemburgs Demokratiekonzept*. Leipzig: Rosa-Luxemburg-Stiftung Sachsen, 2008a.
_____. Spartakusgruppe, revolutionäre Obleute und die politischen Massenstreiks in Deutschland während des Ersten Weltkrieges. In: _____. *Rosa Luxemburgs Demokratiekonzept*. Leipzig: Rosa-Luxemburg--Stiftung Sachsen, 2008b.
LUKÁCS, G. Rosa Luxemburg como marxista. In: _____. *Historia y consciencia de clase*. Barcelona: Grijalbo, 1975a.
_____. Observaciones críticas acerca de la *Crítica de la Revolución Rusa* de Rosa Luxemburg. In: _____. *Historia y consciência de classe*. Barcelona: Grijalbo, 1975b.
_____. Prólogo a la primera edición. In: _____. *Historia y consciência de clase*. Barcelona: Grijalbo, 1975c.
_____. Prefacio a la edición húngara de *Huelga de Masas*. In: LUXEMBURG, R. Huelga de masas, partido y sindicatos. *Cuadernos de Pasado y Presente*. Mexico: Siglo Veintiuno, 1978.
LUXEMBURG, R. *Lettres à Léon Jogichès*. Paris: Denoël, Gonthier, 1971.
_____. *Vive la lutte!* Correspondance 1898-1914. Paris: Maspero, 1975.
_____. *J'étais, je suis, je serai!* Correspondance 1914-1919. Paris: Maspero, 1977.
_____. *Gesammelte Werke*. Berlin: Dietz Verlag, 1979-2017, 7v.
_____. *Gesammelte Briefe*. Berlin: Dietz, 1982-1993, 6v.
_____. *A acumulação do capital*. São Paulo: Nova Cultural, 1985.
_____. *Arbeiterrevolution 1905/06*. Polnische Texte (org. Holger Politt). Berlin: Dietz, 2015.

LUXEMBURG, R. *Herbarium*. Varsóvia: RLS, 2009; Berlim: Dietz, 2016.

MANDEL, E. Prefácio a Rosa Luxemburg. *Introduction à l'économie politique*. Paris: Anthropos, 1973.

MANN, H. *O súdito*. São Paulo: Editora Madalena, 2014.

MARCUSE, H. *Razão e revolução*. Rio de Janeiro: Saga, 1978.

_____. *Contra-revolução e revolta*. Rio de Janeiro: Paz e Terra, 1977.

MARX, K. *O 18 Brumário*. Rio de Janeiro: Paz e Terra, 1977.

_____. Prefácio à crítica da economia política. In: *Os Pensadores*. São Paulo: Abril, 1974.

MAYER, A. *A força da tradição*. São Paulo: Companhia das Letras, 1987.

MEHRING, F. Geschichte der deutschen Sozialdemokratie. In: _____. *Gesammelte Schriften* I. Berlim: Dietz, 1960.

MENDES DE ALMEIDA, A. *Les Rapports entre communistes et social-démocrates à la veille de l'ascension du fascisme:* la politique de la "troisième période" et la thèse du "social-fascisme". Paris, 1980. Tese de doutorado, Universidade de Paris VIII.

MERLEAU-PONTY, M. *Humanisme et terreur*. Paris: Gallimard, 1947.

_____. *Les Aventures de la dialectique*. Paris: Gallimard, 1954.

MUHLMANN, D. *Réconcilier marxisme et démocratie*. Paris: Seuil, 2010.

NEGT, O. Rosa Luxemburg e a renovação do marxismo. In: HOBSBAWM, E. (Org.) *História do marxismo*. Rio de Janeiro: Paz e Terra, 1984. v. 3.

NETTL, J. P. *La Vie et l'oeuvre de Rosa Luxemburg*. Paris: Maspero, 1972.

NEUSÜß, C. *Die Kopfgeburten der Arbeiterbewegung oder die Genossin Luxemburg bringt alles durcheinander*. Hamburgo: Rasch und Röhring, 1985.

OLIVEIRA, F. de. O trabalho abstrato e as novas formas de conflito (entrevista). In: LOUREIRO, I.; CORRÊA LEITE, J.; CEVASCO, M. E. (Orgs.). *O espírito de Porto Alegre*. São Paulo: Paz e Terra, 2002.

PEDROSA, M. Os caminhos do socialismo. *Vanguarda Socialista*, 5/7/1946a.

_____. *Vanguarda Socialista*, 26/7/1946b.

_____. *Sobre o PT*. São Paulo: Ched, 1980.

POLITT, H. (Org.). Rosa Luxemburg. *Nationalitätenfrage und Autonomie*. Berlim: Dietz, 2012.

POLITT, H. (Org.) Rosa Luxemburg. *Arbeiterrevolution 1905/06*. Polnische Texte. Berlim: Dietz, 2015.

QUACK, S. *Geistig frei und niemandes Knecht, Paul Levi-Rosa Luxemburg*. Colônia: Kiepenheuer & Witsch, 1983.

RADCZUN, G. Einige Bemerkungen zu dem Rosa Luxemburg-Bild von John Peter Nettl. *Beiträge zur Geschichte der deutschen Arbeiterbewegung*. Berlim, 1969, v.1.

REUTER, E. Zum Umgang der SED mit dem Erbe Rosa Luxemburgs. In: KINER, K. (Org.). *Rosa Luxemburg ante portas* – vom Leben Rosa Luxemburgs nach ihrem Tod. Leipzig: Rosa-Luxemburg-Stiftung Sachsen, 2012.

RICHARD, L. *Nazisme et littérature*. Paris: Maspero, 1971.

RITTER, G.; MILLER, S. (Orgs.) *Die deutsche Revolution 1918-1919*. Dokumente. Frankfurt: Fischer Taschenbuch Verlag, 1983.

ROLAND HOLST-VAN DER SCHALK, H. *Rosa Luxemburg, ihr Leben und Wirken*. Zurique: Jean-Christophe Verlag, 1937.

ROSENBERG, A. *Entstehung und Geschichte der Weimarer Republik*. Frankfurt: Europäische Verlagsanstalt, 1983.

RÜRUP, R. Rätebewegung und Revolution in Deutschland 1918/1919. *Neue Politische Literatur*. Frankfurt, 1967.

SCHEIDEMANN, P. *L'effondrement*. Paris: Payot, 1923.

SCHMIDT, G. *Rosa Luxemburg, Sozialistin zwischen Ost und West*. Göttingen-Zurique: Muster-Schmidt Verlag, 1988.

SCHORSKE, C. E. *German social democracy 1905-1917*. Nova York: John Wiley & Sons, 1965.

SCHÜTRUMPF, J. (Org.). *Rosa Luxemburgo ou o preço da liberdade*. São Paulo: Expressão Popular/Fundação Rosa Luxemburgo, 2015 (2.ed.).

_____ (Org.). *Diktatur statt Sozialismus* – die russische Revolution und die deutsche Linke 1917/18. Berlim: Dietz Verlag, 2017.

_____. Paul Levi, *Ohne einen Tropfen Lakaienblut*. Schriften, Reden, Briefe. Band I/1: Spartakus: Das Leben bis zum Mord an Leo Jogiches, Berlim, 2018.

SCOTT, J. The revolutionary Party: a Plan and a Diagnosis. In: _____. *Seeing like a State* – how certain schemes to improve the human condition have failed. New Haven/Londres: Yale University Press, 1998.

TOLLER, E. *Ein Jugend in Deutschland*. Hamburgo: Rowohlt, 1990 [Ed. bras.: *Uma juventude na Alemanha*. São Paulo: Madalena, 2015.]

TORMIN, W. *Zwischen Rätediktatur und sozialer Demokratie*. Düsseldorf: Droste, 1954.

TROTSKY, L. *1905, resultados y perspectivas*. Paris: Ruedo Iberico, 1971.

TYCH, F. Masses, classes et parti chez Rosa Luxemburg. In: GRISONI, D. (Org.). *Histoire du marxisme contemporain*. Paris: Union Générale d'Editions, 1976, v. 2.

_____. La questione nazionale nel pensiero di Rosa Luxemburg. In: Annali della Fondazione Lelio e Lisli Basso-Issoco (Orgs.). *Rosa Luxemburg e lo sviluppo del pensiero marxista*. Milão: Gabriele Mazzotta, 1976.

VON TROTTA, M., ENSSLIN, C. *Rosa Luxemburg, Das Buch zum Film*. Nördlingen: Franz Greno, 1986.

VV.AA. *Karl und Rosa, Erinnerungen*. Berlim: Dietz, 1971.

WALLERSTEIN, I. Uma política de esquerda para o século XXI? Ou teoria e práxis novamente. In: LOUREIRO, I.; CORRÊA LEITE, J.; CEVASCO, M. E. (Orgs.) *O espírito de Porto Alegre*. São Paulo: Paz e Terra, 2002.

ZWEIG, S. *Die Welt von gestern, Erinnerungen eines Europäers*. Berlim, Frankfurt: G. B. Fischer, 1968.

SOBRE O LIVRO

Formato: 14 x 21 cm
Mancha: 23 x 40 paicas
Tipologia: Venetian 301 12/15
Papel: Off-white 80 g/m² (miolo)
Cartão Supremo 250 g/m² (capa)

3ª edição Editora Unesp: 2019
1ª reimpressão: 2022

EQUIPE DE REALIZAÇÃO

Capa
Negrito Editorial

Edição de texto
Jorge Pereira Filho (Copidesque)
Tomoe Moroizumi (Revisão)

Editoração eletrônica
Sergio Gzeschnik (Diagramação)

Assistência editorial
Alberto Bononi

Impressão e Acabamento

Bartiragráfica

(011) 4393-2911